拿得起放不下的中国史

Chinese history

王汉周 著

北方文艺出版社

图书在版编目（CIP）数据

拿得起放不下的中国史 / 王汉周著 . -- 哈尔滨 :
北方文艺出版社 , 2019.10
ISBN 978-7-5317-4565-5
Ⅰ . ①拿… Ⅱ . ①王… Ⅲ . ①中国历史 – 通俗读物
Ⅳ . ①K209

中国版本图书馆 CIP 数据核字（2019）第 111269 号

拿得起放不下的中国史
NADEQI FANGBUXIA DE ZHONGGUO SHI

作 者 / 王汉周

责任编辑 / 宋玉成　赵　芳
封面设计 / 主语设计

出版发行 / 北方文艺出版社
网 址 / www.bfwy.com
邮 编 / 150080
经 销 / 新华书店
地 址 / 哈尔滨市南岗区林兴街3号
发行电话 /（0451）85951921　85951915

印 刷 / 嘉业印刷（天津）有限公司
开 本 / 710×1000　1/16
字 数 / 420 千
印 张 / 24
版 次 / 2019 年 10 月第 1 版
印 次 / 2019 年 10 月第 1 次印刷

书 号 / ISBN 978-7-5317-4565-5
定 价 / 59.80 元

目 录

壹　欲戴王冠，必承其重

深宫的阴谋，沾血的皇位

买凶杀子：一个昏着毁了一个国家　_004

曹魏与司马：你想让我死，我必不叫你活　_008

无情帝王家：唐玄宗一日杀三子　_013

烛影斧声：赵光义是怎么登上皇位的？　_017

胡惟庸之死：帝相千年纠葛，结束在这一天　_022

血色深宫：朱棣杀绝宫妃　_026

史上最正义宫斗：两个小人物创造出的辉煌　_030

奇葩年年有，皇家特别多

别人推理要钱，汉武帝推理要命　_038

慕容家都是有故事的人：金刀太子的起伏人生　_042

史上最厚脸皮皇帝　_047

被皇帝事业耽误的天才木匠　_052

创业之路不好走

刘秀的皇帝路始于一次“大姨妈” _058

中国第一个少数民族皇帝 _064

杀神石勒：从奴隶到帝王 _069

为了登基，杨坚等了四十年 _073

扩展版图也要适可而止 _078

贰 出将入相不容易

出来混，带着胆子也得带着脑子

韩安国的晋升之路：眼泪流要流在关键处 _088

千古第一杠精：是情商太低还是智商太高？ _094

两朝顾命，定策元勋：最长久的为官之道是为民谋利 _099

僧衣宰相：朱棣夺位第一功臣 _103

大将李靖：真正的智者，懂得急流勇退 _109

玩得转阳谋，玩不转阴谋

三篇课文串起一场将相不和的阴谋 _118

廉颇老矣，尚能饭否？ _124

拦住了项羽的霸王枪，拦不住吕雉的背后刀 _129

因为贪吃，他身败名裂三十年 _133

昏君阴影下的英雄悲剧 _139

乱世择主做得好，封王拜相；乱世择主做不好，遗臭万年

五马渡江一马成龙，东晋立国全靠士族 _146

梁朝天子儿，隋室皇后弟，大唐宰相官 _154

从至奸至佞到至忠至贤，裴矩只需要换个老板 _163

天生反骨吴三桂，在明亡明，事清叛清 _168

用得着得捧，用不着就扔

彭越不死，朕心不安 _174

萧何杀韩信之后 _179

没人害死狄青 _183

好狠的一招卸磨杀驴 _188

赢在开始的人，不一定能赢在最后

刘备的儿子不止一个阿斗 _194

傅粉何郎，奈何做贼 _198

王敦之死 _202

大清第一官二代的英年早逝 _207

叁 古今多少人物，风流最属文人

人生不幸诗家幸

李白：眼高手低世间罕有一“蠢人” _216

李商隐：最冤枉的“品行无端者” _225

钱惟演：亡国之后，人生只剩如履薄冰 _237

梅尧臣：人生不称意，幸得几知己 _244

没点儿个性，别说自己是文化人

陈子昂：会炒作的人都能出名 _250

段成式：诗人是他们做，我只想当个八卦记者 _256

杜牧：是真诗人自风流 _261

寒山和尚：嬉皮士的鼻祖在中国 _267

解缙：天下第一等恃才傲物 _273
李贽：不自由，毋宁死 _278
龚自珍：我劝天公重抖擞，让我由着性子来 _283
赵元任夫妇：近代最朋克夫妻 _293

书生气节，文人风骨
范仲淹：居江湖之远为名士，处庙堂之高是能臣 _302
黄道周：不愧一代完人 _307
铁铉：逆向而行，孤胆书生 _312
朱棣称帝后，我该何去何从？ _318

肆 让历史记住的女人，都有彪悍的人生

“预言家”许负 _325
李娘子是铁娘子：打江山不只是男人的事 _332
年轻太后，战争狂魔 _338
汉人女子怎样在清朝成为皇后？ _342
传奇版“娜拉出走之后” _346

伍 时间让人遗忘，也让历史扭曲

凿壁偷光背后不是励志故事 _353
“狸猫换太子”的刘娥真的是奸妃吗？ _357
李治不是懦弱，是滑头 _362
王朗：你才厚颜无耻！ _368
一位低情商锦衣卫的非自然死亡 _373

壹

欲戴王冠，必承其重

深宫的阴谋，沾血的皇位

买凶杀子：一个昏着毁了一个国家

公元前701年，卫宣公十八年，一艘小船向卫国和齐国的边境莘地驶去，船帆上醒目地挂着装饰有牦牛尾巴的旌旗——白旄，船首是一个长身玉立的年轻公子，他脸色沉静，从容不迫。

莘地一群强盗把船拦了下来，他们指着旌旗说：就是他了。

强盗们闯上船来，一刀把那公子杀了。公子没有抵抗，没有分辩。

强盗正觉奇怪，又一艘小船赶上来了，一个带着酒气的中年男人在船上大声喊叫：别杀他！你们要杀的是我啊！

那男人跳上前面那条船，抱着死去的公子大哭，强盗们不由分说，把他也杀了，完事后派人去向雇主报信。

要杀这两个人的雇主，就是两人的父亲卫宣公姬晋。

老话说“虎毒不食子”，这个老国君怎么鬼迷心窍到要雇用强盗来杀自己儿子呢？

01

姬晋留在历史上的事迹，最吸引人眼球的是好色。

年轻的时候，他和老父亲的姬妾夷姜私通，生下个儿子，取名为伋。

继位之后的卫宣公，仍旧不改本性。他立姬伋为太子，并要替他迎娶齐国的大美女宣姜为妻，但因为听说宣姜美艳不可方物，卫宣公便动了心思。

他先打发姬伋出使他国，然后自己在淇水边筑了个宫馆，李代桃僵，与宣姜做了夫妻。卫人见国君如此荒淫无耻，还作了首讽刺诗，把卫宣公比喻成了个又老又丑的癞蛤蟆：

新台有泚，河水弥弥。燕婉之求，蘧篨不鲜。(《诗经·邶风·新台》)

大意是说新台建得明丽辉煌，河水汤汤向东流淌，宣姜本想嫁个如意郎君，没想到最后自己的夫君却丑得像只蛤蟆。

这卫宣公在温柔乡里快活过日子，宣姜也接受了自己的命运，还替卫宣公生了两个儿子，公子姬寿和姬朔。

随着两个小公子长大，卫宣公的长子姬伋——宣姜本来要嫁的正主儿，成了宣姜的绊脚石，她开始为除掉姬伋动起脑筋。

姬伋是个仁爱的人，姬寿非常佩服喜欢这个同父异母的大哥，经常和他在一块探讨理想和人生的意义。姬寿的同胞兄弟姬朔却是另外一副面孔，这是个利欲熏心的坏小子，他和母亲宣姜一拍即合，无论如何都要除掉年长的姬伋，自己取而代之。为此，他不断地给昏庸的老爹洗脑：姬伋大哥多么恨您哪！

老男人都偏爱小儿子，更何况还有宣姜软绵绵的枕头风。

卫宣公把要嫁给姬伋的女人占为己有，本来心里就有个疙瘩，怎么看这个长子都不顺眼，而替他生下姬伋的夷姜已经失宠上吊自杀了，于是老男人一狠心，决心干脆来个一了百了，把姬伋也杀了。

卫宣公派太子姬伋出使齐国，并预先通知边界莘地的强盗：你们帮我杀掉一个人，那人的船上挂着装饰有牦牛尾巴的旌旗，那是使者的标志——白旄。

此时的太子姬伋仍被蒙在鼓里，但姬寿却知道了宣公的计划。他急忙赶去见大哥："这次差事去不得！父亲要杀你，你快跑吧！"

太子姬伋不肯，一再坚持说，违背父亲的命令苟且偷生，这种事我做不到。

姬寿见苦口婆心劝不动大哥，又想了个办法。

"那我给你饯行吧！上酒！"

姬寿把太子姬伋给灌醉了，偷了白旄，冒充兄长的使者身份，义无反顾地走上死路。

于是就有了本文开始的一幕。强盗只认牦牛尾巴，把姬寿杀了。酒醒的太子姬伋知道不妙，一路赶来，只见弟弟已惨死，悲痛欲绝，之后也被杀死了。

一对仁义兄弟，一起蹈难而死，知道真相的卫国人悲愤难平。咱们的国君做出这种禽兽不如的事情，把这两个好公子给祸害了！人们写了首诗，来怀念他们：

> 二子乘舟，泛泛其景。愿言思子，中心养养！
>
> 二子乘舟，泛泛其逝。愿言思子，不瑕有害！

两位公子乘船走了，船只随水漂流远去。我们是多么思念你啊，心中的眷恋难以排除。两位公子乘船走了，船影渐渐消逝无踪。我们是多么思念你啊，真希望你们没有遭遇灾祸！

02

卫宣公、宣姜要杀的原本是姬伋，没料到强盗们连姬寿也杀了。老头儿经受不了这样的打击，没多久就魂归西天了。这下最得意的是姬朔，他如愿以偿上了位，也就是日后的卫惠公。

但要想人不知，除非己莫为。卫惠公的所作所为，在卫国非常不得人心。他继位几年，已惹得天怒人怨，大臣左、右公子发动政变，扶持了太子姬伋的同母弟弟黔牟上位。卫惠公逃到了自己的舅舅齐襄公——宣姜的哥哥——那儿避难，寻求政治保护，并在齐国一住就是八年。

虽然卫国人已经自己选择了新的君主，可其他国家并不认同。

强大的齐国找了个借口，纠集了鲁、宋、陈等国一起攻打卫，要护送卫惠公姬朔回国。

卫国挡不住，左、右公子都被杀了，新任国君黔牟也逃了。多国部队开进卫国，卫惠公复位。虽然这个人道德败坏，但血统还算正，是卫国国君的血脉，处于弱势的卫国人只能捏着鼻子接受了。

但是民心向背很会影响国家的政局。

卫惠公姬朔当了十几年国君驾崩了，儿子继位，史称卫懿公。卫懿公和他父亲一样胡闹，被狄人杀了，国君之位再次空悬

卫国人还是思念贤德的太子姬伋。经历了卫惠公、卫懿公父子两代的昏庸统治，他们希望能找到一个和太子姬伋有关的人来当卫国的国君。

人们的视线一下转到了宣姜这个美女身上。

03

宣姜的哥哥齐襄公率军把外甥卫惠公送回卫国之后，霸道地让卫国人接受这个国君。除此之外，他还有个更霸道的招数——要太子姬伋的一个同母弟弟姬顽迎娶寡妇宣姜。

齐襄公的理由非常无厘头：宣姜原来是要嫁给太子姬伋的，没想到阴差阳错嫁错

了。现在太子姬伋死了，那就要他的亲弟弟来娶宣姜。

虽然姬顽一百个不愿意，但在齐国的重压下，也只好娶了这个后母，还生下三个儿子、两个女儿。

姬顽的一个儿子姬申因卫国内乱，跑到曹国去避难。他相当得人心，一开始跟随着他的卫国人有七百多，后来竟渐渐地有了几千人团结在他的周围。山不转水转，卫懿公驾崩后，卫国人思念太子姬伋，找来找去找到姬申，把他请回来立为卫戴公。

万万没想到，卫戴公没多久就去世了，于是卫国人又找了姬顽和宣姜的另一个儿子姬毁，将他立为国君，史称卫文公。

这是好大一圈轮回。太子姬伋虽然早早地死掉了，但他的灵魂好像一直在卫国的国土上绕来绕去。最后卫国人还是因为爱他，才拥立了卫文公。

卫文公算是一个不错的国君。中国历史上，谥号为“文”的君王都不错。

曾经卫国和狄人开战，卫文公就给大家一句话：谁能治理好国家，我就把国君的位子让给他。大臣们都不同意，于是众志成城，把狄人打退了。

卫国乱了这么多年，终于安定下来。卫文公继位的时候，卫国才三十辆兵车。由于他在位期间爱民强国，经济有着不错的发展势头，到他过世的时候，国内已有了三百辆兵车。

04

比较好笑的是，很多历史书的作者，都把卫国内乱外患的责任归到宣姜这个女人身上。

西汉刘向就说，卫国的那个宣姜啊，想害死太子姬伋，立自己的儿子姬寿，结果姬寿也死了。卫国五世不得安宁，这个都是宣姜这个祸水引起的！

然而实际上，卫宣公才是那个最大的祸根。

古人总说：“积善之家，必有余庆；积恶之家，必有余殃。”

卫宣公的恶行，造成了卫国的灾难，而能平息灾难，冥冥之中还有他的儿子太子姬伋一份功劳。

曹魏与司马：你想让我死，我必不叫你活

01

曹魏嘉平六年，魏帝曹芳与权臣司马师、司马昭的矛盾公开化。九月，曹芳想找机会干掉司马兄弟。

但他临事不决，反而让司马家警觉起来。先下手为强，司马兄弟奏请郭太后，以作风不正为理由，废了曹芳的帝位。原本他们想立彭城王曹据为帝，但在郭太后的坚持下，魏文帝曹丕的长孙曹髦坐上了皇位。

曹髦，字彦士，聪明颖悟，少年老成，当时的爵位为高贵乡公。他受诏到了洛阳外的玄武馆，臣下请他进正殿，他却说这是先皇帝的旧所，自己只住西厢房。臣下要以天子的仪式车驾欢迎他，但他不同意。正式进入洛阳之后，群臣在西液门南面跪拜迎接，曹髦还要下车回拜。礼仪官提醒他说，按礼制，不须回拜，曹髦却回答说我是臣子，因此终究还是回礼了。到了宫殿止车门，曹髦要下车，礼仪官又说，以前是坐车进去的。曹髦说皇太后征诏我来，还不知道是为着什么事，坚持步行到太极东堂。见到了皇太后，皇太后亲手把皇帝的玺授交给了他，之后曹髦正式在太极前殿即皇帝位。整个过程中，曹髦一直以人臣自居，执臣子礼仪，从容得体。

其实这一年，曹髦才十四岁，满打满算也只是一个五六年级的小学生。他是这样的早熟懂事，做起事来很有主见，没有人云亦云。当天在群臣面前，他声音洪亮，神情爽朗，很多大臣都打心眼里感到惊异，觉得这个新皇帝不简单。

即位典礼过后，司马师私底下问心腹钟会：你认为新皇上是个什么样的人？

钟会随口就说："才同陈思，武类太祖。"这是个多么高的评价啊！文采比得上陈思王曹植，武略类似于太祖曹操！

听此言，司马师阴森森地说：如果真的如你所说，是国家的大福气。

钟会战战兢兢回家，大为后悔：我怎么说这种话，会害死人的啊！

这一年是正元元年。

02

估计司马师看到曹髦的表现后，一定觉得自己中了郭太后的圈套。

如今虽然看上去是司马家把持朝政，但新皇帝不是一个听话的主儿，而且本来朝中效忠曹魏的势力也不小，表面平静的朝廷，实际上暗流涌动。和不甘于做一个傀儡的新皇帝的较量就摆在面前，司马家能不能继续控制住大局，就要看司马兄弟的政治智慧了。

正元二年正月，忠于曹家的扬州刺史文钦、镇东将军毌丘俭在淮南起兵讨伐司马氏。司马师带病出征，几番较量，淮南兵败，毌丘俭被杀，文钦逃奔东吴。司马师虽取得胜利，但在战斗中伤病加剧，班师回朝途经许昌时便死去了，司马昭暂时代替司马师统率全军。

曹髦在洛阳得到消息，意识到这是一个千古难得的翻身机会。他立刻下了一道诏书给征东大军，让尚书傅嘏率大军回朝，并要求司马昭留守许昌，照应各方。

这诏书一到，司马昭就识破了曹髦的用意：这不是要把我和军队切割开来吗？意思就是要拿掉我的兵权！司马氏手下的政斗高手傅嘏、钟会也这样认为。大家一致决定，由傅嘏给曹髦上书应付，同时大军立刻出发，直指洛阳。

几天后，军队到达洛水南边，驻扎下来。这一招兵临城下，让年轻的曹髦措手不及。满朝的重要位置都是司马氏的人，枪杆子也握在别人手上，想要搞倒司马昭，难于上青天。

曹髦没法，只得下诏以司马昭为大将军，录尚书事。司马师死于正月二十八，曹髦封司马昭在二月初五，就在这短短的几天内，小皇帝和司马昭已来了次无声的对决，结果是以小皇帝完败而告终。这下子，军政大权名正言顺地落在司马昭手上，司马家的权力顺利交接了。

甘露二年，曹魏的镇东大将军诸葛诞又在淮南起兵声讨司马昭。这一次司马昭一点儿机会都不留给曹髦，他亲率二十六万大军征讨诸葛诞，并挟持曹髦和郭太后一起出征，把朝中的不安分因素完全抓在了手上。

仗打了近一年，诸葛诞兵败被杀，最后一支效忠曹魏的势力让司马昭给彻底消灭了。

03

很久很久以前，一个叫寒浞的人篡夺了夏的天下。夏朝皇族中一个遗腹子名少康，他经过艰苦卓绝的战斗，打败了寒浞，夺回了政权，史称“少康中兴”。这是夏朝得以继续生存的关键一环，少康也因此成为中兴名主的代名词。

汉高祖刘邦白手起家，一路干掉强秦，消灭项羽，建立大汉。他知人善任，豁达有度，是帝王中的佼佼者，历代统治者都对他推崇备至。

曹髦召集了一批大臣讨论这两个人谁更优秀。开始时大家都认为少康是在祖辈的光环下复国，和东汉光武帝刘秀中兴汉朝的功劳一样，而刘邦赤手空拳开创一个朝代，更加不容易，所以刘邦最优秀。

但曹髦不同意。他以为少康早年流亡天涯，与刘邦一样是一点儿基础没有，却以仁德得到了大众的支持，最终得以复国。刘邦生在乱世，以武力和诡计夺得天下，只算智者，不是仁者。

见皇帝这样说，大家也都“同意”了皇帝的见识，全体一致通过皇帝的论断：少康实施仁政，是仁者中的英雄；刘邦凭借武力，是智者中的豪杰。相比之下，少康是最优秀的君主！

这个结论，一点儿也不掩饰地说出了曹髦要做一个中兴名主的心愿：我曹髦要做少康，恢复祖先的光辉业绩。那么谁是那个夺我曹家天下的“寒浞”呢？大家心知肚明。

皇帝和权臣的斗争已日趋白热化。

司马氏经司马懿、司马师的苦心经营，到司马昭手上时，已经算得上是权倾朝野，此时的曹魏基本上是司马家的天下了。以司马昭的智慧和手段，曹髦这种指桑骂槐的小手段怎么会逃得过他的法眼？他在曹髦的身边布满了眼线。曹髦的一举一动，都完全掌握在司马昭的手上。

甘露五年四月，司马昭进位为晋公，加九锡。这是承袭王莽篡汉的招数，“九锡”乃是权臣篡位的先声，司马氏已然加快了篡魏的步伐。

曹髦是曹操的子孙，血性十足，有宁为玉碎不为瓦全的决断。早年间，传说邺城的水井中有龙出现，曹髦便叹息道，龙是飞天的神物，困在水井中真是大灾难，完全以龙游浅水自况。此时，他又对臣下说，司马昭之心路人皆知，我不能坐等任他废立！誓要和司马昭来个了断。

04

甘露五年五月初六，曹髦召见大臣王经、王沈、王业：我现在就要去讨伐司马昭！

王经苦苦劝阻道：朝野上下皆归司马家，已不是一天两天的事。他的爪牙遍布四方，咱们这边没有一点儿实力，陛下你用什么去对付他？

曹髦从怀里掏出诏书掷在地上，喝道：我已经决定了！大不了一个死字！说完，转身就去内殿禀告郭太后。王沈、王业见状慌忙逃走，要去向司马昭报告。他们叫王经一同去，王经不肯。

曹髦拔剑在手，上了辇车，率领宫中站岗的、敲钟的、跑腿的数百号杂役，呐喊着冲出宫门。他先在东止门碰上了司马昭弟弟司马由的人马，曹髦左右厉声呵斥对方，士兵们见皇帝亲自上阵、怒气冲天，吓得一哄而散。曹髦再往前走，迎面碰上了全副武装的一支部队，打头的是司马昭的心腹，中护军贾充。

曹髦挥着剑叫大家往前冲，对面的兵士们看到皇帝要拼命，纷纷后退。贾充的部下成济勒住乱奔乱跳的战马，着急地问：现在怎么办？贾充说：司马公养着你们这些人，就是为了今天，还有什么可问的！成济立刻拍马上前，一枪把曹髦刺了个透心凉，枪刃从背上穿了出来，曹髦一下子从车上摔到地上，挣扎着死去了。

曹髦就这样被杀死了，一个皇帝用自己的鲜血捍卫了自己最后的尊严。

司马昭得讯，匆忙赶来，见满地鲜血，一下跪倒在地上——毕竟杀掉皇帝是大逆不道的行为。不过司马昭很快就开始了善后工作。他威逼郭太后下诏，说曹髦性情暴戾、悖逆不道，此番是他自己闯祸，随后褫夺了曹髦的皇帝称号，仍作高贵乡公。又杀了成济，以掩悠悠众口。曹髦被草草安葬于洛阳西北三十里的瀍涧之滨，司马昭只派了几辆车去办理安葬事宜，也没有旌旗等引导仪式。许多老百姓相聚围观，说这个就是前些天被杀的皇帝，有人忍不住哭了起来。

芳草萋萋一抔土，一位君王是这样的下场，真是无限凄凉。

曹髦虽然没有成功，但他求仁得仁。在司马氏的淫威之下，他没有屈服退让，而是奋起抗争，以死来对抗残酷的命运。他是个战士，用生命赢得了世人的尊重，后来北魏的皇帝元子攸就声称："宁为高贵乡公死，不做汉献帝生！"

后人敬佩曹髦，同时也惋惜他没有韬光养晦，而是不平之色形诸言行，终于快刀快折，死于权臣之手。但司马家做了这样的亏心事，也一直放不下这个心理包袱。到了晋明帝时，大臣王导把司马兄弟在魏末的所作所为告诉明帝，明帝羞愧地掩面伏在床上，叹息道：如您所说，大晋的天下还会长久吗?

可见公道自在人心。

无情帝王家：唐玄宗一日杀三子

人们常说:“最是无情帝王家。”

明成祖朱棣在尚未夺权称帝时，还在北平做燕王，长期与蒙古残余势力周旋，像一堵墙一样把蒙古人挡在境外，使其不敢轻举妄动，把明朝的“北大门”守得死死的，保障了北部边疆的安全。

朝野上下对此有目共睹，老爸朱元璋也是心知肚明，但在他看来，这个儿子越能干，越让人不放心。他先是以另有任用为名，召回了朱棣的幕僚南轩公，然后又任命胡诚为北平布政使。

胡诚实际上是朱元璋安插在北平的一个间谍，任务是向朱元璋汇报朱棣的一举一动。这人确实没有辜负朱元璋的厚望，每三天就向他汇报一次朱棣的动向。及至朱元璋死后，朱棣的两个儿子又以给爷爷守孝为名，被强留在南京，实际上是被建文帝扣下做了人质。

实际上，朱棣是幸运的，老爸尽管对他不放心，但自始至终未痛下杀手。而且尽管朱元璋对功臣冷酷无情，大开杀戒，却始终未杀一个儿子。

若朱棣遇到的是唐玄宗那样的父亲，可能连发这种感慨的机会都没有。

01

史料记载，唐玄宗生了三十个儿子，可惜早夭了七个，不过没关系，反正剩下的也不少，从中找个接班人一点儿问题也没有。

原本最有资格做皇位继承人的，当然是长子李琮，可惜他小时候打猎不小心被猎物抓伤面部破了相，唐玄宗认为让一个“刀疤脸”当皇帝有损国家形象，于是，次子李瑛便顺理成章地成了最佳候选人。

然而天有不测风云，谁也没想到，李瑛成为太子后，一个女人从旁插了一脚。

这个女人姓武名落衡，是武则天堂侄恒安王武攸止的女儿。她父亲死得早，按例被送入宫中抚养，长着长着成了一个大美人。唐玄宗即位后一眼就看上了她，加上她一张小嘴像抹了蜂蜜，极会讨唐玄宗欢心，因此虽然最初只封了她一个婕妤，但当她先后生下四个儿子和三个女儿后，唐玄宗就只宠她了。

开元十二年，唐玄宗又封她为惠妃。尽管只是个妃，但人们看在皇上偏爱她的分上对她尊敬有加，无论这种尊敬是发自内心的还是表面上的，至少给了她足够的面子，有时甚至以等同于皇后的礼节待她。

但武惠妃才不稀罕这种虚头巴脑的玩意儿呢，她要做名副其实的皇后。

爱她爱到骨子里的唐玄宗当然非常愿意满足她的愿望，但此事未能成功。据《新唐书》记载，唐玄宗正想公布册立武惠妃为后的打算，御史潘好礼就上疏，提了两个让唐玄宗也感到后怕的问题：

其一，武惠妃从叔武三思与从父武延秀都不是什么好人，都曾犯下扰乱朝政、破坏伦常的大罪，天下人都恨死他们了，立武家人为皇后，恐怕人心不服，如此一来，陛下您还有何面目见天下人？

其二，武惠妃也有儿子，一旦她当了皇后，难免不会得寸进尺。假如她想让陛下您废掉现太子李瑛，立她自己的儿子为太子，您会怎么办？

除此之外，潘好礼还把令唐玄宗伤心的往事捅了出来，暗示他要吸取过去的教训。当初武则天当政后，就开始大肆迫害李唐宗室，唐玄宗的生母窦德妃就是受害者之一，她被武则天迫害致死后，连尸体都没留下。

这盆冷水把唐玄宗浇醒了，他打消了立武惠妃为后的念头。

眼看着到手的皇后位份瞬间鸡飞蛋打，武惠妃的心理阴影面积大得不可想象，不过这反而激起了她更高的“斗志”——这个劳什子皇后，你们不让我当，我还就不当了，我要直接让儿子做太子！

02

要让儿子登上太子之位，当然首先得搞垮现在的太子，而在武惠妃看来，搞垮现任太子的条件已经具备：现如今，她正得皇上专宠，而生下太子李瑛的赵丽妃、生下鄂王李瑶的皇甫德仪和生下光王李琚的刘才人已全部失宠，这几个可怜虫的儿子肯定会有对唐玄宗偏宠一人的怨言，只要抓住他们的把柄来一个诬告，不愁大事不成。

咸宜公主和驸马杨洄自告奋勇地充当了她的帮凶，他们整天去嗅太子李瑛身上的

“异味”，尤其是驸马杨洄，他把这件事情当作头等大事来办。

开元二十四年十月，杨洄向武惠妃汇报：太子最近和鄂王、光王过从甚密，三人经常在一起说皇上的坏话。

武惠妃立即去见唐玄宗，哭了个梨花带雨，肝肠寸断：没有臣妾的日子里，皇上您要多保重啊！

唐玄宗还以为她得了绝症呢，谁知这个女人接下来的一番话，比她得了绝症还令唐玄宗震惊：太子见臣妾受宠，整天和鄂王、光王密谋，想害死臣妾母子，他们还说了很多皇上您的坏话，很恶毒，恶毒得臣妾都不敢跟您说！

盛怒之下的唐玄宗，脑海里冒出来的第一个念头就是立即废掉太子。他在第二天就跟宰相张九龄提了这件事，但张九龄马上表示反对：

这么大的事，皇上你可不要乱来，弄得不好后果会很严重。太子和鄂王、光王等诸王一直未离深宫，日受圣训，大臣们从未听说过他们有什么大过，陛下若轻易听信某些人的无稽之谈，草率决定废立之事，势必会铸成大错。何况太子乃天下根本，不可轻易动摇，陛下如果一心想废太子，臣绝不奉诏！

这时候的唐玄宗虽然已经被感情左右，但废立太子确实是国家大事，没有宰相认可，他不敢，也不能霸王硬上弓。

除了张九龄，力保太子的还有不少大臣，这使唐玄宗产生了恐惧——这么多人和太子站在一起，对我的皇权难道不是一个巨大的威胁吗？

张九龄力保太子的举动，也激活了一个潜伏着的敌人——李林甫。当初唐玄宗准备任命李林甫为宰相，遭到张九龄反对，李林甫从此对他恨之入骨。此时，摸透了唐玄宗心思的李林甫趁机进谗言，张九龄被罢相，他自己取而代之，登上了相位。

早在这之前，李林甫就已与武惠妃沆瀣一气，表示要助她一臂之力：“愿护寿王为万岁计。”

这个寿王，也就是武惠妃的儿子李瑁。

03

那时的李林甫不过是个黄门侍郎，即使想帮武惠妃也有心无力，如今却大不一样了，成为宰相的他说话有了分量。他暗示武惠妃可以行动了。

开元二十五年四月，驸马杨洄向武惠妃报告：太子和鄂王、光王与太子妃之兄薛锈密谋造反，只是目前还没有证据。

听闻此事，武惠妃设了一个计。她派人去对上述三位亲王说宫里有贼，请他们帮忙抓贼，而这三个傻小子竟然毫不怀疑其中有诈，不假思索地就答应了。

既然是抓贼，当然不能赤手空拳，三人带上兵器，匆匆赶往宫中。

请来三个傻小子后，武惠妃马上去找唐玄宗：陛下赶紧去看看吧，太子等人反了，带着武器闯进宫里来了！

唐玄宗派人去查探，正好碰到带着武器进宫抓贼的三王。他马上去找李林甫商量，李林甫却说：这是皇上的家事，臣等外人无权干预，您就照您自己的意思办吧。

这话可谓阴险至极，因为李林甫最明白皇上心里是怎么想的。这句看似没有态度的表态，直接把三王推向了断头台。

唐玄宗当即宣布废太子李瑛、鄂王李瑶、光王李琚为庶人。

半个月后，被废为庶人的李瑛兄弟仨在同一天被赐死在长安城东的一家驿站，唐玄宗也因此成功地戴上了“史上最冷血皇帝”的“桂冠”。

害死太子等人不久，武惠妃做贼心虚，据说曾多次看到他们的鬼魂来索命，不久就被吓死了。而她儿子李瑁未能当上太子，从此浑噩度日，媳妇杨玉环也被唐玄宗抢走，成了日后宠震天下的杨贵妃。

皇权面前根本没有善良之说。斗了半天，玄宗三子李亨捡了个大便宜，当然，他登基后对唐玄宗也没好到哪里去。

烛影斧声：赵光义是怎么登上皇位的？

中国历史上，有两个著名的皇帝在传位大事上没有按常理出牌。

一个是朱元璋，他传位于孙子而不是儿子，原因仅仅是因为他喜欢那个名叫朱允炆的孙子。为了让这个性格软弱的孙子今后能够稳坐江山，朱元璋还不惜杀了众多为他打江山的开国功臣。而他不按常理出牌的结果，是引发了叔侄之间长达数年的火并。

另一个是北宋开国皇帝赵匡胤。这一位更让人费解，把皇位传给了弟弟。

史上传位于弟弟的皇帝并非他一个，为什么唯独他让人费解呢？因为其他皇帝传位于弟弟，大多是因为没有儿子，而赵匡胤不但自己有儿子，而且还有四个，即使夭折了两个，也还剩两个，即长子赵德昭和次子赵德芳。

最重要的是，没有任何迹象表明他这两个儿子都是混蛋或者傻蛋，将来不能胜任皇帝工作，也没有任何迹象表明他不喜欢这两个儿子，更没有任何迹象表明他喜欢弟弟赵光义胜过两个儿子。

为了解开这个传位谜团，还得从赵匡胤之死说起。

有人把赵匡胤之死称为“千古之谜”，因为他死得既突然又蹊跷，有关史籍中也未留下确切的记载，倒是留下了“烛影斧声”这个悬案。

01

所谓“烛影斧声”，是指赵匡胤和弟弟赵光义之间发生的一次激烈争吵。那时赵匡胤病重，觉得自己时候不多了，就把赵光义叫来商量事情，有人远远地看见烛光下赵光义时而离席，好像在躲避什么，然后就听见赵匡胤用柱斧戳地的声音，同时还听见赵匡胤大声说：“好为之！”

争吵过后，一代雄主赵匡胤就暴卒了，其弟赵光义继位。

关于这次兄弟俩的争吵，一直以来都有两种说法。一种说法是赵光义在争吵中害死了他哥赵匡胤，所谓的斧声是他们打斗的声音。赵匡胤当时生了大病，自然打不过赵光义，或者根本不是兄弟俩在争吵，而是赵光义直接把他哥杀死了。

另一种说法要“温柔”得多：太后杜氏去世前与赵匡胤立过“金匮之盟”，定下太祖去世后由其弟光义继位，所以当时只是赵匡胤向赵光义嘱咐后事。

后一种说法显然站不住脚。因为其一，既然是嘱咐后事，怎么可能有这么大动静？赵匡胤临终嘱咐之事，即使赵光义不愿遵守，也不可能当场顶撞，惹他哥生那么大的气，只要事后来个阳奉阴违就行了。要知道，赵匡胤不但是他哥哥，抛开长兄为父的封建伦理不说，更重要的是他是皇上，他们是君臣关系，臣下顶撞君上，在任何朝代都是大逆不道，赵光义若无反心，就不可能那么傻做出这样的事。其二，就算所谓的“金匮之盟”是真的，杜太后让赵匡胤把皇位传给赵光义也是有前提的——赵匡胤去世时其儿子太小。

《宋史·杜太后传》里这样记叙：

> 建隆二年，太后不豫，太祖侍乐饵不离左右。疾亟，召赵普入受遗命。
>
> 太后因问太祖曰：“汝知所以得天下乎？”太祖呜咽不能对。太后固问之，太祖曰：“臣所以得天下者，皆祖考及太后之积庆也。”
>
> 太后曰：“不然，正由周世宗使幼儿主天下耳。使周氏有长君，天下岂为汝有乎？汝百岁后当传位于汝弟。四海至广，万几至众，能立长君，社稷之福也。”
>
> 太祖顿首泣曰：“敢不如教。”
>
> 太后顾谓赵普曰：“尔同记吾言，不可违也。”命普于榻前为约誓书，普于纸尾书“臣普书”，藏之金匮，命谨密宫人掌之。

当杜太后问他是如何得到天下的，赵匡胤回答说是托祖宗和太后的福，杜太后说别扯这些没用的，你之所以轻而易举地得了天下，是因为周世宗的儿子太小，让你捡了个便宜，如果周世宗有成年的儿子，你小子是得不到天下的。

杜太后的意思非常明白：假如你百年之后也是这种情况，为了天下不至于落入他人之手，就把位子传给你弟弟吧，他是成年人，不容易被人欺负，否则，你的儿子就会步周世宗后尘。

正因为这样，赵匡胤才会毫不犹豫地让宰相赵普做见证者和记录者。

02

那么，赵匡胤遵守杜太后的遗嘱了吗？

从他“传位”给弟弟赵光义来看，似乎是遵守了。

可是，他驾崩的时候，长子赵德昭已经二十出头了。在早婚早育、人类平均寿命比现在低得多的当时，二十多岁已经可以孩子满地跑，几乎能算是中年人了，无论如何也不能算是“幼儿”了。

幼儿不能传，难道成年人也不能？

也就是说，在自己的儿子已完全成长的情况下，赵匡胤把位子传给弟弟，就并不是在遵守杜太后遗嘱了。

这就更说不过去了。

分析到这里，事情很清楚了，所谓的“金匮之盟”有可能是伪造的，《宋史·杜太后传》中的这个桥段，其真实性也值得怀疑。

历史是胜利者书写的，现在轮到他赵匡义握住这支笔了。

不过他自以为天衣无缝，却没想到留下了明显的破绽，经不起推敲。

值得说明的是，历史上虽然不少人都相信所谓的“金匮之盟”，但至今未找到盟约的原文，这也是怀疑派和相信派一直争论不休的原因。

从以上分析可知，在没有其他证据的情况下，“赵光义害死哥哥赵匡胤而上位”之说，很大程度上是能够成立的。

03

实际上，赵光义害死的不止他哥赵匡胤，还有赵匡胤的儿子赵德昭。

赵德昭知道，皇位本来是他的，却被叔叔夺了去，他不甘心，想夺回属于自己的东西。

太平兴国四年（979 年）正月，赵光义调集数十万大军，御驾亲征攻打北汉，将北汉都城太原围得水泄不通。

拿下太原后，赵光义意欲乘胜拿下燕云十六州，于是挥师东进。

出征时，赵光义特意把赵德昭带在身边，名义上是让他到前线锻炼锻炼，实际上是为了防止他趁机在京城搞事。这也从侧面证明赵光义的帝位来得不正当，心中有鬼，否则他没必要怕这个侄子。

进攻幽州的前一天夜里，诡异之事发生了。没有任何征兆，军中突然传开一个惊人的消息：皇帝赵光义不知所踪，必须马上拥立赵德昭为新皇帝！好在很快有人出来辟谣，事情得以平息，未进一步造成混乱。

这种事情一出，赵光义心中岂能痛快？虽然只是一个谣言，却非同小可，性质极其严重，意味着背后藏着一个巨大的阴谋，而制造这个阴谋的人，不用说赵光义也知道是谁，但因当时在打仗的关键时候，他不好发作。

回到京城后，赵光义依然很郁闷，迟迟不对有功的官兵进行奖赏。按当时的规矩，奖赏期限不能超过半个月，大概是赵光义的心被这个谣言彻底扰乱了，连奖赏有功将帅这么大的事也没心思做。

皇帝迟迟不提奖赏之事，将帅们议论纷纷，说什么的都有，有的甚至积了一肚子怨气。

将帅们的怨气让赵德昭都听不下去了，这样下去说不定会出事！这些当兵的可不是省油的灯，把他们惹急了，什么事都干得出来！看来叔叔把这事儿忘了，自己有必要提醒提醒。

他找了个机会提出意见，不料刚开口，赵光义就勃然大怒，仿佛这股怒火早就准备好了，就等他撞上来。

赵光义朝赵德昭大吼：我都不急，你急啥？等你当了皇帝再赏也不迟！

这句话说完，当天晚上，赵德昭就自杀了。

叔叔骂他一句就自杀，是他太脆弱了吗？

不是。是他从赵光义那句话里，读出了满腔“杀气”。

很显然，赵光义把那个谣言的制造者锁定在了赵德昭身上，只是尚未查证而已，而一旦查证，这就是灭九族的弥天大罪！为了避免伤及无辜，自我了断是最佳选择。

实际上，赵德昭自杀可以说是上了赵光义的当，正好解了他的心病，因为他早就想除掉这个侄儿了，留着他总是隐患，只是一直苦于没有机会和理由。

当赵德昭提出奖赏有功将帅之事时，赵光义的反应之所以那么强烈，说出那么重的话，目的就是逼他自行了断！

谢天谢地，这小子很“配合”。

应该说，两个人的目的，最终都达到了。赵光义得以安安生生地做皇帝，赵德昭也用他一个人的生命，避免了即将到来的血雨腥风。

04

当然，“金匮之盟”也有可能是真的，毕竟宋史确有记载。

不过赵匡胤死的时候距离定下“金匮之盟”已经过去十五年，他自己的儿子也已经二十五岁，根本不是幼小了。

哥哥反悔，弟弟干掉哥哥，这个可能是有的。

赵光义初登位时，对大哥的儿子还算不错。在那个称呼高于一切的社会，他叫赵德昭“皇子”，而不是“皇侄”，意思是待他百年之后，会还位给侄子。

不过人都有私心，赵光义很快也想把皇位留在自己家里了，于是“皇子”又变成了“皇侄”。

有时候命运就是这么奇妙。赵构建立了南宋后，赵光义就绝后了，于是宋朝的皇位兜兜转转，终于还是回到了太祖一脉——赵匡胤的十世孙登基称帝，史称宋理宗！

胡惟庸之死：帝相千年纠葛，结束在这一天

洪武皇帝朱元璋在位的第十三个春节刚过，大明王朝依然笼罩在一片祥和喜庆之中。

丞相胡惟庸主动递牌子请求觐见。见到朱元璋之后，胡惟庸便说：陛下圣明，四海升平，所以上天降下祥瑞。他说自己京城旧宅子里的枯井今早突然变成了“趵突泉”，一定是因为他追随圣明皇帝，所以上天才会格外眷顾。

胡惟庸还趁机邀请朱元璋前往观赏祥瑞。朱元璋没有多想，毕竟这是他最忠心和器重的臣子的提议，于是欣然应允。

第二天，车驾排场已经在皇宫门口准备齐全，朱元璋也在一片簇拥之下来到宫门口准备上车。这时，突然从旁边蹿出一个名叫云奇的太监，他紧紧拉住皇帝马车的缰绳，紧张地说不出话来。朱元璋受到了惊吓，锦衣卫立刻赶过来将其拿下，拖到一边准备乱棍打死。

但朱元璋可是在刀林箭雨中摸爬滚打过来的，见过大世面，他心想此事绝不简单，于是派人将那太监拖上来。只见太监云奇已经奄奄一息口吐鲜血，却仍然用手指着丞相胡惟庸宅邸的方向，怎么都不肯放下。

朱元璋本来就好猜忌性多疑，见此情状立刻取消了去胡惟庸家的计划，转而带人登上了皇宫城头。

远远向胡惟庸家望去，只见门口窄巷里有铠甲和兵器反光的迹象，朱元璋不禁心中一惊。莫非胡惟庸家中藏着兵丁，这是要假借祥瑞谋害我，这是造反啊！

杀伐决断的朱元璋绝不会坐以待毙，一场关于权力的腥风血雨由此掀起。

01

根据史书记载，胡惟庸于 1355 年便投奔了朱元璋，曾经也是从基层干起的优秀青年干部。

大明建国后，胡惟庸担任中书省参知政事。汪广洋被免职之后，朱元璋一时竟觉得群臣中没有人适合接替他担任丞相。后来，朱元璋发现胡惟庸处事谨小慎微，加上李善长一个劲地推荐，于是朱元璋任命胡惟庸担任右丞相，不久又升他为左丞相，成为百官之首位。

> 胡惟庸，定远人。归太祖于和州，授元帅府奏差。寻转宣使，除宁国主簿，进知县，迁吉安通判，擢湖广佥事。吴元年，召为太常少卿，进本寺卿。洪武三年拜中书省参知政事。已，代汪广洋为左丞。六年正月，右丞相广洋左迁广东行省参政，帝难其人，久不置相，惟庸独专省事。七月拜右丞相。久之，进左丞相，复以广洋为右丞相。(《明史》)

事实上，胡惟庸可不像朱元璋料想的那样，是个谨慎克己的人。

胡惟庸担任丞相的时间一长，便专横跋扈起来，将朝廷官员生杀予夺的大权完全掌握在手里，朝廷大事也不向朱元璋汇报便私自决定。凡是参奏他的奏章，胡惟庸都会暗中截留，然后指使党徒将上奏的人清除掉；而那些热衷投机钻营的人，为谋求官职和爵位，则争相给胡惟庸送金帛、名马、好玩之物。

朝廷正直之士看到这样的事后非常气愤，比如大功臣徐达便一再向朱元璋揭发胡惟庸的所作所为，可是朱元璋却置之不理。

胡惟庸更加嚣张跋扈了，他甚至派人向开国大功臣刘基下毒，还与李善长勾结攀亲，广结朋党。

这时候有一个大臣叫涂节，他向胡惟庸献媚，竟然请求当他的义子，还恬不知耻地称胡惟庸为“五百年来第一贤相”。对于这句话，胡惟庸心里极为受用，从此他便以此自称。

除此之外，还有人称在胡惟庸远在定远的老家，看到从池塘水底长出了一根石笋，也有人向胡惟庸说，看到他们家祖坟附近有火光闪烁。

下边的人各种争相献媚，胡惟庸开始飘飘然，甚至觉得自己比坐在皇位之上的老朱还要厉害。

02

朱元璋渐渐发现，朝廷大臣对自己开始疏远，反而更畏惧和听从丞相胡惟庸的话，于是暗下决心要废黜丞相职位。

胡惟庸此时也在收拢力量，尤其是军队将领。

吉安侯陆仲亨和平凉侯费聚平素在陕西和苏州作威作福，终日酗酒胡闹，深受朱元璋厌恶。胡惟庸利用朱元璋的威势对二人恫吓利诱，他们毫不犹豫地便倒向了胡惟庸，甘心做他的鹰犬。

陆、费二人听从胡惟庸的命令暗中招兵买马，准备调动之用。而胡惟庸又指示心腹陈宁利用其在中书省任职的便利，私下阅览天下兵马簿籍，将在京城的军事将领都督毛骧等人收为心腹。此外，胡惟庸还暗中与倭寇和北部元朝遗民达成协议，准备来个里应外合。

当然，胡惟庸篡权最重要的步骤，是暗中联络蓝玉和李善长，尤其是要争取李善长这位开国元老。胡、李两家本来就有联姻的关系，因此虽然李善长开始不同意，后来却也明目张胆地替胡惟庸笼络起官员来。

终于，胡惟庸与御史大夫陈宁、中丞涂节等人做好了起事的准备。

此时正逢一个小国进贡，胡惟庸居然不给朱元璋通报，让使臣等了几个月之久。

朱元璋赐死了再次回到宰相岗位的汪广洋，却无意中发现汪广洋的小妾陈氏是被没入官中的妇女。按照惯例，这样的女人只能赐给功臣。

朱元璋开始起疑心了，胡惟庸阻挠进贡的事情也被发现。这时，曾经称胡惟庸为“五百年来第一贤相”的涂节成了冒头状告胡惟庸的人。

最后，胡惟庸等一帮人被诛灭九族，顺带着，朱元璋开始大肆屠杀那些当年跟着他打天下的功臣。

胡惟庸案持续了十多年，共三万多人受牵连被杀，连李善长、宋濂等人的家族也不能幸免。

另一个不能幸免的便是大将军蓝玉。

蓝玉本来与胡惟庸私下有约定，而最早胡惟庸案也没有牵扯到蓝玉。可是洪武末年，锦衣卫突然指控蓝玉谋反，于是朱元璋再次大兴株连，一口气杀掉了一万五千人，无数达官贵人在这次浩劫中被杀。

一顿屠戮下来，洪武皇帝的开国功臣几乎被杀光了，颍国公傅友德、定远侯王弼、宋国公冯胜在案件结束数年后也没能逃过一死。

在开国武将中，只有汤和与在云南的沐英得以幸免。

03

胡惟庸早年投靠朱元璋，在朱元璋身边前后有十四年之久，朱元璋对他也是特别关照。胡惟庸有个毛病，怕痒，一痒便浑身起疙瘩不能起床理政。为此，朱元璋曾特意下诏书慰劳，并赐给胡惟庸一个如意用来挠痒痒。

没想到胡惟庸后来便以此仗势，当大臣们不听话时，他便拿出如意来显示皇帝对自己的信任，恐吓大臣，于是群臣便不敢再作声了。

后来胡惟庸所做的各种不法的事情被发现，从一人之下万人之上变成阶下囚。洪武皇帝朱元璋对胡惟庸的所作所为深恶痛绝，尤其是那个“五百年来第一贤相”的称呼，他一心想让胡惟庸死，以解心头之恨。

传说，朱元璋针对胡惟庸怕痒这一毛病，使用了一个非常残忍的刑罚。他派人将胡惟庸绑在野外，在其身上涂满蜂蜜和香料，让蚂蚁蚊虫叮咬。胡惟庸受不了大声呼喊，直到气绝身亡。这样的死刑方式，实在令人难以想象。

胡惟庸为什么敢谋反，这事真的只有天知道，不过可以肯定的是，朱元璋借机杀功臣，是在为太子清障碍。胡惟庸之后，劳模朱元璋便废掉了丞相之位，将全国上下的权力集中在自己一人手中。不过朱家的劳模太少了，后代皇帝并不像老祖宗朱元璋这样事必躬亲，于是很快丞相的职责便被内阁大学士替代，内阁首辅转而成为名副其实的天下第二把手，有时甚至拥有废立皇帝的权力，比如杨廷和就对嘉靖有拥立功劳。

血色深宫：朱棣杀绝宫妃

1402年7月17日，扛着一杆“靖难”大旗的朱棣终于走入了南京城里那间象征着最高权力的大殿，坐上了那个全天下人都要俯首膜拜的宝座，成为明朝的第三位皇帝，改年号为永乐，史称永乐帝。

关于这位永乐帝一生的是非功过，几百年来一直争论不休，我们在这里就不做讨论了。

不过关于他，有一件事却鲜有人知。永乐末年，在大明的后宫禁苑之内，曾经有过一场血雨腥风——明成祖朱棣下令了杀掉了三千名后宫佳丽。

后世对朱棣先生的评价大多是“性情固执，猜忌多疑”，然而这个性格特点的展露，基本上都是针对那些对他的皇位有威胁的人。他向后宫这些手无缚鸡之力且手无寸铁的女人们下如此毒手，又是因为什么呢？

01

这事儿要从朱棣的爱妃权氏说起。

话说朱棣的原配皇后姓徐，是中山靖王徐达的女儿。朱棣和徐皇后两人的感情一直很好，可以算是相濡以沫了，然而这徐皇后是个没福气的女人，永乐五年就去世了。

徐皇后死后，朱棣一直没有再立新的皇后，以此表示对这位徐皇后的怀念之情。

当时的朝鲜是大明王朝的属国，每年都要向大明进贡美女。永乐六年，大明派出内使黄俨带着考察团到朝鲜去，一方面是给朝鲜赏赐一些绫罗绸缎以展示天威，另一方面是去挑选一些长得漂亮又多才多艺的姑娘回来。

这一次，朝鲜全国一共有五个少女被选中，其中最为出色的是刚刚十八岁的花骨朵一样的权氏。

这权氏，史书上说她“资质浓粹”，不仅人长得美艳不可方物，而且极善奏箫，当时的宁王朱权曾经写过一首诗来赞美他这位小嫂子的箫声：

> 忽闻天外玉箫声，花下听来独自行。
> 三十六宫秋一色，不知何处月偏明。

宫中还有人描写权氏的姿色：

> 琼花移入大明宫，旖旎浓香韵晚风。
> 赢得君王留步辇，玉箫嘹亮月明中。

很快，权氏就得到了朱棣的宠爱。他不仅将权氏册立为贤妃，还明确贤妃的地位在众妃子之上。除了上朝处理公事，平时朱棣就把权氏带在身边，几乎是形影不离，就连带兵出征漠北之时也要有她陪伴，可见这贤妃在朱棣的心目中是真的相当重要。

然而自古红颜多薄命，永乐八年，朱棣北征凯旋途中，权氏病死在了山东临城。朱棣悲伤欲绝，将她埋葬在了此地。

如果事情到这里结束了，也只不过是世上多了一座荒坟，而朱棣悲伤过后，指不定哪天又看上了哪个美女，重新开始一段轰轰烈烈的恋情——实际上也正是这样，没过多久，朱棣就擦干了眼泪，宠幸了一位王姓贵妃。

然而事情并没有结束。有人实名举报贤妃不是病死的，而是后宫中的一位吕氏妃嫔伙同太监串通了一个银匠将贤妃毒死的。

这时候的朱棣还沉浸在悲痛中，收到这份检举信，他当场就炸了毛：杀！

这个检举的人也是从朝鲜来的，她的父亲是朝鲜的一个小商人，因此人们就叫她贾吕，而她揭发的那位吕美人，跟她一样是从朝鲜选进宫中的。

话说贾吕自从进宫之后，一直没有得到皇帝的宠幸，心里苦闷不堪。这也不难理解，离开了家乡和爹娘进入这深如海的后宫里，却连皇帝的影子都看不到，也许一生都要在这里耗费，最终只能孤独终老，死的时候身边可能连一个亲人都没有，又如何能不苦闷？

愁苦之间，贾吕遇到了比她先进宫的吕氏。

老乡见老乡，两眼泪汪汪，何况是在这等孤独的境遇中？

可惜吕氏却好像对贾吕并不感兴趣，不怎么愿意搭理她。贾吕觉得吕氏看不起她，于是心中记恨，一直想找个机会报复吕氏。

机会终于来了，深受皇上宠爱的权贤妃死了！贾吕一封检举信把吕氏告上皇庭——因为吕氏当时曾随军服侍贤妃。

还有什么比这更狠的？

一向多疑的朱棣雷霆震怒，悲愤之余哪里顾得上去调查，立即就将吕氏以及所有和吕氏有牵连的人全部抓起来处死了。最悲惨的就是这位遭诬告的吕美人，仅仅是因为不愿意和一个人品不怎么样的老乡交朋友，就惹来了这样的滔天大祸——朱棣不仅命人对她严刑拷打，还让人用滚烫的烙铁放在吕氏的身上烙烫，一直持续了一个月，将吕氏折磨得体无完肤才杀掉。

02

这一次，朱棣一共杀了一百多个宫女和宦官，然而杀戮才刚刚开始，更骇人听闻的事还在后面。

过了几年，朱棣宠爱的王贵妃又病逝了，而这时候朱棣本已经打算册封她为皇后了。

朱棣心中极为痛苦——他深爱的女人没有一个能陪他走到最后，这确实是一件令人黯然神伤的事。

他的心里还在滴着血，这时却又传来了一个令人恶心的消息：那个告状的贾吕与另一个鱼氏和小太监“通奸”的丑闻被爆出来了。

本来这种事在后宫里也不算什么，无非就是寂寞已久的宫女和太监做一个名义上的夫妻，相互抚慰照顾罢了。朱棣也早已知道后宫里有这样的事，不过就是睁一只眼闭一只眼随他们去，并不深究。人心都是肉长的，再怎么残暴的凶徒，在心里总会有一处是柔软的。

本来这件事朱棣也没打算怎么着，可是做贼的人心虚了。

贾吕听说自己的丑闻被皇上知道了，想起几年前吕美人死时的那个惨劲儿，害怕自己诬陷别人的老底再被翻出来，便吓得上吊自杀了。

不死还好，一死朱棣反倒不罢休了，他把与贾吕亲近的婢女抓来审问到底怎么回事。

那些弱不禁风的宫女们亲眼看到过朱棣对付吕美人的手段，当场吓得魂飞魄散，一五一十把贾吕当年构陷吕美人的事儿给抖搂了出来。

朱棣一听更是火冒三丈：老子天纵英武，一世英名，结果竟然被后宫这些个没见过世面的小姑娘给玩儿了？

打，继续打，看看还有什么事儿被藏着掖着瞒着我的？

结果这一打，还真问出了个让朱棣惊出一身冷汗的阴谋：后宫里有人要谋害皇上。

朱棣冷汗都没顾上擦：赶紧给我查，彻查！

就这样，王宫女说出了李宫女，李宫女攀咬出张宫女，张宫女又牵连出赵宫女，好像一个神秘的传销组织一样，越挖人越多。朱棣再一次龙颜震怒：杀，统统给我杀！

凄厉的哀号不断从后宫深处传出来，要是有人听到，一定会认为是来到了十字坡，孙二娘又在做人肉包子了。

重压之下，终于有胆大的宫女忍不住破口大骂："自家衰阳，故私年少寺人，何咎之有？"

你这个老家伙顾不得管我们，我们只不过搭伙过日子罢了，到底有啥不得了的错？

然而这时候的朱棣已经杀红了眼，越是骂得凶，他就杀得越起劲，甚至有时候亲自操刀上场，把那些宫女一刀一刀地当片片鱼剐了。

人越杀越多，终于，也许是老天爷也看不下去了，永乐十九年，原本晴空万里的北京城突然降下一个大霹雳，把皇城内的宫殿给劈了，引发了一场大火。众人都说这是天降警示，但朱棣"不以为戒，恣行诛戮，无异平日"。他并不在乎，也丝毫没有停手的意思，最终后宫三千人，幸免的仅仅几人而已。就连史书上都这样记载："帝甚痛悼，遂疯丧心，自后处事错谬，用刑残酷。"

后世的史学家普遍认为朱棣患有"丧心疯"，如果单从这件事情看，应该是真的。

史上最正义宫斗：两个小人物创造出的辉煌

明朝三百年的历史中，有一个皇帝执政了十八年，创造了一段被后世称之为“弘治中兴”的繁荣盛世，他就是明孝宗朱佑樘。可惜这位皇帝只活了三十六岁，如果他可以再多活几年，也许大明王朝的辉煌会更持久一点儿。

可是，事实上，就连他这短短的三十六年生命也是捡回来的，而捡回他这条命的却是两个在历史长河中丝毫不起眼的小人物：一个没有名字的宫女和一个叫张敏的太监。

01

朱佑樘的妈妈姓纪（也有人有说姓李，叫李唐妹），是成化年间（朱佑樘他爹在位时期）大将军韩庸在南方平叛胜利后带回来的一个瑶族姑娘。

小纪姑娘进宫之后的主要工作是帮皇上看小金库，这份工作虽然轻松，但是也相当寂寞。不过幸亏小纪姑娘出身当地土官之家，也读过一些书，识得一些字，因此没事可做的时候能自己在仓库里念念诗词，日子过得倒也平静。

只是这世界上根本就没有一片绝对安静的地方，连桃花源那样的隐秘之处都被发现了，何况这可是皇帝眼皮子底下？这一天，皇帝朱见深可能是吃饱了想要散散步，溜溜达达地就来到了小纪姑娘上班的仓库。

领导视察，自然要小心应付。几句对话之后，皇帝看这姑娘不慌不忙，对答如流，不仅就对她产生了好感，一时荷尔蒙膨胀，就把这小纪姑娘“临幸”了。

这在那个年代实在是件再平常不过的事。皇帝看上你那是你的福分，有的人在皇宫里待了一辈子，连皇帝长得是白是黑都不知道。

临幸一个后宫女子对于皇帝来说自然不算个啥事，但是对于小纪姑娘这样只想安安静静做个仓库管理员的女子来说，可就是天大的事儿了，她原本从来没有想过要和皇帝产生什么瓜葛的。

最关键的是，没有多久，小纪姑娘发现自己居然怀孕了。

02

按说，能跟皇帝共眠龙榻，并且怀上皇帝的骨血，这是后宫多少女子做梦都在期盼的事啊，可是小纪姑娘却高兴不起来，反倒觉得害怕。

不是害怕别人，是害怕皇帝身边那个被称作万贵妃的女人。

这个万贵妃说起来算是皇上的保姆，比皇上大十七岁，从朱见深五岁时开始照料他，但谁也没想到，皇上居然会喜欢上这个长得既不算漂亮又没有多少文化的女人，并且是从骨子里喜欢，喜欢到为了这个万贵妃，居然能把一个当了刚刚一个月皇后的年轻貌美的女人都给废了，原因只是皇后觉得皇上只宠幸万贵妃，心里不平衡，把她教训了一顿。

万贵妃本来和皇上是有一个孩子的，并且是个儿子，按照常理，如果不出意外，这个孩子妥妥地就是大明朝日后的接班人，可是偏偏就有了意外——这孩子在一岁多的时候夭折了。

夭折了本来也没什么，再生一个就完了，可是万贵妃已经是上了年岁，再也生不出来了。

这就很可怕了。没有皇子傍身，万贵妃感到深深的恐惧，万一哪天皇上不喜欢自己了，可咋办？

虽然皇上口口声声说，放心吧，我不会不要你的，就算全世界都抛弃你，我也会一直在你身边。可是万贵妃怎么能相信这样一句话？后宫佳丽三千，谁知道哪一个女人哪一天会不会就用一个媚眼把皇帝给迷住了呢？

既然不能阻挡皇帝和其他的女人缠绵，那就只有一个办法——不能让别人生下孩子。我没有孩子，那就谁都不可以有，这样皇帝就不会离开我。

所以，后宫里所有和皇帝有过鱼水之欢的女子，就算是怀上了龙种，结局也是很悲惨的，要么是被逼着堕胎，要么是被毒死。

如今，小纪姑娘也怀孕了，而整个后宫都是万贵妃的天下，这消息如何能瞒得过她？自己的孩子又如何能幸免于难？

03

事情果然很快就被万贵妃知道了，万贵妃甚至已经不会生气了，因为这样的事情也不是第一次了，要是每一次都生气的话，早都被气死了。她只是冷冷地命令一个经常伺候她的宫女：去把那个姓纪的肚子里的孩子弄掉。

宫女也没有多说一句话，转身便来到了小纪姑娘的住处。有些时候是不用说话的，只要执行就够了，也许这个宫女也不是第一次来执行这样的任务了。

可是这一次，小纪姑娘没有死，她肚子的孩子也好好的，没有被弄掉。不知是出于什么理由，被派来杀她的宫女并没有伤害她和孩子，而是回去告诉万贵妃:搞错了，那女人并没有怀孕，她只是肚子里长了一个瘤子。

关于这一段，史书上也只有很简单的一句话:“婢谬报曰病痞。”但是不管怎样，小纪姑娘总算松了一口气，至少目前是安全的，以后会怎样，谁也不知道，那就先把孩子生下来再说吧!

这就是母性，这就是母爱。未来会有怎样的风雨，我来承担，但是谁也不能阻止我当母亲。

至于这个宫女，史书上没有记载她的名字，就让我们用“一个善良的宫女”来称呼她吧。不管她以前有没有做过坏事，都不重要了，至少在这件事上，在她的身上是闪耀着人性的光辉的。

可是现在只不过是刚刚开始而已，事情没有那么简单的。

虽然小纪姑娘小心翼翼，终究还是被发现了。毕竟一个孩子的降生，要想在万贵妃一手遮天的后宫里瞒过去，实在太难了。

万贵妃怎么可能容许这个孩子出现在皇帝面前，来和她争夺皇上的恩宠？她再一次发出了一道狠毒的命令：去把那个孩子给溺死，我永远不想再听到后宫里有他的哭声，我也不希望皇上看到他。

这一次接受命令的是一个太监，一个在深宫中普通到不能再普通的太监。然而，就是这个像尘埃一样卑微的太监，再一次拯救了这个幼小的生命。

张敏接到个命令的时候，震惊得像是听到了晴天霹雳:“上未有子，奈何弃之？”

皇上整天忧心忡忡的就是到如今都不曾有个孩子，为什么现在要把小皇子扔到尿盆子里溺死？！

可是，他同样不敢多问一句，只是怀着复杂的心情来到了小纪姑娘所住的安乐堂。

看着正在奶孩子的小纪姑娘，太监张敏的心在一瞬间融化了。心肠再歹毒的恶人，在面对这样的场景时，都不可能狠下心来对一个尚在襁褓之中的娇弱婴儿下手。何况，这个叫张敏的太监本就不是一个恶人——如果稍微有点歪心思坏脑筋，他也不可能在这后宫里待了一辈子还是个“门监”了。

张敏带走了这个孩子，虽然把这样一个刚刚出生的孩子带离母亲的身边有些残酷，但这是保住他的唯一办法。张敏只能这么做，小纪姑娘也深深地明白这一点。

张敏找到了一个很隐秘的地方把这孩子藏了起来，让他和后宫里那些最底层的宫女们一起生活。一群被上位者忽视了的女人，在万贵妃的虎视眈眈之下，担负起了抚养这个虽然贵为龙子却命运坎坷的孩子的重任，就连已经被废的皇后也偷偷地照料着这个苦命的孩子。

就这样，一直过了六年，没有人知道，这一群虽然身处富丽堂皇的深宫，实际上却卑微如蚂蚁的太监宫女们，是怎样用他们自己的生命去抚养了一个跟他们毫无关系的小生命。不过很幸运，这一次，他们成功避开了万贵妃的耳目。

也许他们根本没想过这个孩子的明天会怎样，也根本不敢期盼这个孩子有一天会当了皇帝带给他们荣华富贵。那太遥远了，远得谁都不知道那一天究竟会不会来到。然而，他们依然无怨无悔，用自己微薄的力量让这个孩子在他们搭建出的一方天地中快乐地成长着。

04

当然了，这些人付出所有的情感抚养这个孩子，并不是想让他一辈子都生活在后宫阴暗的角落里，他有属于自己的地方，那个地方鲜花锦簇。

他们只不过是在等一个机会而已，现在，机会终于来了。

这个孩子六岁时的一个早上，皇帝朱见深起床后坐在镜子面前，突然发现自己竟然苍老得不像是一个三十岁的正值壮年的人。他幽幽地叹了一口气，不过不是在哀叹自己青春岁月的逝去，而是在深深地忧虑：我的身体已经这样了，可是还没有孩子。大明怎么办？难道祖宗留下来的江山，要在我的手里断送了？

老将至而无子，这大概是会让每一位皇帝都忧虑的事。

此时在皇帝身边服侍的正是张敏。张敏知道，他忍辱负重六年保守的一个秘密，就要大白于天下了。他跪倒在地，跟皇上说：“死罪，万岁已有子也。”皇上，其实您有一个儿子啊！

朱见深大吃一惊：什么？我的孩子在哪里？我怎么不知道？

张敏深深地吸了一口气，他知道，说出这个秘密的时候，也就是他离开这人世的时候，然而他还是没有犹豫。卑微了一辈子的张敏终于直起了自己的腰板，他勇敢地告诉皇上：我知道把这个消息告诉您，我就绝无生还的道理，但是我不怕，我只想皇上能为皇子做主！毕竟他是您的亲生儿子，是大明的传承，如果能这样，我死了就死了，绝不后悔。

“奴言即死，万岁当为皇子主。”

朱见深都听傻了，一脸愕然，还是旁边的大太监怀恩赶紧说：皇上，张敏说的是真的，您确实有一个儿子，一直偷偷地养在后宫里，因为惧怕某个人，所以一直没有敢让人知道。

朱见深一听都高兴疯了，马上派人到安乐堂去接自己的儿子。

小纪姑娘盼望了六年的这一天终于来了，然而她并没有表现出太多的惊喜，而是紧紧地搂着自己年仅六岁的苦命的儿子，痛哭失声：孩子，去吧，去你到你父亲的身边，以后就要离开妈妈跟你父亲生活在一起，你自己千万要小心啊。

说完这些，她擦干眼泪，面带微笑目送着自己的儿子坐上了皇上派来的小轿，消失在宫苑的转角处。她知道，她的使命已经完成，而万贵妃是不会放过她的。

孩子终于可以见到父亲，开始他的另外一种生活，小纪姑娘的生命却要走到尽头了。

朝野上下一片欢腾，可是除了小纪姑娘之外，还有一个不开心的人，那就是万贵妃。

万贵妃得知后宫里居然有一个孩子活了六年，而且还是自己两次派人去却都没有除掉的那个孩子，她几乎要崩溃：为什么所有的人都要欺骗我？

也许，这一辈子她都不会想明白这个道理，因为在她的眼睛里，除了怨恨早就什么都看不到了。

一个月后，被封为妃的小纪姑娘暴病死于自己的寝宫，有人说她是被万贵妃谋杀的，有人说她是上吊自杀的，然而不管是怎么死的，所有的人都知道她的死是为了什么。

得知纪妃的死讯后，张敏仰望着天空，深深地叹了一口气，这一天终于还是来了。随后，他便吞金自尽了。

当年明月在评价张敏的死时是这样的说的:“当一个人不得不走向死亡的时候，自杀代表着尊严和抗争。”

05

这个被众人保护这长大的孩子就是朱祐樘，被接到父亲身边后的第十一年，他登基即位，年号弘治，成了明朝第九位皇帝，是为明孝宗。

孝宗在位十八年，创造出了“弘治中兴”的辉煌景象，可是又有多少人知道，其实这一段辉煌，是由两个不起眼的小人物创造的呢?

准确地说，是一个叫张敏的太监和一群不知名的小人物创造的。

这应该算得上中国历史上最正义的宫斗了。

人们只记得那些叱咤风云、纵横四海的英雄，可是很多时候，历史得以创造，也是因为有这样不太为人知晓的小人物的付出。

奇葩年年有，皇家特别多

别人推理要钱，汉武帝推理要命

01

被视为千古一帝的汉武帝刘彻，不仅有文韬武略，还有一个智商欠费的人无缘拥有的爱好——推理。

公元前 127 年，为了促进关中地区的发展，汉武帝颁布新政策，将各个郡国家产三百万以上的富户都迁居到茂陵。

迁徙的名单中有一个叫郭解的人，是函谷关以东地区的著名游侠，人脉甚广，不知通过什么途径找到了卫青，想让这个当朝第一红人替自己说句话。

卫青为此专门去求汉武帝：郭解家中贫困，不合迁徙标准。

汉武帝听了，一脸蒙，问：郭解是谁?

卫青解释道，郭解只是一个平民而已。

汉武帝点头，望着卫青说，他不穷，必须迁。

这次轮到卫青蒙了。连郭解是谁都不知道，却断定他家里不穷，皇帝是在故意打我脸吗？这位极少被皇帝拒绝的大将军疑惑不解，场面一度十分尬尴。

这时候，汉武帝突然一脸“真相只有一个”的严肃表情，以一个侦探的身份揭开了谜底：郭解是个平民，他的权势却大到能让一位将军替他说情，这就证明他家不可能穷。

卫青想了想，一时无言以对，不得不向汉武帝的推理表示拜服。

估计他回家的路上一直在后悔，如果早知道汉武帝是推理达人，就不该多嘴求情。

02

公元前 106 年的一天，汉武帝感到身体有点不舒服，派小黄门常融去召太子。

一直和太子不和的常融回来后对汉武帝说，太子面带喜色。

汉武帝听了非常受伤，默然无语。

等到太子来了，汉武帝仔细观察，见他果然有说有笑。常融在一旁暗自窃喜，心想这次诬告能成，不想没过多久，汉武帝便下令要将他处死。

常融如遭晴天霹雳。打了太子那么多小报告都没事，为何这次要杀头？他想破脑袋也想不明白。

汉武帝望着这个智商欠费的小黄门，打算让他死个明白。

这位推理达人缓缓解说道：太子那天探望我时，确如你所说，有说有笑，但是太子的脸上却有几道不易察觉的泪痕，说笑的表情也有点做作，像是强装出来的。事后我派人暗中查问，才得知太子听到我病重时大哭了一场，并非面露喜色。

常融语塞，只能引颈就死。

遇到脑子清爽的推理达人，连装样子的“冤枉”都没机会喊。

03

公元前 105 年，汉武帝举行“马展”。

汉代的马展和现在的车展一个套路，只不过现在是香车美女，汉代是良驹美女，场面都是一样的香艳奢华。

汉武帝的身后站满了各色美人，面前是从世界各地搜罗来的宝马，每一匹都血统纯正，正被人牵着依次走过。

突然，汉武帝叫住一个马夫，招手让他过来回话。他询问了这个马夫的身世，发现原来是个匈奴奴隶。

汉武帝似乎对他很感兴趣，当场就赐下衣帽，不让其再做奴隶。

过了几天，让众人更加疑惑不解的事情发生了。汉武帝似乎对这个奴隶太好了，不仅把他从御马监一路提拔至光禄大夫，还出手阔绰，累计赏赐了足足千斤黄金，出门时让他坐副驾驶，回宫后也让他陪侍左右。

所有人都嫉妒得红了眼。这个奴隶啥也没做，就是从皇帝面前遛马走了一遭，怎么就登上了人生巅峰？

有人在背后非议说，皇上不知从哪儿找来个“胡儿”，竟然当成宝贝。

这些话传到了汉武帝的耳朵里，他不仅不介意，反而对这个“胡儿”更好了，给他赐姓金，赐名为金日磾（读作金密低）。

众人当然不知道汉武帝的心思。作为一个推理达人，那一日的马展上，只一眼汉武帝就认定，这个人将会成为难得的忠心国士，哪怕他是个“胡儿”。

原来，当日所有的马夫牵马而过时，面对汉武帝身后的天香国色，几乎没有一个能忍住不用旁光偷瞄，唯独金日磾一人能忍住不看，态度十分恭敬。另外，金日磾所养的马最为肥壮健硕，说明他工作也十分到位，再加上其特殊的身世（匈奴休屠王之子）、伟岸正派的容貌，所有一切都让推理达人汉武帝当机立断，要将其培养成大汉忠臣。

后来的事情证明汉武帝的推理是正确的。

几年之后，侍中仆射马何罗密谋造反，闯入宫中要行刺汉武帝，金日磾看到马何罗无故进宫，心中一动，担心皇帝有危险，强忍身体不适和欲上厕所的刚需，一步不离地坐在汉武帝卧室门前守护。

就这样，他与前来行刺的马何罗碰个正着。马何罗抽出袖中利刃，金日磾以命相拼，将其紧紧抱住，并大喊：马何罗谋反！成功引来侍卫，救了汉武帝一命。

至此，那些当初非议皇上、妒忌金日磾的一张张嘴，全都闭上了。

04

当然，并不是所有人都能像金日磾一样，从汉武帝这种走马便可观花、管中便可窥豹的推理能力中获得好处，有些人甚至可以说被汉武帝的推理爱好坑得相当惨。

首当其冲的是钩弋夫人。

公元前 94 年，钩弋夫人怀胎已满十个月，却一点儿生产的意思都没有。她挺着大肚子又艰难地熬了四个月，终于产下一子。

正坐着月子呢，听婢女来报，皇帝把钩弋宫宫门名字改了。

钩弋夫人奇怪，好好的为什么要改名字呢？

一问之下才知道，原来是汉武帝闻听皇子出生，龙颜大悦，忍不住即兴推理了一番：听说当年尧是怀胎十四个月才出生的，如今生这个孩子也是十四个月，所以这个孩子就是当代的尧啊，钩弋夫人就是尧母，钩弋宫门不能再叫钩弋了，应该叫尧母门！

不出一会儿，宫门上的烫金大字就已焕然一新。

此时的汉武帝并不知道，这次的即兴推理，将会害死钩弋夫人，害死太子，害死数万士卒和百姓。

由于汉武帝改的这个宫门名字太容易让人想入非非，朝中很多与太子不和的大臣纷纷揣摩起汉武帝的心意，认为他非常宠爱这个刚出生的皇子，甚至超过宠爱太子。在他们眼中，这是一个巨大的政治投机机会——如果能够扶持小皇子上位，自己就是下一任皇帝的功臣，荣华富贵享之不尽。

所以，构陷皇后、太子的谗言越来越多，上面提到的常融诬陷太子，就属于这种情况。

特别是卫青将军去世后，皇后和太子失去了娘家人做靠山，朝中对太子的攻击越来越凶猛，终于酿成巫蛊之祸，累及万人，太子也吊死在民房之内。

太子死后，汉武帝追悔莫及，建思子台以示后悔，然后又反过来清算了陷害太子的人。如此来回一折腾，四十万人受牵连。

但是江山不能没有继承人，汉武帝最终选择让刘弗陵——钩弋夫人那个十四个月才生下来的孩子——来坐太子的位子。

而为了防止重蹈吕后专权的覆辙，汉武帝将年轻力壮的钩弋夫人杀掉了。

慕容家都是有故事的人：金刀太子的起伏人生

我们要说的这个金刀太子，他的一生仿佛是一部按剧本走的商业大片。

01

公元 370 年，前燕为前秦所灭，北方基本落入了苻坚之手。

前燕皇族慕容德与自己的同母哥哥慕容纳，就在这片暴风骤雨之后，一起降了苻坚，分别当了前秦的张掖太守和广武太守。

慕容德，前燕开国皇帝慕容皝幼子，在其侄前燕末帝慕容暐在位时得封范阳王。史载他“姿貌雄伟，博观群书”。慕容德虽然不太为人所知，但他有一个大名鼎鼎的异母哥哥，一代人杰慕容垂。

慕容德曾向末帝慕容暐进谏，虽未被接受，但却因此得到了哥哥慕容垂的赏识。二人共论军国大事，并一起在枋头之役中击败了东晋权臣桓温。

前燕灭亡之后，慕容德安安生生做了几年太守便辞职不干了，他和哥哥慕容纳一起住在张掖。然而平静的日子并没有过多久，中国历史就走入了一个新的阶段。

公元 383 年，苻坚发动了著名的淝水之战，慕容德被拜为奋威将军，参与南征。

临行之前，慕容德看着自己的哥哥慕容纳和母亲公孙氏，知道这一走很可能就是永别，于是他留下了一把金刀，想给亲人们做个念想。

战争的结局我们都知道了，淝水之战中，东晋以弱胜强，前秦这个庞然大物在苻坚的手中开始瓦解。

趁此机会，前燕时代备受排挤的慕容垂东归故土，建立了后燕。慕容德跟随着慕容垂，成为后燕的车骑大将军，再次获封范阳王。

当慕容垂起兵的消息传到前秦，留在张掖的慕容纳明白，他们家的灭顶之灾就要来了。

02

听闻慕容垂起兵，当时的前秦张掖太守苻昌立即对慕容家采取了行动。结果慕容纳被杀，慕容德留在前秦的儿子无一幸免。

然而在这场近乎灭门的惨剧之中，有两个人活了下来。一个是慕容纳和慕容德的母亲公孙氏，她因为年纪已大，没有被杀；另一个是慕容纳的妻子段氏，由于她刚刚怀有身孕，人们不忍动手，竟也逃过一劫。

这两个慕容家的女人一起被关在大牢之中。

慕容德对家人的遭遇毫不知情，不过，虽然他远在天边，却以另一种方式拯救了自己的母亲和大嫂。

大牢里有一个狱吏，叫呼延平。前面说到慕容德曾经做过张掖太守，也就是在他的任上，呼延平犯了死罪，是慕容德赦免了他。对于呼延平来说，报恩的时候到了。

他秘密将公孙氏和段氏带到了羌地，在那里，段氏诞下了慕容纳的遗腹子，慕容超。

慕容德与他幸存的家人天各一方，只能看着同一轮月亮互相思念。

一眨眼，十年过去了，幸免于难的公孙氏走到了生命的尽头。去世之前，她将十岁的孙儿喊到身旁，取出了慕容德南征前留下的那把金刀，告诉他，有朝一日若天下能够太平，你能回到东方，就把这把刀交给你的叔叔！

不知道小小的慕容超能不能明白这把金刀的意义，但他一定能感受到，自己的未来，在东方。

奶奶去世了，颠沛流离的日子还在继续，呼延平在战乱中又带着段氏和慕容超逃到了后凉。等到后凉被后秦所灭，母子二人又跟着凉州人向长安迁徙，此时，呼延平已经去世了。段氏感念呼延平的帮助，便为慕容超娶了呼延平的女儿。一家人虽说并不富贵，但一路走来，相依为命，倒也温暖。只是慕容超会偶尔取出金刀，想象自己那位远在东方的叔叔，是怎样一位了不得的人物。

03

公元 396 年，后燕开国皇帝慕容垂逝世。继位的慕容宝依照慕容垂的遗训，让叔叔慕容德为使持节，都督冀、兖、青、徐、荆、豫六州军事，坐镇邺城。慕容德成了后燕的顶梁柱，而此时，一个让整个南北朝大分裂时代都颤抖的北方政权已经赫然崛起。

慕容宝继位两个月后，北魏就开始进攻后燕。次年，皇帝慕容宝从国都中山向北逃往龙城，中山发生内乱，不久即落入北魏之手。

可以说，在这场战争之中，后燕遍地疮痍，几无还手之力。但是有一个地方，还保持了片刻的安宁，这就是有慕容德镇守的邺城。

慕容德挫败了来犯的魏将拓跋章之后，坚壁清野，死守邺城，并抓住机会防守反击成功，安定了人心。然而慕容德明白，在北魏的连续进攻下，邺城终究是守不住的，于是他率军民向南迁徙。

途中，渡河用的船只遇风沉没，而后方魏军将至，恐惧蔓延在人群之中。没想到就在这天傍晚，河水竟然结了冰，慕容德一行连夜渡河，等到第二天早上魏军追到时，冰面已经化了。

奇迹般逃出生天的慕容德领着一众人到达了滑台（今河南滑县），在这里，他虽然得了近十座城，但这些城池都处于北魏和东晋之间。

两面受敌，又遇叛乱，终究还是待不下去了。和群臣讨论后，慕容德最终将目光投向了广固（今山东青州西北）。这是一个极为正确的决定，它让慕容德真正拥有了一块稳固的根据地。

很快，慕容德击败当时的齐郡太守避闾浑，占领了广固。公元400年，慕容德正式称帝，改元建平，史称南燕。就这样，一直处在英明神武的哥哥慕容垂光环下的慕容德，终于在历尽艰险后，也成了皇帝。

称帝后的慕容德稳定住了局势，开始寻找留在西方的亲人。

04

这时候，慕容超还在后秦的都城长安。

后秦是一个羌人建立的政权，正是后秦的开国皇帝姚苌在前秦兵败淝水之后，擒杀了苻坚。如今在位的后秦之主，是姚苌之子，高祖姚兴。姚兴在位期间剿灭了前秦的残余势力，吞并了西秦和后凉，慕容超是在后凉被灭后来到长安的。

慕容超继承了慕容氏优秀的基因，成年后外貌出众，“身长八尺，腰带九围，精彩秀发，容止可观”，但正因如此，慕容超越来越担心自己过于显眼。再加上诸位叔父先后在东方建了与后秦作对的政权，他极有可能会被姚氏所害。

想来想去，慕容超祭出了历史上屡见不鲜的绝招，装疯。

他跑到长安的大街上乞讨，弄得长安人民都看不起他。但有一个人却觉得这个外貌不俗的年轻人不得了，这就是后秦的东平公，抚军将军姚绍。

姚绍劝皇帝姚兴赏赐给慕容超爵位，好把他困在后秦，于是姚兴召见慕容超。

也许是慕容超的演技太好，一番对话下来，姚兴“大鄙之”，觉得“妍皮不裹痴骨”这句老话真是瞎说，眼前这个帅小伙不就是个蠢货吗？

从此慕容超得以在后秦来去自如，直到慕容德派出的使者找到了他。

得知使者来意后，慕容超来不及告诉母亲段氏和妻子呼延氏，便独自一人跟着使者前往南燕。

到达南燕都城广固之后，慕容超将金刀呈给叔父慕容德，再把自己这么多年的经历一说，惹得慕容德抚着金刀放声痛哭。

慕容德封慕容超为北海王，这也是慕容超的父亲慕容纳在前燕时的封号。也就是在这个时候，慕容德正式给这位侄子起名为慕容超。

慕容超是慕容德和慕容纳这对同母兄弟在这世间的唯一后代，于是慕容德自然动了要传位给他的心思。他为慕容超盖了一座宅子，早晚观察。慕容超也没有辜负叔父的期望，在内孝顺乖巧，在外礼贤下士，很快在南燕站稳了脚跟。

不久，慕容德正式立这个侄子为太子。公元405年，一代枭雄慕容德病逝，慕容超继位。

回想这叔侄二人皆是一生颠沛，一个在夹缝中立国，一个靠装疯活命，能有这样的结果可谓是皇天不负有心人。

然而历史永远没有结局，故事还在继续。

05

我们在史书中经常能看到这样的人，他们开始时雄才大略，可到达某一个节点之后，却突然走向了反面。

我们的主角慕容超就是这样的人。

也许是苦日子过得太久，也许是权力的腐蚀力太强，继位之后的慕容超仿佛变了个人。他宠幸佞臣，逼反大将，刚刚继位就让南燕经历了一场战争。虽然这次叛乱很快就被平息了，但平叛之后他更是不理政事，不纳谏言，甚至想要恢复肉刑。

南燕本就是个偏安一隅的小国，疆域大概是占了山东、河南、江苏的各一部分。

当它的皇帝进不能开疆拓土，退不能守境安民，它基本上也就走到头了。

很快，导致南燕大祸临头的导火索就来了。

后秦姚兴手里还攥着慕容超的母亲和妻子，此时得知慕容超继位，便责令他称藩，并且要慕容超进献宫廷乐队，或者到东晋去掳“吴口千人”送到后秦。

慕容超有求于人，只好放低姿态，派遣了能说会道的使者假意称藩，稳住了姚兴。结果就在姚兴准备直接放人的时候，在前面那场南燕叛乱中逃到前秦的叛将却把慕容超的心思一语点破，于是姚兴又改了主意：还是得索要乐队。

慕容超只好把南燕的宫廷乐队乖乖地送去，这才换回了母亲和妻子。可是不久之后，他就开始惋惜，觉得生活失去了不少乐趣，后悔送去了乐队。

慕容超做出了这辈子最错误的决定。他遣将南侵东晋，掠夺了男女两千五百人，全部送去乐府学习音乐。

慕容德为了一个乐队，彻底惹怒了近邻。

也是南燕气数已尽，此时的东晋由大英雄刘裕把持朝中大局，而南燕的挑衅正好给了他一个出兵的理由。公元409年，刘裕北伐。不到一年时间，南燕都城广固被晋军攻破，慕容超被送往东晋都城建康处斩，时年二十六岁。

至此，由慕容德建立的南燕灭亡，历时十二年。

06

慕容家族忍辱负重的品质是很好的，可惜得势后都不怎么样。比如被苻坚收入后宫的慕容冲，他忍了很多年才打败苻坚一雪前耻，还成了西燕的第二位皇帝，但他登基后很快就被部将干掉了。

难怪慕容复被金庸写得那么惨。

这个金刀太子的故事，如果慕容超稍微厉害一点点，争气一点点，现在肯定能成为很火热的IP（知识产权）。

可惜了。

史上最厚脸皮皇帝

与当二十七天皇帝干了一千一百多件坏事的汉废帝刘贺、著名的断袖皇帝汉哀帝刘欣、卖官鬻爵的汉灵帝刘宏、与姐姐乱伦的南朝宋废帝刘子业等荒唐皇帝相比，宋真宗赵恒贿赂大臣们的“荒唐”之举，好像实在算不了什么。

01

除了开国君主宋太祖赵匡胤和宋太宗赵光义，宋朝君主给人的印象大多比较文弱，而且文艺技能满点，更适合当文学家或艺术家，而不是当君主，宋真宗赵恒也不例外。

赵恒是个才子，既爱好文学，又擅长书法。为了勉励人们读书，他以诗的形式写过一篇有名的《励学篇》，用物质和美女调动学习热情，简直句句是“真理”：

> 富家不用买良田，书中自有千钟粟。
> 安居不用架高堂，书中自有黄金屋。
> 出门莫恨无人随，书中车马多如簇。
> 娶妻莫恨无良媒，书中自有颜如玉。
> 男儿欲遂平生志，五经勤向窗前读。

不过，赵恒的执政能力也还算可以。

比如他减免了五代十国以来的赋税，安民为本；扩大土地耕作面积，使土地从之前的三亿多亩增至五点二亿亩；引入两种暹罗水稻，使水稻产量倍增；大力促进纺织、染色、造纸、制瓷等手工业和商业的发展，把北宋带入经济繁荣期……

总之，赵恒打造了一个统治日益稳定、国家管理日益完善、社会经济繁荣、国力强盛的“咸平之治”。

历史上，凡是能被称为“某某之治”的，都可算成就不凡，如西周的“成康之治”、西汉的“文景之治”、隋朝的“开皇之治”、唐朝的“贞观之治”等，都是著名的盛世。

而且这个“文弱君主”，还创造了一个小小的奇迹：面对辽国的虎狼之师敢于御驾亲征，而且是中国历史上众多御驾亲征的皇帝中，少有取得了胜利的。

不过，赵恒的御驾亲征，起初并非出于自愿，而是被宰相寇准“逼上梁山”。

事实上，自从雍熙北伐（雍熙是宋太宗年号）惨败以来，北宋君臣提到辽国就心中害怕，一腔收复国土的热血都怕没了，由之前的主动进攻转为被动防御，你不打我我也不打你，你若打我，那我就让你打，忍着。

没想到这世界却是你越怕，人家越要欺负你。北宋越是胆小怕事，辽国就越是步步紧逼，三天两头南下捣一次乱，北宋边境连连遭殃，不是财物被掠夺，就是百姓被屠戮。

后来，辽国的契丹人又觉得零敲碎打不过瘾，干脆发动了一次大规模南侵，妄图一口吞掉南边这块软弱的肥肉。

公元 1004 年秋，辽承天太后萧绰、辽圣宗耶律隆绪亲自出马，率兵二十万侵宋，一路势如破竹，直逼澶州（今河南省濮阳西）城下，对近在咫尺的北宋都城开封构成了直接威胁。

警报不停地传到开封，竟到了一夜五次的惊人地步。

还好，赵恒关键时刻没糊涂，既未采纳参知政事王钦若迁都南京的主张，也未采纳枢密院事陈尧叟迁都成都的建议，而是在经过激烈的思想斗争后，被动“听从”了新任宰相寇准的“安排”，答应御驾亲征。

02

大 Boss（老板）御驾亲征，对士气是个巨大的鼓舞。

经寇准力促，赵恒登上澶州北城门楼。将士们看到亲临前线督战的皇上，顿时激动万分，信心倍增，“诸军皆呼万岁，声闻数十里，气势百倍”。

宋军越战越勇，连连取胜，辽军却由于战线拉得过长，导致补给困难，粮草缺乏。辽军是孤军深入，如战败即有可能全军覆没，到那时就不是“偷鸡不着蚀把米”那么简单了，而是会有亡国的危险，这后果谁也承担不起。

越想越怕的萧太后决定求和。

在占据如此优势的情况下，宋军若一鼓作气，即使不能一口吃掉辽国，至少也能把辽军杀得屁滚尿流。如果把辽军补给线切断，即使不打，拖也能把它拖死。更何况，早在战争开始之初，契丹人的一个统兵大将就已被射死，辽军士气低落。

在这种情况下，傻子也知道应该怎么做。

然而，此时的赵恒却一时失了心智。当前线将士撸起袖子准备大干一番的时候，赵恒却出人意料地答应了议和，还立即派人去谈判，并回信说，其实我们大宋朝从来不喜欢穷兵黩武，世界和平是您的心愿也是我的心愿，这仗不打最好。

寇准得知消息时身在外地，急得两眼冒火。他立马赶回赵恒所在的南城苦谏：皇上啊皇上，千万不能这样！契丹人明摆着已是强弩之末，一个冲锋就能把他们击垮，咱们怎么能放弃呢！

如此说的不止寇准一人，还有边防大将杨延昭。他派人上书，意思和寇准一样：敌军已是人困马乏，缺吃少喝，而我军正好相反，不但士气高涨，而且粮草充足，这正是消灭他们的天赐良机。我们只把各路要道一守，就能围而歼之，再乘胜北上，收复燕云十六州都不在话下！

但赵恒却畏敌如虎，对任何人的劝谏都是不听不听不听。

结果大家都知道了，在自己占尽优势的情况下，北宋与敌人签订了“澶渊之盟”，与契丹人达成如下协议：

一、宋、辽为兄弟之国，辽圣宗年幼，称宋真宗为兄，后世仍以齿论。

二、宋、辽以白沟河为界（辽放弃遂城及涿、瀛、莫三州），双方撤兵；此后凡有越界盗贼逃犯，彼此不得停匿；两朝沿边城池，一切如常，不得创筑城隍。

三、宋每年向辽提供“助军旅之费”白银十万两、绢二十万匹，至雄州交割。

四、双方于边境设置榷场，开展互市贸易。

03

和平协议签了，敌兵也退了，赵恒虽然大松了一口气，心情却一直很郁闷。

他郁闷的不是没有消灭敌人，而是另外的问题。

北宋开国两代君主是兄终弟及，这在宋太祖赵匡胤本身就有儿子的情况下显得不太正常。赵恒老爸宋太宗赵光义的皇位合法性有待商榷，赵恒自己又是替代兄长继承的皇位，因此他觉得，后世肯定会抓住这些问题不放，到时候他和他爹就不是名垂青史，而是遗臭万年了。

一想到这个，他就很不舒服，很不高兴，吃嘛嘛不香，干啥都没劲。

这是病，得治，但又不是一般的病，是心病，心病就得心药医。

还真有人能搞到这样的“心药”。

自从“澶渊之盟”签订，“素与寇准不协”的参知政事王钦若，用谗言把寇准搞下去（由宰相降为刑部尚书，知陕州）后，一直以揣摩皇帝心事为己任。他见皇帝日日愁苦，便及时地提供了一副心药：陛下若想镇抚四海，夸士外邦，只有封禅泰山。

封禅泰山，那可不是一件简单的事情，不是谁都有那个资格，因为在泰山封禅是古代君主的最高大典，而且只有改朝换代、江山易主，或者久乱之后致天下太平时，才可以举行。

按照这个标准，赵恒那点功绩，至少还差十条街。

但是他却心动了，因为他觉得只有这样，才能让他的“亮点”抵消“污点”，让后世认为他是有巨大成就的君主，而不是碌碌之辈。如果没巨大成就，能到泰山封禅吗?

但他并不糊涂，知道大臣们肯定会反对——皇帝好大喜功若此，他们若不想法阻止，说轻点是不负责任，是失职；说重点是没有职业道德，也会遭后世诟病。

尤其是宰相王旦。这家伙虽然脾气好，可却是个坚持原则的主，又是出了名的“死脑筋”，他那一关最不好过。

有意思的是，赵恒并不打算利用皇帝的身份压服大臣们，因为他知道，压是压不服的，就算表面上服了，内心也是抵触的，最好的办法是贿赂。

他请大臣们吃饭，并特别声明：今天朕只是想和爱卿们乐一乐，没有其他意思，之前那些君臣大礼，统统给我收起来，座位也不讲上下尊卑了，随便坐，此时此刻，咱们是朋友，是哥们儿，不是君臣。

喝到高兴处，赵恒一使眼色，侍者给席间的每人发了一个大红包。

大臣们面面相觑。里面装的啥？人民币？美元？欧元？英镑？但愿不是越南盾。

打开一看，竟是珍珠，大颗大颗的珍珠！

赵恒笑言，这只是前戏，大家继续喝酒，等一下还有高潮。

大臣们等啊等啊，一直等到席终，高潮才来。

赵恒宣布，今天每人都有“良金重宝之赐”，尤其是宰相王旦，除了良金重宝，还特赐御酒一坛，请王爱卿拿回去与妻儿共享。

回到府中，王旦打开酒坛一看，里面装的哪里是什么酒，是一坛子能亮瞎人眼的大珍珠。

想起前几天王钦若向他转达的“圣意”，王旦明白，他的小胳膊，终究是拧不过大腿的。

得到了王旦支持，等于扫清了一切“民意”上的障碍，赵恒如愿以偿，顺利封禅。

04

实际上，宋真宗赵恒贿赂王旦的手段，不止这一个酒坛。

为了彻底搞定这个刺儿头，赵恒还想从生活上进行笼络，于是他把王旦的两个儿子找来，命令他们：赶紧给你们老爸找几个小老婆！

小子们蒙了：啥？我爹节俭了一辈子，衣服一穿就是几年，过年也舍不得买件新的，让他老人家花钱养小老婆，这脑洞也太大了！

可这是命令，而这个下命令的人，是当今圣上！不但王旦的儿子不敢不照办，就是王旦本人，也不敢拒绝。

没几天，几个妙龄女子来到了王旦家里，王旦只好“笑纳”。

之后的王旦就变了，再也不是从前那个生活俭朴、清心寡欲的宰相了，有时甚至上班时间也心不在焉。王旦之意不在朝政，在乎美人之间也。

有些人之所以喜欢吃白菜豆腐，以为这就是人间美味，是因为他们没尝过红烧肉的滋味，一旦尝到红烧肉的滋味，就再也离不开了。

不到一年，王旦就为他的晚节不保付出了代价——当几个如花似玉的小妾轮番上阵后，他一病不起，很快一命呜呼了，时年六十一岁。

赵恒则收获满满。封禅成功后的第三年，他又跑到山西汾阳举行“祭祀后土”大典（又称“西封”）。

历史上就没他这般脸皮厚的君主。

后人都引以为耻，从此之后，再也没有君主好意思去泰山封禅了。

被皇帝事业耽误的天才木匠

大明王朝从公元 1368 年建国，到公元 1644 年灭亡，历经两百七十余年，期间传承十六个皇帝。

这些皇帝真是各样各色，有要过饭当过和尚的洪武皇帝，有天天想着喝飞天茅台当神仙的嘉靖皇帝，还有开酒楼卖猪肉的正德皇帝，然而我觉得他们的传奇性都不如那个一生钟情于木匠工作的天启皇帝。

天启皇帝名叫朱由校，是大明最后一位皇帝崇祯的哥哥。

01

如果说朱由校是一个可怜的孩子，不知道会有多少人照着我的脸上吐口水：呸！

然而实际上，朱由校的童年真的不算是幸福。

按道理讲，朱由校是嘴里含着金汤匙出生的，从呱呱坠地时起这锦绣河山就属于他了，还有什么不幸福的？

幸福的家庭都是相似的，不幸的家庭却各有各的不同。

对于明朝开国皇帝朱元璋来说，童年的不幸就是吃不饱穿不暖，甚至晚上连个睡觉的地方都没有，然而他也有他的幸福——他想去哪就去哪，想要饭就要饭，想当和尚就当和尚，没人管他。

可是这一切对于朱由校他爹朱常洛来说，就是一个奢侈的梦——虽然朱常洛是皇长子，可是他爹万历帝并不喜欢他。

万历帝喜欢的是另一个儿子朱常洵，还一心想把皇位传给他。

这样朱常洛的身份就很尴尬了：作为长子长时间不能得到父亲的承认，不要说成为太子遥遥无期，就连最起码的接受教育的权力都没有，更别说出去玩耍一下了。

一直到朱常洛十三岁，万历帝实在扛不住大臣的死缠烂打，才不得不给他请了老师让他进了学前班，一直到他十九岁，万念俱灰的万历才下旨立他为太子。

可以说，朱常洛的人生是从十九岁开始的。

朱常洛当了太子之后的公元 1605 年，朱由校出生了。这时候他爷爷万历帝还是皇上，他爹也还只是太子。虽然说是太子，但是每天也过得恓恓惶惶，因为谁也不知道万历帝会不会哪一天心情不好，就把他这太子销号了。

想想看，在这样的环境下出生的朱由校能开心快乐得起来吗？

没有人管他，没有人问他，他跟他爹当年面临着同样的情况：失学儿童。

别说胎教了，最起码的义务教育都保证不了。出生在帝王家又怎么样，还不是从一开始就输在了教育的起跑线上？九岁了，我们平常百姓家的孩子差不多也该读三年级了，可是作为皇孙的朱由校小朋友还没能进幼儿园。

学也不能上，又不能像他的高祖爷爷一样在社会上游荡，除了跟身边的小太监小宫女捉迷藏荡秋千，我实在想不出来他还能干什么。

然而天天玩这些有什么意思呢？就算他不烦，陪着他玩的宫女太监们也会烦的。

还好，当时紫禁城里的乾清宫、坤宁宫、慈宁宫由于失火正在重建，很多地方都成了建筑工地。小小的朱由校觉得新奇，每天去看，就这样，他终于找到了自己喜欢的事业——做个木匠。

朱由校对于把一根根木头变成精美的梁柱产生了极大的兴趣。就像我们小时候会好奇一张报纸是怎样在大人手里变成一架飞机、一艘小船一样，朱由校极力地想要弄明白这是怎么一回事。

兴趣是最好的老师，这话不假，况且朱由校不仅仅只是感兴趣，还极有天赋。有一本《先拨志始》里面记载，朱由校做出来的东西“虽巧匠不能过焉”。他总是乐于亲自动手制作，“尝于庭院中盖小宫殿，高四尺许，玲珑巧妙”。小小年纪能有这般心思，实在是令人叹服。

历史证明，朱由校同学确确实实是一个天才的木匠，只是被皇帝事业给耽误了。

02

但是没办法，对于要不要做皇帝这件事，他没得选择。

朱由校十六岁那年，他爹朱常洛死了，此时距离朱常洛当上皇帝才刚刚过去一个月。就这样，属于朱由校的时代仓促开始了。他连当太子的过渡期都没有，因为他爹死得太仓促，根本没来得及立他当太子。

这时候的朱由校还整天沉浸在他的凿子斧子锯子刨子里，连大字都不认识几个，可是这都不妨碍朱由校要当一个好木匠的决心：现在终于没有人可以管我了，一十六年轮到我上场，天下知我不一样，看我如何做好木匠！

我小时候常常想，我要是当了皇帝该多美，想吃什么吃什么，还有后宫那么多美女作陪。

然而在天启皇帝这儿，晚上翻牌子？

我呸，翻个锤子！今晚黄花梨，明晚金丝楠，就这样吧。

不爱玉玺爱斧头，这是这一代国君的座右铭，什么三千佳丽，什么军国大事，都靠边！

朱由校同志是认真的，白天他跟着木匠一起虚心钻研，晚上一个人刨削打磨，加班加点赶工期。如果要问谁知道四更时的皇宫是什么样，我想天启皇帝肯定有发言权。

而且他不仅自己干，还发动身边的人跟他一起撸袖子加班。虽然很辛苦，但是成就是很显著的啊：朱由校同学亲自设计并制作的一款小拖床成功了！

这个小拖床刚刚好容下一人，上面有顶篷，周围用红绸缎为栏，前后设有挂绳子的钩，一个人在前面拉动绳子，一个人在后面推，可以跑得飞快，瞬间移动好几里。

这么新奇的玩意儿，不仅那些能工巧匠啧啧称赞，老百姓也非常喜欢，有人把它放在冰上玩，围观的吃瓜群众纷纷拍照留念。

朱由校同学笑了，由衷地笑了。他知道，自己是真的可以当木匠，并且是一个出色的木匠，

不过如果只是做了一个玩意儿，怎么能称得上是出色的木匠？

03

会工作也要会享受，干木匠活这么累这么脏，每天洗澡的时候却都要坐在一个大木桶里，指望着太监举着一个大木瓢往他头上倒水，想想都觉得不舒适。

作为一个好木匠当然得让自己生活得舒服一点儿。

说干就干。经过观察研究，朱由校在盛水的容器下方钻了一个小窟窿，在里面设置了一个机关，操作这个机关，缸里或者桶里的水就会飞散出来，有的时候如瀑布飞泻，有时候像飞雪飘散，最后变成一根晶莹的玉柱，冲击着缸外面的很多小木球，小木球就浮在水尖上，随着水的喷涌力度雀跃地上下浮动。

站在一旁观看的太监宫女嫔妃一个个瞪着眼睛，巴掌都拍红了，比看见漫威定档

《复联 4》还兴奋。

这可能是中国历史上最早的喷泉吧？

不知道此时朱由校同学的心里是得意还是骄傲？

不过，我觉得这些都不是最令朱由校开心的。这些东西虽然哗众取宠，拿到市场上能卖不少钱（朱由校曾经让太监把他做的东西拿去卖，真有人愿意重金购买），但这不是他的理想。他不甘心只做一个小小的木匠，他的目标是星辰和大海，要干就干一票大的。

然而干什么呢？

不怕，只要有理想，总会有机会的，因为机会总是留给有准备的人，不，是留给能创造机会的人。

机会在天启五年的时候来了。经过几个部委商量，朝廷决定要对紫禁城的三座主殿太和殿、中和殿、保和殿进行大规模保护性重建。

朱由校高兴坏了：谁都别跟我争，我要亲自担任设计师！

从起柱到上梁，再到外部装修，皇帝赤膊上场，戴着安全帽，手里拿着皮尺，腋下夹着图纸，耳朵上别着红蓝铅笔，真真是“膳饮可忘，寒暑罔觉”了。

旁边《大明日报》的现场记者不止一次在头版头条发布皇帝亲临施工现场指导工作的新闻，老百姓都“亲切”地称他为“木匠皇帝”。

04

可是，朱由校同学一直忽略了自己的真实身份：他不是一个木匠，而是一个国家的最高领导人。

他不做木匠活，老百姓不会没有凳子坐，不会没有床睡觉，不会洗不上澡，但是如果他不理会国家政务，这个国家就会没有主心骨，就会被别有用心的人玩弄，就会被别人欺负。

只是他一直沉浸在自己的木匠世界里不能自拔，以至于朝中奸佞当道，小人恣意横行。

像朱由校这样的人根本就不该当皇帝，他也注定做不了一个好皇帝，但是如果抛开皇帝这个身份来说，你能说朱由校的一生不是很精彩的一生吗？

他想要做的，他做了，他想要的人生，他得到了。他是快乐的。

如果非要让他检讨，也许他会在九泉之下跟他弟弟说一声：对不起，给你留下一个烂摊子。

然而，这并不完全是他的错。从小没人管没人教没人疼，突然之间有人告诉他你是皇上了，你要领着大家伙发家致富。

他能做到吗?

看看他那个勤奋了十七年的弟弟崇祯就知道了。

创业之路不好走

刘秀的皇帝路始于一次“大姨妈”

古语有云：“风起于青蘋之末，浪成于微澜之间。”

确实，历史上曾发生过不少微末小事导致重大后果的奇闻趣事，现在我们说的这场“历史上后果最严重的‘大姨妈’事件”，就是这句话最好的例证。

01

话说汉景帝刘启还是太子的时候，有天晚上酒醉后，传召自己的宠妾程姬侍寝。很不巧的是，这天程姬来“大姨妈”了，无法前去，可是她又不想把这到手的侍寝机会白白送给别的太子姬妾。左右为难之际，程姬居然想出了个李代桃僵的计策。她将自己身边的侍女唐儿梳妆打扮了一番，送去为太子侍寝了。

由于晚上光线昏暗，又由于酒后醉眼蒙眬，太子刘启以为来的就是自己的宠妾程姬，心满意足地和唐儿共度了一夜良宵。

第二天早上天亮了，酒也醒了，太子这才发现昨晚来的并非自己的宠妾，而是侍女唐儿。

虽然唐儿是个地位卑微的侍女，才貌也不出众，可是一切都已经发生了，就是身为太子也不好因这种私密事而兴师动众地向谁问责，于是他当什么事儿也没发生过一样，不问也不说，吃过早饭就该干吗干吗去了。

可是唐儿的命运却因太子的一夜宠幸而被彻底改变了：春风一度后，她怀孕了。

不管唐儿多卑微，只要她怀的是太子的孩子，那便是龙种。没办法，程姬只得将唐儿怀孕的事向太子汇报。

太子心里可能早已忘了宠幸过唐儿这件糟心事了，谁曾想还来了个永久性纪念品，郁闷肯定是有的，但没办法，既然是自己办的事，那孩子就得认。太子只得安置了唐儿，让她养胎待产。

十月怀胎一朝分娩，唐儿为太子刘启生了个儿子。这是太子的第六个儿子，太子为他起名刘发，唐儿也因此变身唐姬。

02

汉文帝驾崩后，太子刘启继位，史称汉景帝。

汉景帝对唐姬母子都非常不待见，此后再未召幸过唐姬不说，对儿子刘发也是甚少关心。就这样，刘发与母亲唐姬相依为命在皇宫中生活。长大后，刘发要去自己的封地长沙赴任，便就此和自己的母亲分隔两地了。

长沙王刘发的能力一般，没成就什么丰功伟业，但有两件事为历史记载并称道，其一就是事母至孝，筑望母台。

由于从小和母亲相依为命，刘发对母亲特别孝顺。到长沙赴任后，他每年都要亲自带人挑选出最好的大米，命专人专骑送往长安，孝敬母亲。因为思念母亲，他又要人运回长安的泥土，在长沙筑台。

年复一年，这些从长安运回的泥土建成了一个高台，被后世称为定王台（刘发薨逝后谥号“定”，故史称“长沙定王”)。每当夕阳西下思母心切之时，刘发便会登台向长安方向遥望，以寄托对母亲的思念之情。

刘发筑台望母以表孝心，所以，定王台又被人们称为望母台。

定王台至今仍存，是湖南长沙的名胜古迹，地处长沙市浏正街南侧的小巷深处，是历代文人雅士缅古咏怀的好去处。

刘发为史称赞是第二件事，是寿宴献舞，巧讨封地。

汉景帝共有十四子，其中栗姬生三子，程姬生三子，唐姬生一子（即刘发)，贾夫人生二子，王夫人（汉武帝之母王娡）生一子，另一位王夫人王儿姁（汉武帝亲姨妈）生四子。

看这十四位皇子的生母，栗姬、程姬、贾夫人、两位王夫人可都是有史可查的景帝宠姬，只有刘发的母亲唐姬是因为一次冒名顶替才得侍寝恩宠的。

都说母以子贵，其实更是子以母贵。

由于刘发只是汉景帝人生中偶尔一次犯浑的副产品，刘发个人亦没啥过人之处，说实在的，看见刘发母子，汉景帝实在觉得糟心。

不过，既然是皇子，按例都要封王分地意思一下，于是汉景帝把长沙封给了刘发，把他远远地打发走了。当时汉朝是以长安为首都的，长沙可谓是极偏僻之地。

面对皇帝老爸的偏心，作为儿子的刘发自是无能为力，更不能表现出有任何的怨言，否则让汉景帝知道了，就更没好日子过了。

不过，咸鱼也有翻身的时候。

有一年，汉景帝过生日，刘发从长沙去长安为父亲祝寿。寿宴上，刘发当众为汉景帝献舞一曲。他耸肩缩脑、拘手拘脚的舞姿十分别扭滑稽，把汉景帝和众藩王大臣逗得哈哈大笑。

舞姿虽然可乐，可汉景帝不解其意，就问他个中缘由。

刘发毕恭毕敬地回答说：禀报父皇，儿臣国小地狭，伸不开手脚啊！

汉景帝见刘发回答得如此机智幽默，不禁龙心大悦，一高兴就把武陵、零陵、桂阳三郡赐给了刘发，他的国土一下子就大了不少。

此后，刘发这一支就在湖南湖北一带扎根传承，繁衍生息。

03

众所周知，西汉王朝在汉景帝后由汉武帝刘彻承继绵延。自汉武帝后历经昭、宣二帝，皇朝的统治也基本上是清明稳定的，可到了汉元帝时，就明显开始滑坡了。皇位再传到汉成帝刘骜这儿，画风已完全变样。

汉成帝，就是被大名鼎鼎的赵飞燕姐妹玩弄于股掌之间的那位。他在位二十五年，数十年纵情声色的生活早已掏空了他的身体。在四十四岁的某一天，汉成帝一口气吃了七颗春药后与赵飞燕的妹妹赵合德玩闹，第二天早上就死在了赵合德的床上。

汉成帝的荒淫无度，直接导致了两个严重后果。

一是皇帝绝嗣。

赵飞燕姐妹未育，其他妃嫔孕育的子嗣也都被赵飞燕姐妹谋害了。汉成帝四十一岁那年，有个许美人为汉成帝生了个儿子，惹得赵飞燕姐妹很不高兴。为了取悦赵氏姐妹，汉成帝竟在赵合德的宫中亲手杀死了自己唯一的儿子。

二是他把皇权拱手交给了皇太后王政君的娘家。

汉成帝驾崩后，在皇太后王政君及以王莽为代表的王家外戚的操纵下，先后由汉成帝的侄儿汉哀帝、汉平帝继位，但这两位皇帝都短命而亡。然后王莽又立汉宣帝的玄孙，两岁的刘婴为“太子”，自己做“摄皇帝”。

两年后（公元 9 年），王莽篡位自立，建立新朝。至此，由汉高祖刘邦创建于公元前 202 年的刘汉王朝覆灭，传承国祚二百一十年。

照理，王莽新朝建立后，刘汉江山应该是彻底玩完了，然而历史并没有如此发展，一位了不起的中兴之主在这关键时刻横空出世。

他就是唐姬的六世孙、刘发的五世孙，刘秀。

04

王莽治国无方、倒行逆施，触动了上至豪强下及平民各阶层的利益，加之当时大旱、蝗灾等天灾不断，广袤的中原大地上赤地千里，哀鸿遍野，终于，在新莽天凤年间（公元 14—19 年），赤眉、绿林、铜马等数十股大小农民军纷纷揭竿而起，大批豪强地主也乘势开始倒莽。顿时，海内分崩，天下大乱。

刘秀虽是长沙定王刘发的子孙，但由于汉武帝“推恩令”的实行，列侯品位要逐代递降，到他父亲刘钦这一辈，就只是个济阳县令这样的小官了。

刘秀九岁时，刘钦意外去世，刘秀与兄妹成了孤儿。他们生活无着，家计艰难，靠远在南阳郡蔡阳县的叔父刘良接济过活，长大后成了地地道道的农民。

在这朝不保夕的乱世之中，全国各地起义军此起彼伏，倒莽大潮浩浩荡荡，为了加强倒莽运动的号召力，各地起义军和倒莽豪强纷纷打出了恢复刘汉江山的大旗，可刘秀却迟迟未有行动。

年少时，刘秀也曾发表过诸如“仕宦当作执金吾，娶妻当得阴丽华”这样的人生理想宣言。执金吾相当于首都公安局局长，而阴丽华是刘秀家乡宛城出了名的大美女。虽然这比刘邦的“大丈夫当如是也”和项羽的“彼可取而代也”差了点，但也属少年有志了。

可是世道艰难，为人谨慎的刘秀在此时还是愿做一个本分的农民，老老实实过日子。

直到公元 22 年，经过深思熟虑后，刘秀断定新朝确已人心尽失，天下确已大乱，方才决定起兵。

刘秀与兄长刘缜纠集了南阳宗室子弟，打着“复高祖之业，定万世之秋”的旗号在南阳郡起兵，这支兵马史称“春陵军”。

春陵军主要由南阳的刘氏宗室和当地豪杰组成，起兵之初兵马很少，条件很差。据传刘秀最初是骑着牛上阵杀敌的，后来在激战中杀死了新野尉，这才有了属于自己的战马。

为了壮大声势，加强反莽力量，春陵军与新市、平林、下江这三支绿林军中的最大主力进行了联合。

05

公元 23 年，刘玄（也是唐姬第六代孙、刘发第五代孙）被绿林军主要将领们拥立为更始帝，建立更始政权。

随后，由刘秀率领的起义军在昆阳之战中以少胜多，大败新朝号称百万的主力大军。

新莽政权迅速土崩瓦解。更始元年九月，绿林军攻入长安，王莽死于混战之中，新莽王朝覆灭。

但是，混战还没有结束。绿林军拥护的更始帝刘玄与刘秀兄弟率领的南阳起义军本就貌合神离，而刘秀的兄长刘縯为人比较高调，时常表现出对刘玄的不满，因此他被刘玄借故杀害了。

昆阳之战大捷后，刘秀威名远扬，再加上杀兄之仇，他更遭刘玄忌惮。

刘秀和兄长完全不同，深知“人在屋檐下，不得不低头”的道理，因此表现得低调、低调再低调，最终不仅性命得保，还得封武信侯。随后，刘秀回宛城迎娶了他倾慕多年的豪门千金阴丽华。

可刘秀在更始帝手下依旧处处受制于人，时刻担心自己会被刘玄所害。他要找个理由离开长安。

机会来了。

当时王莽新朝虽已覆灭，但黄河以北各州郡都未归附更始政权，山东的赤眉军也正在日益壮大，还有“河北三王”、铜马、尤来、隗嚣、公孙述等仍割据一方。更始帝刘玄想招抚北方各势力，却又苦于没有合适的人选，于是，在左丞相曹竟的协助下，刘秀获得了大司马的身份，去河北做招抚工作。

出了长安，刘秀才有了施展自己才华的空间，也从此开始了他中兴汉室的艰难历程。

随着邓禹、吴汉、耿弇、贾复、寇恂等日后位列云台二十八将的能人猛将逐渐在刘秀身边聚集，刘秀的实力逐步壮大，中兴之路也越走越宽。

到了河北后，在耿弇的帮助下，刘秀先取得了上谷、渔阳两郡的支持，又娶了真定王刘杨的外甥女郭圣通，以联姻为手段增加自己的筹码，然后他破邯郸，杀王朗，一路上势如破竹。

刘秀在河北势力不断壮大，这令更始帝极为不满。他先后多次遣使河北，命刘秀交出兵马，又下旨召刘秀回京领赏受封，意图控制刘秀。

好不容易逃出生天的刘秀怎么可能再回长安？

他授意手下悍将把更始帝委派的幽州牧与上谷太守等人斩杀，并接管了幽州的兵马。自此，刘秀与更始政权公开决裂。

06

占据了幽州十郡后，刘秀率领幽州的骑兵部队，与占据河北州郡的铜马、尤来等起义军一番激战，收降起义军数十万。在挑选降兵中的精壮编入自己军中后，刘秀实力大增。

更始三年六月，已经是“跨州据土，带甲百万”的刘秀在众将的拥戴下，于河北鄗城千秋亭登基称帝。

为表中兴汉室之意，刘秀建国仍以“汉”为国号。为与刘邦创建的汉王朝相区别，这个王朝被称为东汉（因首都洛阳位于西汉首都长安之东而得名）。

称帝后，经过长达十二年之久的统一战争，刘秀先后平灭了关东、陇右、西蜀等地的割据政权，结束了自新莽末年以来近二十年战火纷飞、四分五裂的军阀混战局面，完成了王朝的大统一。

刘秀共在位三十三年，他在位期间，政治上吏治清明，优待功臣；经济上与民生息，大促生产；文化上大兴儒学，推崇气节，开创了中国历史上“风化最美、儒学最盛”的光武中兴时代。

自光武中兴起，东汉王朝历十四帝，至公元220年汉献帝禅让魏曹而终，承运国祚一百九十六年。正是有了东汉的接续，才成就了历史上大汉江山四百年的美谈。

行文至此，不由感慨万千。

历史的发展是多么神奇莫测，冥冥之中仿佛有一只无形的大手正在历史的棋盘上布局落子、调兵遣将，然后在历史的某个转角处，或化腐朽为神奇，或转祸福于瞬间……

试想，若没有当年程姬的“大姨妈”事件，唐姬就不会冒名顶替受景帝宠幸，刘发也就不会出生，刘秀更是没有了投胎机会，这样一来，又哪会有的光武中兴和近两百年的大汉江山再继呢？

这真的是历史上后果最严重的一次“大姨妈”事件。

也正因此，这次“大姨妈”在历史上获得了一个文绉绉的别名——程姬之疾。

中国第一个少数民族皇帝

汉高祖把宗室的女儿嫁给匈奴冒顿，并约为兄弟，所以冒顿单于的子孙都以刘为姓。

前有霍去病封狼居胥，后有窦宪勒石燕然，几代人的努力，终于把匈奴彻底打垮了。

建安年间，曹操平定了幽州、并州，把匈奴的部众迁徙到并州一代，分为左、右、南、北、中五部。五部匈奴的首领都是刘姓子弟，其中左部匈奴的首领是左贤王刘豹。

这些匈奴子孙，时刻梦想着光复祖先的辉煌业绩。

到了西晋末年，司马家豺狼本性发作，互相残杀，导致中原空虚。五部匈奴本来就是英武勇猛的战士，他们趁机发难，推举了一个了不起的人物出来公然与晋朝抗衡。

这个人就是刘豹的儿子刘渊，开启了晋末少数民族南下侵犯中原的历史。

01

刘渊，字元海，虽是匈奴人，却自幼生长在中原，深受汉文化的影响，学识超群，儒雅大方。他曾跟随大儒崔游学习，什么《诗经》《尚书》《史记》《汉书》，无不熟习。不过相较而言，他更喜欢《孙子兵法》。

自小他就胸怀大志，见者无不惊异，好几个相师都称此子不凡。血管里流淌的匈奴血液让他天生尚武，勇气非凡。成年后，他体力出众，猿臂善射，更兼身长八尺四寸，胡须长三尺，端的是相貌堂堂，雄壮高大。

作为匈奴部族首领的儿子，刘渊一直生活在洛阳，其实是被当作了人质，但他没有就此困顿。一者，晋人对少数民族多有好奇；二者，刘渊本人出类拔萃，他借机在洛阳结交八方英雄，认识了很多大人物，年纪轻轻就在洛阳的王公贵族中有了响亮的名声。

晋灭吴时的东路军总指挥王浑就非常欣赏刘渊，多次向晋武帝讲起这个人，引得武帝很是好奇，便召见了刘渊。接见后，武帝对他大为赞许，称他胜过春秋时的由余、汉武帝时的金日磾。

由余是秦穆公时来自西戎的大臣，帮助秦国攻伐西戎，并国十二，开地千里。金日磾则是匈奴王子，归汉后做出过大贡献，是汉武帝的托孤大臣之一。

刘渊本人自视颇高，每读汉初故事，都觉得随何、陆贾文弱不武，周勃、灌婴粗俗没文化。

这几个人都是帮助汉高祖刘邦名垂青史的重要文臣武将，却入不了刘渊的法眼，因为他的理想是文武双全、封侯拜相。他要创建功业，要教化民众，引领时代潮流。

这么高的理想，非一般人所能企及。

02

古代中国对周围少数民族的防范是非常严格的，认为“非我族类，其心必异”。

晋武帝想征讨东吴时，王浑曾推荐刘渊担任对吴战事总指挥，说以刘渊的才华，平定孙吴肯定不在话下。但其他大臣却极力劝阻：刘渊的能力，当今没人比得上，让他去平定东吴，只怕是蛟龙入海，以后就治不住了。

这里用的还是那套“非我族类，其心必异”的理论，晋武帝听了便不再说话了。

晋武帝后期，西北鲜卑秃发树机能多次击败晋军，占领了秦州、凉州，武帝向大臣们询问对付他的办法。又有人举荐刘渊，说只要给刘渊一个封号，召匈奴五部军马进攻西北，两州指日可定。

以匈奴的强悍善战，刘渊的文武才能，平定西北是一定的。但战事之后，还是那个老问题，只怕会控制不了刘渊的发展，所以晋武帝又一次放弃了。

刘渊也知道朝廷对自己的态度，是既想放手使用，又要时刻提防。在洛阳他如在虎穴，不得不如履薄冰，小心翼翼。

在与刘渊结交的豪杰中，有个叫王弥的游侠，号称飞豹，勇猛异常。一次他要离开洛阳回家乡，刘渊于洛阳城外九曲河边给他设宴饯行。

刘渊想到自己空有一身本事却得不到施展，正是英雄无用武之地，还时时被人谗言陷害，只怕这辈子都回不去家乡，要老死在洛阳了。说到伤心处，他忍不住热泪长流，仰天长啸，痛饮浇愁，在座众人闻言无不垂泪。

正巧晋武帝的弟弟司马攸也在九曲，听到动静派人探视，知道是刘渊在抒发不满。回朝后，他劝晋武帝，若不除掉刘渊，并州不得安宁。

王浑又一次出面帮刘渊讲话：我们大晋朝要以德服人，诚信为上，千万不可以因猜疑杀人！我王浑以身家性命为担保，刘渊是个忠厚人，绝不会反叛国家。

耳根子软的晋武帝终于还是放过了刘渊。

03

咸宁五年（279 年），匈奴左贤王刘豹去世，刘渊子承父业，成为匈奴左部帅。他的才华得以发挥，严刑法，禁犯罪，休养百姓，轻财重士，一时间匈奴五部都唯刘渊马首是瞻。以大将刘宣的说法：老天是要光复我们大单于的光荣伟业，才会让左贤王刘渊这样的伟人诞生。

晋惠帝年间，“八王之乱”爆发。

在此天下大乱之际，刘渊被成都王司马颖任命为宁朔将军，监五部军事，驻军邺城。

并州五部匈奴的大头领如刘宣等，都以为现在中原司马氏正骨肉相残，时局动荡，正是起事的良机，遂密谋推举刘渊为大单于，派人到邺城接他。但司马颖不放人，刘渊只能让人先回并州，令刘宣等人召集五部人马，对外声称支援司马颖，准备起事。

司马颖连续击败司马家其他王的人马后，碰上并州司马腾和王浚的部队，他们的部队中有很多鲜卑、乌丸骑兵，来去如风，英勇善战。

司马颖对刘渊说，他打算率军送皇帝回洛阳，弃守邺城。

刘渊知道机会来了，他先是劝司马颖不要放弃邺城，因为这样一示弱，大势去矣！接着他说：鲜卑骑兵虽然精锐，但还是不如五部匈奴，现在请大王镇守邺城，我去率领五部匈奴军队前来参战，以二部摧毁司马腾的部下，以三部消灭王浚的人马，几天后就把这两个人的脑袋挂在邺城的城楼上！

司马颖笑得合不拢嘴，封刘渊为北部单于。

就这样，刘渊平安到达左国城，刘宣等即举刘渊为大单于，二十天内就聚集人马五万，但他没有再理会司马颖，而是准备建国称雄。

刘渊说：我们是当为高山的人，怎可回去做土丘呢？天下应该归有德者所有，无论是否是汉人，周文王出生于西夷！我将来最理想的，就是成就汉高祖刘邦那样的基业，最差也可以成为曹操！

十几万匈奴大军是刘渊的倚仗，他们莫不以一当十，以此伐晋，必定能摧枯拉朽，开创匈奴的新局面。

在建立匈奴帝国的过程中，刘渊表现出卓越的政治眼光。

他提议定国号为“汉”：我们匈奴从高祖刘邦时就约为汉朝兄弟，如今汉朝已灭，兄终弟及，那是天经地义的事，我们定国号为“汉”，必能使天下人归心。

永兴元年（304 年），刘渊在左国城称汉王，置百官，高调宣布雄起，公然向晋室的权威叫板，成为晋末少数民族南下侵犯中原时领导众人的老大哥。

公元 304 年之后，刘渊连续击败多路晋军，进一步占领了河东地区，迁都到蒲子。

汉国名声大振，各地豪杰，如羯人石勒、氐人单徵、鲜卑陆逐延、他的老朋友王弥等都加入了刘渊的部队，一时间汉军声势浩大，人才辈出。

除了前来投靠的，刘氏族人也很争气。刘渊的第四子刘聪能开三百斤硬弓，义子刘曜一箭可洞穿一寸厚的铁板，号称“贯铁”，他们的神勇非同凡响，难得的是还饱读诗书，可谓文武双全。

永嘉二年（308 年），刘渊得到一个印，上书“有新保之渊海光”，大家以为这是个好兆头。不久后刘渊正式称帝，迁都平阳，加大了对晋室的进攻力度。

仗打到永嘉四年，汉军与晋军已来来回回拉锯了多个回合，晋军多数时候虽都战败，但还守住了几条防线。汉军占领上风，但要一口吞掉晋室，火候尚没有到。

这一年七月，刘渊得病去世。

一番争斗后，刘聪继位，继续进攻晋室，终于在永嘉五年（311 年）攻陷洛阳，俘虏了晋怀帝司马炽，并于次年将他杀死。

消息传到长安，晋太子司马邺继承大统，汉军继续进攻，在公元 316 年攻克长安，又俘虏了司马邺，西晋终于灭亡。

04

在五胡十六国的各君主中，刘渊算是难得的比较宽容有仁心的一位。

部将乔晞攻取介休县，杀了不投降的县令贾浑，又杀了骂他的贾浑妻子。刘渊得报大怒，把乔晞连降四级，以示惩戒。

大将刘景得胜后把三万多晋军溺死在黄河，刘渊怒骂，刘景有什么脸面回来见我？我们要打的是司马家，百姓有什么过错？骂完就贬了刘景的官。

看来，他心中多少还是有百姓。

刘渊在知人用人上很有水平，手下人才济济。

王弥和他是旧交，投奔汉军后，刘渊给了他极高的礼遇，直称他是“吾之孔明”，还说：“吾有将军，如鱼之有水也！”

刘渊是第一个在中原称帝的少数民族领袖，所以即便做出了一番事业，历代正史作者也总将他视为乱中原者，司马光甚至评价道：“刘渊以匈奴遗种，乘晋室之衰，奄有河汾天下。蜂起之众辐辏而归之，石勒、王弥皆北面为臣。聪承其故业遂陷两都，执辱二帝，矜夸淫纵，残暴无亲，幸以病终，坟草未生，家为屠戮矣。”

好狠的一句“坟草未生，家为屠戮”。

杀神石勒：从奴隶到帝王

东晋成帝咸和七年（332 年）正月，后赵皇帝石勒举行盛大宴会。

席间，他问大臣徐光：朕能比得上古往今来什么样的君主?

徐光说：陛下您神武聪明，比汉高祖刘邦还厉害，其他人则没法跟您比。

石勒笑道：你夸得过头了。人贵有自知之明，朕如果碰上汉高祖，就得和韩信、彭越这些人一样，北面事之；如果碰上光武帝刘秀，倒是可以角逐一番，鹿死谁手还说不清。男子汉大丈夫，做事情要光明磊落。我是绝不会学曹孟德、司马仲达那样，欺负别人孤儿寡妇，用阴险诡计谋取天下的。

听了他这通言论，群臣无不心服，全趴在地下叩首，齐呼万岁。

这段写入史册的论断，成为后世品评帝王水准高下的标准。

石勒出身奴隶，不识字，经常让人读史书他听，每每点评得失，都能切中要害。一次他听人读《汉书》，讲郦食其劝刘邦立战国时六国的后人，大吃一惊，问道：这么搞，汉高祖怎么会得到天下？等听到张良劝阻刘邦不要这么干，他才松一口气，幸亏有这么一个人。

从这件事可见，石勒虽没读过书，却天性聪颖，悟性很高，对纷繁杂乱的形势有非常准确的判断，是个天生的领袖形人物。

虽然在两晋的黑暗杀戮年代，石勒手上满是鲜血，但他能扫荡北方，横行天下，若没有过人之处，是做不到的。

01

石勒，字世龙，羯族（属于匈奴的别支，汉魏期间被迁进中原），上党郡武乡人。

他十四岁时跟随族人来到洛阳，因为是第一次到首都，兴奋无比，便跑到洛阳城的上东门放声长啸。城内外许多人都听到了这响亮悠长的啸声，龙吟虎啸般震慑人心，都觉得这个少年中气十足，英姿飒爽，非同凡响。

据说当时的西晋宰相王衍听到了，心中一动，对随从说，这个小胡人的声音不一般，只怕是将来乱天下的人。他急忙派人去抓小石勒，可石勒已经走了。

一个铲除后患的机会就这样被错过了。

西晋末年，天下大乱，晋公侯到处抓少数民族部族中人以充军实，石勒也被贩卖为奴隶。他吃尽苦头，九死一生，渐渐成长为一个雄壮勇猛、胆大心细的勇士。

石勒纠集了十八个武士，号称十八骑，跟随魏郡人汲桑掳掠四方，加入了晋末司马家的“八王之乱”混战中。

到这个时候，他才由汲桑取名为石勒。

从战场上摸爬滚打出来的石勒，凶猛善战又能审时度势，取得了几次胜利。

没多久汲桑被杀，石勒率部投奔了匈奴人刘渊建立的汉帝国，刘渊封他为辅汉将军、平晋王。

就这样，石勒开始了他波澜壮阔的征战岁月。

02

永嘉二年（302年）始，石勒率军征战赵、魏等地，与西晋在北方的残余势力刘琨、王浚等多次交手，胜多负少，不断壮大着自己的力量。

他很注重对汉族知识分子的任用和尊重，特别建立了“君子营”安置归降的士人。这样的礼贤下士，使得张宾、刁膺、张敬等都成为辅助他成就大业的高级参谋。其中张宾最为重要，他是石勒身边的“诸葛亮”，石勒甚至只尊称他为“右侯”，不叫他的名字。

那段时间，整个中国北方都被鲜血浸染，各路诸侯杀伐不断，百姓遭受涂炭。在战火熊熊的岁月里，相较而言，石勒的部队还算有王师风范，虽然他依旧杀人如麻。

永嘉五年（305年），石勒在苦县击溃晋军主力近二十万众，活捉了晋王公贵族王衍等一大批人，全部杀掉。此后，晋军在北方已无力与少数民族军队抗衡了。

同年，石勒与匈奴汉军大将刘曜、王弥等一起攻入长安，活捉了西晋皇帝。

到了这个时候，石勒的实力越来越强，匈奴汉国当时的皇帝刘聪已控制不了他了。多年的角逐争锋，石勒消灭了晋在北方的部众刘琨、王浚等，又兼并了汉军的几股强大势力，如王弥、曹嶷等，成为洛阳以东最为强大的割据势力。

公元319年，匈奴汉国由刘曜继承，并改国号为“赵”，史称前赵。石勒不甘示弱，也称赵王，史称后赵。

公元 328 年，两赵决裂，决定北方之王的大战爆发。

石勒料敌在先，一举击溃前赵主力，活捉刘曜。整个北方，除了辽西、辽东的鲜卑和凉州的前凉外，已都在石勒的统治之下。

石勒年轻时，总感觉到耳边鼓角争鸣，战马嘶吼，虽然他母亲安慰他，说这是干活累了，耳鸣，不过现在看来，这大概预示了石勒是个不折不扣的、为战争而生的杀神。

几十年的征战，石勒扫平了北部中国。

03

当初，石勒在苦县捉住晋室王公无数，数落宰相王衍道：你年纪轻轻就是国家的重要人物，名满天下，然而你身负重任却喜欢高谈阔论，不想做实事，造成这天下大乱局面的，不是你还是谁？一句话道出了王衍等所谓名士空谈误国的真相。

待到消灭了晋室幽州刺史王浚的部队，活捉了王浚，他又当面指责：你作为国家的一方诸侯，手握重兵，看着朝廷危险却不救援，还想趁机称王称帝，这不叫逆贼吗？何况还用人不当，虐待百姓，残害忠良，使幽燕生灵涂炭，你有大罪过！又几句话直截了当地把王浚的罪行明白地诏告了天下。

在与辽西鲜卑的交战中，他活捉了段氏鲜卑首领之一段末波。但石勒分析说，辽西段氏英勇尚武，不能杀一人而得罪一国，所以他放了段末波。段氏感恩，从此归附石勒。

总之，在大小事务的处理上，石勒手段高明，收放自如，不仅是在战争方面，在政治外交上技巧也高人一筹。

但他还是犯了个致命的错误，是关于家里人的问题。

他的侄儿石虎与他离散多年后，在十七岁时回到了他身边。这个人善于用兵，又偏偏极其残忍嗜杀，不少次攻下城池后，都把城里人杀了个一干二净。

一般情况下，石勒都看不惯这种风格，他也确实一度想杀掉这个变态凶神。但石勒的母亲劝他说，好牛犊容易挣坏车子，你还是忍忍吧！

这一忍便埋下了隐患。石虎年轻力壮，百战百胜，在朝中一枝独大，而石勒渐渐年老，已经快控制不住他了。

公元 333 年七月，六十岁的石勒去世，石虎立即就掌握了大权。第二年，他废杀石勒的儿子石宏，自称为后赵皇帝，成为五胡十六国里最为残暴的君主。

石勒开创的基业，在石虎的手上走向衰落。

04

石勒统治北方，一方面征战不断，纵容羯族人欺压汉人，另一方面又在国内开办学校，依法治国，总体来讲还是比较开明的。

只是他四方征战，杀人无数，又用民族分治的方法治国，使得汉人和以羯人为首的少数民族之间矛盾日益深重。他的后继者石虎又酷虐残暴，引得民怨沸腾，后赵帝国没几十年就亡了。

后来，冉魏帝国的皇帝冉闵下达“杀胡令”，就此把高鼻深目的羯人杀得几乎灭种亡族。

朱元璋评价说：“石勒当晋室初乱，不逢勍敌，故易以成功。苻坚当天下争战日久，智勇相角，故难以为力。夫亲履行阵，战胜攻克，坚固不如勒；量能容物，不杀降附，勒亦不如坚。然勒聪察有余而果断不足，故驯致石季龙之祸；坚聪敏不足而宽厚有余，故养成慕容氏父子之乱。俱未再世而族类夷灭，所谓匹夫之勇，妇人之仁也。”

为了登基，杨坚等了四十年

说起中国古代有作为的帝王，人们自然会提到秦皇汉武、唐宗宋祖，再往后还有元朝的成吉思汗、明朝的朱元璋、清朝的康熙大帝。可是，在西方学者的眼里，中国历史上最具有影响力的皇帝，却是常常被我们忽视的隋文帝杨坚。

01

隋朝本身延续的时间就不长，满打满算也只有四代，共三十八年，而提起隋朝，人们又大多只记得开凿大运河、三次下扬州的隋炀帝杨广，对于在位二十四年的开国之君，那位才能出众、政绩卓著的隋文帝，反而知之甚少。

隋文帝杨坚出身关中豪门世族弘农杨氏，他的祖上曾经出过西汉的丞相、东汉的太尉和北魏的司马。到了杨坚的父亲杨忠这一辈，正值南北朝时期，中国南方经历了宋、齐、梁、陈四个朝代，而北方则从北魏到东魏、西魏，再到北齐、北周。

杨忠在北周文帝宇文泰还是西魏权臣时，就是其手下的得力干将。公元 557 年，宇文泰的儿子宇文觉废掉西魏恭帝自立，建立了北周。作为北周的开国重臣，杨忠多次率军打败老对手北齐的军队，攻取二十多座城池。这样的大将自然会受到重用，他出任柱国大将军等要职，还被封为随国公。

杨坚是杨忠的长子，传说他出生的时候“紫气充庭”，其母吕氏还梦到有青龙在腹中盘踞。杨坚生下后，目光明亮，手中还有一个奇诡的“王”字。

这些当然都是后来的迷信附会之说，不过杨坚长相奇特，这大概是真的。据说南朝陈后主见到他的画像后非常害怕，连说不想当面见到此人。

杨坚小时候就显示出与众不同的气质。他性格深沉，少言寡语，特立独行，以至于后来进入太学读书的时候，即使是跟他十分亲密的人也不敢随便戏弄他。不过，当时手握西魏朝政大权的宇文泰看见少年杨坚，倒是因此对他赞不绝口。

因为父亲功劳显赫，杨坚十五岁就被授为散骑常侍、车骑大将军，十六岁时又被西魏恭帝拓跋廓封为骠骑大将军。同时，杨坚娶了北周重臣、在西魏时期就是军事贵族的“八柱国”之一独孤信的女儿为妻，身份地位愈加显赫。

公元 568 年，杨忠去世，二十七岁的杨坚承袭了随国公的爵位。北周武帝宇文邕将杨坚的长女杨丽华聘为皇太子妃，与杨坚成了儿女亲家，此后对他更是器重有加。

齐王宇文宪曾经对宇文邕说：杨坚的相貌非同寻常，我担心他不会久居人下，必须尽早除掉他。内史王轨也对宇文邕说：杨坚貌有反相，将来皇太子宇文赟很可能被他取代，做不成社稷之主。但宇文邕听了却很不高兴：帝王自有天命在，旁人又能奈何！杨坚听说这些事情后十分害怕，从此行事更加小心，谨言慎行，以免遭到猜忌。

但有才之人的光芒是遮不住的，况且此时北周正是用人之际。在北周消灭北齐统一北方的战争中，杨坚曾率领三万水军在河桥大败北齐的军队，也曾跟从周武帝亲征，功劳卓著。

02

太子宇文赟即位后，杨坚的女儿杨丽华成了皇后，杨坚也升任柱国大将军，先后任大司马、大后丞等职，日益位高权重起来，这让宇文赟开始对这个老丈人不放心了。他甚至非常忌恨杨家，曾愤愤地对杨丽华说：我一定要将你们杨家灭族！

一次杨坚被招入宫中议事，宇文赟事先对侍卫们交代，如果看到杨坚的脸色稍有异样，就杀掉他。没想到杨坚进宫后神情自若，脸色平静，因此躲过一劫。

杨坚深知自己在朝中处境凶险，难以安身，于是想出一个保全自己的策略。他主动向宇文赟要求离开京城，去外地任职，宇文赟便也顺水推舟，外派他去亳州任总管，如此一来双方都暂时放心了。

杨坚当然是心怀野心的，表面的忍让只是韬光养晦之策。他的幕僚劝他趁着主政亳州之时，养精蓄锐，起兵造反，夺取北周江山，不过杨坚认为还没有到动手的时候。

事情的发展也是让人始料未及。宇文赟本是个无能的家伙，沉湎酒色，暴虐荒淫，懒得过问朝政，才当了一年皇帝就嫌烦了，索性下诏将皇位传给了六岁的长子宇文阐，自称天元皇帝，才二十一岁就退居后宫，吃喝玩乐，当“太上皇”去了。

不过他福没能享多久，禅位第二年就因为纵欲过度健康恶化。一次外出，他突发疾病，回到宫内时连话也说不出来，后事都来不及交代便一命呜呼了。

杨坚的机会来了。

小皇帝需要有人辅佐，但对于辅政人选大臣们意见不一，权衡之下，最终选择了小皇帝的亲姥爷杨坚。

如此一来，杨坚捡了个大便宜。他重新进入权力中心，成为辅政大臣。

03

杨坚开始迈出他擅权的脚步，首先把矛头对准了那些手握重兵的宇文诸王。

公元 580 年，杨坚找了一个借口，将宇文泰的五个儿子赵王宇文招、越王宇文盛、陈王宇文纯、代王宇文达、滕王宇文逌统统召回，将他们限制在京城，此举其实是为了避免他们割据一方，构成威胁。

杨坚的专权揽政开始让一些地方大员不平。

北周重臣、相州总管尉迟迥是宇文泰的外甥，战功卓著，在朝野内外都有着很高的威望，自然也被杨坚视为障碍。杨坚以给周宣帝宇文赟会葬的名义，征调尉迟迥回京城。尉迟迥觉察到危险，于是率先举兵讨伐杨坚。接着又有郧州总管司马消难、益州总管王谦等人相继起兵响应，很快便聚集起几十万大军，其他地方的军政大员也纷纷起兵。

杨坚急忙派兵征讨尉迟迥，命上柱国韦孝宽为主帅。老将韦孝宽被称为是南北朝第一名将，他先是在山西沁水打败叛军，最后将尉迟迥围困在邺城。城池攻破后，尉迟迥自杀身亡，手下部众也都被捉拿处死。

其他方面，在杨坚各路大军的打击下，司马消难逃往南陈，王谦被部下杀死。不久，各地的反叛先后平息。

平乱成功，使得杨坚的威望大增，对宇文家的威胁益盛。被拘禁在京城中的诸王当然不愿坐以待毙，他们密谋由赵王宇文招设家宴，请杨坚前来，然后在赵王府中杀掉他。

宇文招做了充分的准备，他叫儿子宇文员、宇文贯等佩刀站在他的左右，又把刀刃藏在帷席之间，还在后面埋伏了许多甲士。可是在杨坚赴宴时，宇文招却找不到下手的机会。

不久，杨坚就以谋反的罪名将五个藩王及他们的儿子们杀掉了，加上之前被捉拿斩首的宇文泰的孙子、雍州牧毕王宇文贤，北周皇室势力基本被清洗殆尽，杨坚夺取北周江山已经没有了阻碍。

公元 581 年，杨坚由随国公晋封为王。群臣以北周静帝宇文阐年幼，无力主政为由，请求杨坚取而代之。如同历史上多次上演的一幕一样，九岁的小皇帝此时只有乖乖让位，当月就下诏宣布禅让，不久之后就被害死了。

杨坚假意谦让一番，便即位称帝了，改元“开皇”，定国号为“隋”。

04

隋朝的国号来自杨坚最初的封号——随国公。“随”的繁体写作“隨”，杨坚觉得走之旁不吉利，于是把走之旁去掉，这便成了“隋”。

杨坚建立隋朝后锐意改革，他“每旦听朝，日昃忘倦，居处服玩，务存节俭，令行禁止，上下化之”，可以算得上是历史上最勤政的皇帝之一。正是因为这样励精图治，杨坚开创了辉煌的“开皇之治”，也创造出中国历史上的很多个第一次。

开皇二年，隋文帝杨坚认为旧长安城屡经战乱，已经破败不堪，于是在城东南龙首山建设了一座大兴城。新的都城东西对称，雄伟壮观，成为当时世界上最大最繁华的都市。

鉴于之前币制混乱，杨坚推行币制改革，铸造标准的五铢钱，禁用古钱和杂钱，使货币得到统一。他还规定以古尺一尺二寸为新的一尺，以古斗三升为新的一升，以古秤三斤为新的一斤，在全国执行起统一的度量衡制度，方便了商业的发展。

在政治方面，他恢复了汉魏时期的体制，确立了三省六部制，即中央政府设中书省、门下省、尚书省，尚书省下再设吏部、户部、礼部、兵部、刑部、工部。这种组织严密、分工明确的体制，有效地加强了中央集权，被一直沿袭使用到清代。

除了中央，他对地方行政机构也进行了简化，通过废郡，实行州县两级制。此举不仅加强了中央对地方的控制，也节省了开支，减轻了百姓负担。

杨坚还下令制订了《开皇律》，废除车裂、枭首等残酷刑罚，建立死刑复奏制度，规定凡判处死刑，需经“三奏”才能处决。同时，他还整肃吏治，惩治贪腐，一时之间，朝堂之上风气焕然一新。

杨坚还实施了一项伟大的改革，他废除了始于春秋时期、在东晋尤为盛行的门阀士族制度，开创了以考试选拔人才的科举制，使得广大庶民百姓得以参与政治，并由此影响了中国后世上千年。

他还实行轻徭薄赋，鼓励农桑，提高了农民的生产积极性，也增加了国家的赋税收入。

通过这一系列的改革，隋朝国力日渐强盛，人口显著增加，百姓衣食逐渐富足，经济繁荣达到历代最高峰。那时天下粮仓充实，以至于“府藏皆满，无所容，积于廊庑”。

隋朝初年，北方突厥势力强大，杨坚对来自突厥的侵犯进行了坚决的还击。几次战败后，东突厥可汗在开皇四年上表称臣，尊杨坚为“圣人莫缘可汗”，表示愿意作为藩属，永世归顺。

公元 588 年，隋文帝杨坚以晋王杨广为尚书令，派遣五十万大军，兵分三路挥师南下，开始了讨伐南陈的战争。第二年，隋军攻占了陈朝的都城建康，在皇宫后殿的枯井中俘获了陈后主和他的两个宠妃，从此陈朝灭亡，全国统一。自西晋灭亡开始，两百七十多年的分裂局面就此结束。隋朝成为秦、汉之后，又一个结束了中原长期分裂、军阀混战的朝代。

在西方历史学者眼里，隋文帝杨坚是中国历史上最具影响力的皇帝：“他成功地统一了经历数百年严重分裂的中国，他最重要的改革之一是通过科举考试来选拔政府官员，为国家选拔了一批批非常得力的人才。”

《剑桥中国隋唐史》这样评价：“隋朝消灭了前人过时和无效率的制度，创造了一个中央集权帝国的结构，在长期政治分裂的各地区发展了共同的文化意识……隋朝的成就肯定是中国历史中最引人注目的成就之一。”

西方人普遍认为，隋朝的建立者杨坚是一个杰出的政治家，在《英国卫报》2001 年评出的世界百位伟大帝王中，他的排名在中国皇帝中居首位。

扩展版图也要适可而止

01

公元872年，北方草原出了一个自幼聪敏、才智过人，长大后身体魁梧、武功高强且胸怀大志的牛人，他叫耶律阿保机。

《辽史》中说他“身长九尺，丰上锐下，目光射人，关弓三百斤”，这样的牛人，仿佛专门是为了建功立业而诞生的。

经过多年奋斗，耶律阿保机不但成了部落老大，还采纳妻子述律后的计策，设计杀掉了其他七个契丹部落的首领，成了所有契丹人的老大，建立了契丹国。

契丹国建立后，除了制定法律、发展经济、改革习俗外，耶律阿保机的另一大“任务”，就是开疆拓土，

“东征西讨，如折枯拉朽”，他于926年灭了渤海国，改其名为东丹国，并封长子耶律倍为东丹王，将势力范围向东扩大到了渤海沿岸，接着又将黑龙江和乌苏里江流域收入囊中。然后他又亲征党项、阻卜等部落，势力最西到达了今天的阿尔泰山一带。

但征服这些地方只是他的开胃小菜，中原才是他期待已久想要享用的大餐。他的目的，是想建立一个南到黄河、北至漠北的大国。

幽州，成了他吃掉中原的第一个目标。

阿保机如此看重幽州（今天的北京一带），是因为这里是中原抵御北方游牧民族的天然屏障。以幽州为中心，可以把燕（幽）、蓟、瀛、莫、涿、檀、顺、云、儒、妫、武、新、蔚、应、寰、朔十六个州连成一片，一旦得到“幽云十六州”，整个中原就无险可守，契丹铁骑就可以毫无阻拦地一路南下，中原就会变得唾手可得。

然而，幽州却不是好捏的软柿子，实际上，早在灭掉渤海国之前，阿保机就曾两

次亲征幽州，可惜均大败而归。

公元 926 年，怀着满腔的遗憾，阿保机病逝于出征渤海还都途中。

02

耶律阿保机死后，次子耶律德光继位，是为辽太宗。

耶律德光不但接过了老爸的班，还接过了老爸的梦。

中原，不但是他老爸看中的大餐，也是他梦寐以求的盛宴。幽云十六州，不但是他老爸问鼎中原的第一道菜，也是他想争霸中原的第一道菜。

可恨的是，牢牢掌握在后唐手里的幽州，到此时依然是一块难啃的硬骨头。

幽州"固若金汤"有两大原因，一是后唐稳定的统治，二是"鸦军"，一支兵士身穿黑衣，战斗力极强的后唐军队。

相比之下，契丹没有专门的野战军，基本上是以民为兵，相当于以业余选手对战专业选手，这也是他们一直干不过后唐军队的主要原因。

除非中原发生变故，然后乘虚而入去捡便宜，否则契丹只能耗死在幽州。

公元 933 年，后唐明宗李嗣源病死。末帝李从珂继位后，与河东节度使石敬瑭发生矛盾，石敬瑭干脆起兵造反，却打不过李从珂，被围在太原。

石敬瑭一慌，就做出了一件招致千古骂名的缺德事。他派人向耶律德光求救：你派兵来救我，并助我夺了江山当了皇帝，我就把幽云十六州送给你。

除了这个条件，石敬瑭还答应每年给辽国进贡大批财物，并以儿国自称。

石敬瑭的无耻，连其手下、后来的后汉建立者刘知远都觉得可恨。

以儿国自称，是不是太屈辱了？丢了利益也就罢了，但脸不能丢啊，咱们好歹也是堂堂男儿！

然而此时此刻的石敬瑭，为了达到他卑劣的目的，哪还顾得上那张脸！

03

耶律德光梦寐以求的机会终于来了！他立即领兵来救石敬瑭，偷袭后唐军队。

打败后唐之后，石敬瑭被耶律德光册封为皇帝，改元天福，改国号为"晋"，史称后晋，称比他小十岁的耶律德光为父皇帝。

于是，史上最臭名昭著的儿皇帝诞生了。

石敬瑭心想事成后，立即履行承诺，将幽云十六州拱手相赠。

得到了第一道菜，耶律德光仍不满足，胃口甚至更大了。

好比那只在地震废墟里饿了几十天的猪坚强，被救出来之后的第一件事就是狂吃狂吃，耶律德光得到幽云十六州之后的第一件事，就是准备把整个中原吃掉，将契丹国的边界推进到黄河岸边。

公元942年，无耻的石敬瑭归西了，他的养子石重贵继位。石重贵虽然本事不大，但却很有骨气，登基后不再向契丹称臣。

耶律德光眉开眼笑。这小子是真傻呀，老子正愁找不到南下的借口呢，他就送上门来了。这事儿咱得笑纳，一定笑纳。

除了石重贵，一个更傻的傻子不失时机地冒了出来——幽州节度使赵延寿。

赵延寿本为原后唐枢密使兼徐州节度使，还是后唐明宗李嗣源的女婿，后来投降了契丹人，并受到重用，被耶律德光任命为幽州节度使，加封燕王。

这人傻到哪种程度呢？他竟然也想像石敬瑭那样，弄个儿皇帝来当当。

为了达到这个不可告人的目的，他极力怂恿耶律德光挥师南下。

耶律德光再次眉开眼笑。老子正愁没有先锋呢，这大傻子就冒出来了。

他对赵延寿承诺，只要你给我当前锋，搞定中原后，你就是中原的君主！

04

为了当皇帝，赵延寿比其他任何人都卖力。第一次出兵时，其他几路兵马基本上都无功而返，只有他这一路有所斩获。

然而，后晋被灭掉后，耶律德光只字不提让他当皇帝的事。

赵延寿有点急，又不好意思亲自出面去提，便派了一个心腹去跟耶律德光说他想当太子。

耶律德光却装糊涂：老赵嘛，当然要好好奖赏啦，因为他立了很大的功啊，即使他想吃我的肉，我也愿意割给他。可是太子是要由皇帝的儿子来当的，他又不是我儿！

可是人家立了大功，好歹得安慰安慰，耶律德光便问翰林院：你们看，该给老赵什么官儿做，才算对得起他？

翰林院的人一商量，君主这是要重用老赵啊，官职小了不行，少了也不行，于是他们给赵延寿拟了一连串的官职：大丞相、录尚书事、都督中外诸军事、枢密使、燕王。

这事上报到耶律德光那里，他拿起来一看，直接把录尚书事和都督中外诸军事这两个官位划掉了。

对于野心太大的人，是不能给他太大职权的，尤其是军权！这些追逐权力的走狗，只能利用不能重用，利用完了，其价值也就大打折扣了。

而对于赵延寿之外另一个想当皇帝的家伙，耶律德光的办法更加简单粗暴，仅让他穿了穿皇帝的赭黄袍。

这个人名叫杜重威，是石敬瑭的妹夫，先是被石敬瑭封为舒州刺史，后来因功升官，当过潞州节度使加平章事，又升为侍卫亲军都指挥使，再后来又担任成德军节度使。

耶律德光南下中原时，杜重威是后晋的禁军主帅，在阳城之战中大胜契丹，却在不久之后的滹沱之战中率十万兵马投了降。

这个降显然投得不正常。十万兵马怎么也能打上一阵子，何况他又不是不能打，之前的阳城之战就是以少胜多的。

毫无疑问，他和耶律德光之间也达成了一种交易：如果他投降，搞定后晋后就让他当皇帝。

杜重威信以为真，结果没想到却是像只猴子一样被耍了一回。

当然了，除了让他穿了一会儿黄袍，过了一回当皇帝的瘾，耶律德光同样给了杜重远一个有名无实的虚衔——太傅。

05

公元 947 年一月，上了耶律德光大当的杜重威引辽军南下，占了开封，后晋的第二个皇帝，也是最后一个皇帝石重贵被迫投降，后晋皇室全部被俘，后晋就此灭亡。

后晋虽然亡了，但中原人民并未屈服，爱国将士尤其不甘心做亡国奴，如皇甫遇、慕容彦超、李守贞等，他们在“群龙无首”的情况下，依旧率领军民顽强抗击契丹。

派出的辽军悉数被歼，耶律德光接到的，是一个又一个的坏消息。

做梦也没想到，中原人竟如此难制！

到此时，耶律德光才明白什么叫贪心不足蛇吞象。

幽云十六州他吞是吞下去了，但却不好消化，还闹起了肚子。

实际上，早在这之前，他就应该适可而止，因为不但后晋军作战顽强，导致辽军损失惨重，契丹国内也出现了问题。先是发生了自然灾害，死了大量的百姓和牲畜，接着是各部落的厌战情绪一天比一天浓，大家都不想打了。

耶律德光的母亲述律后头脑更清醒。当她了解到后晋派人来议和，立即劝儿子就坡下驴，与后晋议和，但耶律德光不想议和，他想“得寸进尺”：他们这是怕了，既然他们怕了，打起来就更容易，为什么要见好就收呢？何况我还没见到好！

述律后把耶律德光叫到跟前，问他，如果让汉人做契丹王，行不行？

老妈您说啥呢？当然不行的！

既然你不让汉人当契丹王，那么同样的道理，汉人也不会让你当汉王，你为啥非要去当汉王呢？

耶律德光的理由是，他们姓石的忘恩负义，儿子我无法容忍。

好吧，就算这是个理由，可是即便你得了汉地，就能在那里长久地待下去吗？万一要是出点什么意外，后悔也来不及了！

这话听起来有点耳熟，历史上另一个女人也说过，那是西汉时期的一个匈奴女人，冒顿单于的妻子。

汉高祖刘邦本想收拾匈奴人，反而被匈奴四十万大军包围在白登山，眼看就要被包饺子，谋士陈平献计，重金贿赂冒顿单于的妻子，请她说说好话。

单于妻子对单于说的，同如今述律后说的是一个意思：即使你打败了汉人，夺了他们的城池和土地，也会因水土不服而待不下去。

虽然冒顿单于撤围而去并非全部因为这句话，但这句话无疑是起了很大作用的。

06

然而同样的一句话，在耶律德光这里却不好使了。

当然，说这话的毕竟是自己的母亲，他也不能明确反对，只好敷衍说：妈妈您别担心，儿子是个明白人，等他们把镇州和定州割让给咱们，咱就休兵罢战。

幸亏杜重威想当皇帝想疯了，上了当投降了契丹，不然耶律德光别说吃掉后晋，连本钱都有可能赔光。

后晋倒是侥幸拿下了，述律后的话也“应验”了——汉人的地盘，他耶律德光果然待不长久！

后晋亡于 947 年一月，到了当年夏季，契丹人就没法继续待在中原了。除了遭到各地军民不断的反抗，想“赶走”他们的，还有气候。

他们这些契丹人习惯了北方的严寒，哪里受得了中原夏季的烈日炎炎？不仅将士们受不了，耶律德光自己也受不了，无奈之下只得北返。

由此可见，契丹人的体质大概不如在中原土地上建立元朝的蒙古人。蒙古人不但受得了这里炎热的气候，还在这里待了近百年。

一般来说，等你自己想通的时候，多半也晚了。

正值壮年（四十五岁）的耶律德光在北返途中染上了一种热疾，高烧不退。据《辽史》记载，耶律德光这个烧可是真的“高”。他烧到全身堆满冰块，连吞冰入腹也无法降温，没几天就口吐鲜血死了。

如果可以，他和他爹耶律阿保机，都应该享受“工伤”待遇，因为他们两位都是死在出征还都的途中。

耶律德光咽气的地方是河北栾城，离辽国国都上京还远着呢，但是他妈得知消息后，“生要见人，死要见尸”。

这就有点为难人了，那种热得要命的天气，恐怕还没走到半路尸体就腐烂掉了，成为一具白骨了。而一具白骨显然无法交差——谁能证明这是我儿子？你们是不是把他给害了，然后随便弄具白骨来糊弄我？

述律后的懿旨愁死了伴驾的文武大臣，没想到这种时候，最有用的是厨师。

一个名叫羊胡子的御厨说，要想尸体不腐烂，唯一的办法是做成“羓”。

所谓“羓”，相当于四川人爱吃的腊肉，做起来很简单，就是先在肉上面抹上一层盐巴，腌制后再挂起来晾干。

在没有冰箱的时代，要想使肉不腐烂，唯一的办法就是这个。

若在平时，估计御厨的话音一落，脑袋就得搬家——这不是把咱们的君主当牲畜吗？可是如今除了这么做，又能怎么办呢？

大臣们一商量，只得同意把他们的君主当牲畜来处理。

对御厨来说，这种活儿倒不陌生，只见他熟练地一刀把耶律德光的肚子破开，取出内脏扔掉，然后像处理一大块羊肉那样，朝尸体上面撒盐，最后把尸体装在一个盐坛子里运回了上京。

有人说，耶律德光是中国历史上唯一一个木乃伊君主。这话可太抬举他了，因为真正的木乃伊可不是这么处理的，至少涂的不是盐巴，而是防腐的香料。更重要的是，古埃及人这样处理死者的遗体，是出于对死者的敬意，那个御厨朝尸体胡乱撒盐的时候，有过敬意吗？

仅凭这一点，耶律德光也不配被叫“木乃伊君主”，叫他“腊肉君主”倒比较合适。

贰 出将入相不容易

出来混，
带着胆子也得带着脑子

韩安国的晋升之路：眼泪流要流在关键处

《史记·韩长孺列传》对一个人给予了很高的评价：

> 安国为人多大略，智足以当世取合，而出于忠厚焉。贪嗜于财。所推举皆廉士，贤于己者也。于梁举壶遂、臧固、郅他，皆天下名士，士亦以此称慕之，唯天子以为国器。

大意是说，安国这个人有大韬略，他的聪明才智，足以让他在这个世界上游刃有余，但他却有一颗忠厚之心。虽然他本人有点贪财，但他推荐的人都很廉洁，比他自己还贤明，比如他在梁国时推荐的壶遂、臧固、郅他等人，皆是天下名士，士人们因此都给他点赞，即使是汉武帝，也认为他是治国之才。

这段话里说的“安国”，是西汉名臣韩安国。

01

韩安国，字长孺，梁国成安县（今河南民权县）人，自幼博览群书，学问和口才都远近闻名，让无数人竖大拇指。虽然是法家门人出身，但全身洋溢着儒学的长者之风，智慧谋略和为人处世都堪称一流。

有意思的是，这样一个牛人，最初却要靠哭来办事。

汉景帝时期，韩安国是诸侯国梁国的一个中大夫，是梁王刘武的谋士，平定吴楚七国叛乱时立过大功。

当时梁王任命他和张羽为将军前去平乱，两人配合默契，一个在前线奋力进攻（张羽），一个把后方防守得水泄不通（韩安国），使吴楚叛军始终无法越过梁国的防线，堵住了叛军前往长安的路，为朝廷争取了宝贵的时间。

叛乱平息后，之前默默无闻的韩安国和张羽声名鹊起。不过他们只是臣属，最终这些功劳当然还是“算”在了上司梁王的头上。

梁王刘武是汉景帝的同母弟弟，深受窦太后宠爱，朝廷还特别允许他有推举梁国国相以及二千石级别官员的权力。但这人却有点忘乎所以，以为有太后宠爱就可以上天，出入排场竟与天子不相上下。

人都好面子，这没毛病，可是得明白一点：即便功劳再大，太后再怎么宠信，你也不过是个诸侯国的老大，面子再大也大不过天子，也不应该大过天子，如今你却想和天子“平起平坐”，天子能高兴吗？

汉景帝不爽，明里暗里对窦太后过度宠信梁王表示不满。

窦太后当然明白，心里那个气呀，又不可能对皇帝发作，就迁怒于梁国派来的使者，下旨责问他们，令他们查问梁王。

韩安国是使者成员之一，他知道太后的怒火和皇上的不爽都必须消除，否则梁王和梁国都会有麻烦。可是他人微言轻，如果大义凛然地据理力争，不但没用，还会弄巧成拙，雪上加霜。

没办法，韩安国选了条迂回的路。他去找馆陶长公主，一见面就哭开了，哭得梨花带雨，哭得如丧考妣：

太后为什么只看到梁王的缺点，却看不到他的优点呢？作为儿子，孝心是最大的优点；作为臣下，忠心是最大的优点，这两个优点梁王都有啊，太后却怎么也看不到。如今梁王稍微做了点出格的事，为什么就对他不依不饶呢？

想当初七国叛乱，函谷关以东的诸侯国都反了，只有梁国忠心耿耿，若不是梁王奋力阻挡向西开进的叛军，后果不堪设想啊！记得诸侯叛乱时，梁王一想到太后和皇上的安危，就急得流泪。他跪送我等六人，千叮咛万嘱咐，一定要不惜一切代价，确保叛军越不过梁国一步。在他的领导下，我们最终挡住了叛军，这可都是梁王的功劳啊。平定七国之乱，梁王的功劳最大，这是有目共睹的，也是得到了公认的，为什么如今太后要因为礼节方面的小小失误，而苛责、抱怨梁王呢？

再说梁王的父兄都是皇帝，从小见的都是大排场，受了点影响，也是可以理解的。而且梁王的车子、旗帜都是皇上所赐，他想利用皇上的恩赐，在边远小县炫耀一下，让人们都知道太后和皇上对他的恩典，难道就犯了不可饶恕的罪吗？

馆陶长公主将这一番长篇大论向窦太后一报告，窦太后高兴地跳起来：我要把他说的这些话都告诉皇帝！

她为什么这么高兴呢？因为她觉得，皇帝听了这些话，就会消除对梁王的不满，也就不会怨她宠爱这个儿子了。

果然，汉景帝听了韩安国这番话，内心的疙瘩一下解开了，当即给太后认错：对不起呀妈妈，儿子错怪了弟弟，给您老人家添了忧愁。然后他重赏了所有梁国使者，不过相信“韩安国”这个名字，也刻在了他的心上。

帝王家不同于普通家庭，帝王家的成员之间如果有矛盾，很可能是整个国家的灾难。反过来也是一样，帝王家和谐了，那就是整个国家的幸事。

韩安国明白这点，所以他才不惜放下男人的自尊，声泪俱下地来了这番“表演”。

02

这种战术如此好用，韩安国后来对他的老板梁王也用了一次。不过这并非在意料之中，因为他没想到，聪明一世的梁王竟会这么糊涂！

事情起于一个名叫公孙诡的人。这家伙是齐国人，借梁国缺内史招聘人才之机来到梁国，梁王很喜欢他，打算请求朝廷任命他为内史。

谁知窦太后不干：你们那个韩安国，不正是内史的最佳人选吗？谁说自己的和尚念不好经！

公孙诡没做成内史，心里很不爽，便想搞点事情。于是他和一个叫羊胜的人一起，怂恿梁王向皇帝请求做皇位接班人。

他的如意算盘是，梁王喜欢我，他今后当了皇帝，自然少不了我的好处。但他没想到，立梁王为储君的“提议”，会遭到包括吴国国相袁盎在内的十多名议臣反对。这两人也是吃了豹子胆，一见事情不成，竟干脆把反对的人全杀了。

汉景帝大怒，派使者来到梁国，叫他们务必将公孙诡、羊胜捉拿归案。

大批使者来到梁国，搜查了一个多月却一无所获，因为梁王把他们藏起来了，就藏在他自己的宫里。

别人不知道，但是韩安国知道，他蒙了：这个梁王，怎么如此糊涂？这不是公然和皇上作对吗？你这小命还要不要了？梁国还要不要了？藏得了一时，藏得了一世吗？马上交出去，再诚恳地认个错，也许什么事都没有。时间一长，那就很难说了，拖得越长，问题就越严重。

我的王啊，你赶紧醒醒吧！

他入宫面见梁王，未语泪先流，又一次哭得梨花带雨，哭得如丧考妣：主上受辱，臣下该死，事情之所以弄到如此地步，是因为大王您没有好的臣下。杀人凶手公孙诡、羊胜没抓到，是因为做臣下的无能啊，请大王允许我辞别，并赐我自杀。

刘武不敢看他的眼睛：这与你无关，你何必这样？

韩安国的眼泪像断了线的珍珠：我的大王啊，您好好想想吧，太后和皇上之所以没有用法令来处罚您，那是还把您当亲人，他们在等您自己把人交出去。给了您这么大个台阶，您怎么不知道下呢，非要逼得他们公事公办吗？听说出了这种事情后，太后日夜哭泣，茶饭不思，她老人家年纪大了，假如受不了打击，突然去世，大王您以后要依靠谁呢？

刘武也哭了，哭得比韩安国还厉害，一边哭一边感谢韩安国的提醒，并表示会马上把人交出去。

最终公孙诡和羊胜自杀谢罪，使者回去报告后，皇帝也没再追究。

韩安国一把眼泪，再次使梁王和梁国避免了一场大祸，也给朝廷解决了一个天大的难题。

事情过去后，汉景帝和窦太后对爱哭鬼韩安国更是刮目相看了。

03

建元初，汉武帝召韩安国入朝，先是让他担任北地都尉，后来升为大司农，再后来担任御史大夫。

入朝后，韩安国说话、做事的画风顿时大变。毕竟此一时彼一时，虽然同样是运用三寸不烂之舌，但这时候的他再也不是那个人微言轻的韩安国了，若还与之前一样，那就显得太不搭，甚至是有点迂腐可笑了。比如在对待匈奴这件大事上，他不但一改过去“可怜巴巴”的样子，还敢与其他大臣展开激烈辩论。

据《史记·韩长孺列传》，建元六年（公元前 135 年），匈奴派人来请求和亲，汉武帝让大臣们讨论。

大行令王恢主张废除文、景两朝实行了多年的和亲政策，改为硬碰硬，或者干脆主动对匈奴进行军事打击。因为根据文、景两朝的情况来看，和亲虽然暂时管用，但过不了几年匈奴就会背弃盟约，所以“不如勿许，兴兵击之”。

韩安国立即表示反对：

> 千里而战，兵不获利。今匈奴负戎马之足，怀禽兽之心，迁徙鸟举，难

> 得而制也。得其地不足以为广，有其众不足以为强，自上古不属为人。汉数千里争利，则人马罢，虏以全制其敝。且强弩之极，矢不能穿鲁缟；冲风之末，力不能漂鸿毛。非初不劲，末力衰也。击之不便，不如和亲。

他的大意是说，派军队到千里之外去作战，基本上没有取胜的可能。如今正是匈奴兵强马壮的时候，他们怀着禽兽般的异心来去如飞。他们是以逸待劳，咱们的军队即使能到达，也已是人疲马乏，就好像强弩之末，连一匹最薄的白绢也射不穿，又好像从下往上刮的风，到最后连一根雁毛都吹不起来。如果咱们主动找上门去，等于是让匈奴人利用他们的优势对付我们的弱点，就像一个武艺高强的大汉面对一个行将就木的重病老人，还没动手就胜负已分了。这么看来，发兵攻打实在是下下之策。如果不考虑这些客观因素强行用兵，后果不堪设想。

韩安国的意见得到群臣附和，原本不想继续和亲的汉武帝在仔细品味了韩安国的话之后，也同意了和亲。

04

韩安国是个实事求是的人，他明白，人生在世就像船行水中，该掉头就掉头，该见风使舵就见风使舵，否则就是不顾大局，就是成心捣乱，也是找死！所以当汉武帝得到一个天时地利俱全的机会，决定对匈奴进行军事打击时，他并未固执地抱着他的主张不放，而是毫无怨言地服从命令，愉快地接受了任命。

这次针对匈奴的军事行动，也就是发生于公元前 133 年的“马邑之围”。

这场行动的设计者是马邑（今山西省朔州市朔城区）豪强聂壹，他通过大行令王恢向汉武帝建议：匈奴人刚与咱们和亲，对咱们不加防备，可将其诱至马邑，以伏兵袭击，定可将其歼灭。

早就想收拾匈奴的汉武帝采纳了这个建议，出动三十万精兵，命护军将军韩安国（他也是此次行动的总指挥）、骁骑将军李广、轻车将军公孙贺各率一部，分头埋伏于马邑附近的山谷中；又命将屯将军王恢和材官将军李息率三万精兵出代郡（今河北省蔚县东北），准备从侧翼袭击匈奴人的辎重，切断匈奴人的退路。

一切安排妥当，聂壹便充当间谍，前去撒诱饵了。

聂壹撒的诱饵，对匈奴的军臣单于很有吸引力：我手下有数百人，可以杀掉马邑县令并做内应，然后马邑的一切财物就都是您的了。

马邑是当时主要的产马地，也是重要的马匹交易市场，军臣单于对它垂涎已久了。也许是被利益冲昏了头，他居然对聂壹的话深信不疑，高兴地接受了聂壹的“安排”，亲率十万大军进入武州塞（今山西省左云县），只等聂壹传出消息，就能向马邑开拔。

聂壹回到马邑，和马邑县令商量，杀死了一个死囚，把死囚的脑袋高高地挂在城门上，谎称是县令的脑袋。

见聂壹“得手”，军臣单于立即率军向马邑进发。

眼看就要进入汉军的埋伏圈，不料一个细节引起了军臣单于的怀疑：怎么一路上只见漫山遍野的牲畜，而放牧的一个也没有呢？

他抓来汉朝雁门尉史一问，这个怕死鬼把什么都说了，匈奴人立即退兵。

得知消息，王恢大吃一惊，却不敢追击。韩安国则不一样，埋伏几天不见动静，他改变了原定的作战计划，变守株待兔为主动出击。只不过那时候匈奴人早就跑得没影了，韩安国无功而返。

虽然精心设计的“马邑之围”因为一个低级错误功败垂成，韩安国也没薅到匈奴一根毛，但与之前一直极力主张用兵的王恢临到阵前却向后退缩相比，他敢于主动出击的勇气已值得让人大大地点个赞了。

这种既敢于坚持自己的意见，又能毫无保留地执行领导决策（哪怕与他期望的正好相反）的格局，有些人估计一辈子也学不来。

千古第一杠精：是情商太低还是智商太高？

01

历史上的汉武帝，雄才大略，征战四方，比肩秦皇。

这样一位帝王，除了他的祖母窦太后，极少有人敢忤逆，由着性子来的人大都被汉武帝送走了。唯有一个人，他在武帝手下修炼成了“杠精”，十年如一日地抬杠，把武帝气得暴走、谩骂、不胜其烦，最后还能够善终，堪称杠精界的模范和榜样。

其实历朝历代都不乏专门跟皇上抬杠的人，如果抬得好，我们还会称之为“忠言直谏”。可是汲黯和其他那些普通的抬杠有所不同，他的抬杠技术已出神入化，达到了没有杠也要抬的新境界。

一日，武帝招众臣讨论招纳人才事宜，汲黯借机表达了对武帝频繁诛杀大臣的不满。他劝武帝人才难得，不能求贤时若渴，杀之却如草芥。

汉武帝反对说：什么时候也不会没有人才，只是人们不能发现罢了，如果善于发现，何必怕无人！所谓“人才”，就如同有用的器物，有才干而不肯充分施展，与没有才干一样，不杀他还等什么！

汲黯一听，武帝好像说得还有点道理，一时无言以对。

平常人遇到这种情况就沉默了，但是汲黯不会，因为沉默不符合杠精的职业道德。面对扬扬得意的汉武帝，汲黯直言，你说得不对。

请问哪里不对呢？武帝问。

汲黯答：我说不出来，但我就是感觉不对！

众人听了皆一愣，这种不讲道理仅凭直觉的杠法让他们一时没反应过来。

汲黯又说：我虽然说不过你，但不要认为我愚昧不讲理，希望陛下从今以后能够改正。

汉武帝听完，被气笑了，转身对周围众臣说，汲黯说他自己愚昧不讲理，我觉得他说得很对！

后来汉朝出兵攻克大宛，俘获了千里马，汉武帝爱马如命，兴高采烈地作了一首《天马歌》献给千里马，并打算在宗庙活动中循环播放，将自己的喜悦昭告列祖列宗和天下百姓。汲黯听了立马抬杠：历来皇帝作曲都是上承祖宗、下化兆民，陛下为马作曲实在是前无古人，先帝和百姓们能听懂吗？汉武帝如遭一盆冷水当头泼下，兴致大减。

这样的事多了，连丞相都看不下去了，建议武帝杀了汲黯，幸好武帝深知汲黯的杠精本性，其实他本质上还是个好臣子，所以放了他一马。

公元前 121 年，匈奴浑邪王率四万部众投降大汉，千里跋涉来到长安。汉武帝很高兴，对来降的匈奴人大加赏赐，并安排他们在长安城中居住下来。一次，有一些长安的商人和匈奴做点买卖，朝廷按照法律条例，抓了很多长安商人。

汲黯紧急求见汉武帝：陛下，您对待来降匈奴跟供奉骄横的儿子一般，我一直认为要把那些匈奴都作为奴隶赏赐给百姓才正确，即使不赏赐，也不应该因为百姓不懂法和匈奴做了点生意就抓人，我觉得陛下这样做是不对的。

听完，汉武帝表示反对，并正式送给了汲黯一个“杠头”称号，他说，我很久没听到汲黯的声音，如今他又在这里胡说八道了！

02

当时汉武帝倚重的重臣，如张汤和公孙弘，大都善于揣摩上意，能和领导愉快相处，因为他们都知道武帝脾气是出了名不好，一怒之下，不论你是将才还是文才，统统格杀勿论，有时还会灭人全族。武如李陵、李广利，皆是被武帝灭族；文如司马迁，虽未受死，但也因言获罪，受了宫刑。面对残酷的现实，武帝的下属大都极会做人，奉行领导指哪打哪的原则，不想触半点霉头。

可汲黯偏偏十年如一日地直言快语，杠来杠去，难道他真的不会出事吗？怎么可能！历史的经验告诉我们，杠精基本没有好下场，更别说汲黯这种海陆空全方位开杠，而且逮谁杠谁的立体化杠精，他的人际关系自然差到了极点。不久，汲黯就迎来了所有杠精必须面对的危机——来自被杠者的反击。

他首先面对的是来自同事的反击。

与汲黯同为九卿之一的公孙弘提倡节俭，并以身作则，用麻布做被子，一顿饭不摆设两种肉菜，世人都称颂他是简朴的典范，可汲黯听说了，却在朝堂上当众反对——公孙弘身居高位，朝廷给他的俸禄很多，但是他还用布做被子，这是在装样子，是骗人的把戏。

武帝就此事询问公孙弘，公孙弘灵机一动，主动谢罪说：确有其事。说到九卿当中与我关系好的，那就是汲黯了，今天他在朝廷之上质问我，确实切中我的问题。说到我身份显赫，却制作与小官吏家没有区别的布被，这确实就像汲黯所说的那样，是我有意矫饰做作，想借此沽名钓誉。如果没有汲黯的忠直，陛下怎么能听到这些话！

这些请罪的话说完，武帝反倒认定公孙弘谦让，越发尊重他了。

表面上汲黯这一杠没有副作用，还得到了公孙弘的赞扬，但是公孙弘看起来很宽厚，其实心机很深，只要得罪过他的人，他一定会还以颜色。

公孙弘升任丞相后，对杠精汲黯一直耿耿于怀，经过处心积虑地寻找，终于找到了杀人不见血的报复方法。

一日，公孙弘看似不经意地向汉武帝提出了一则人事调整建议：京师长安地区皇亲贵族多，难以治理，因此我想推荐耿直的汲黯任右内史，让他去管。

> 弘欲诛之以事，乃言上曰："右内史界部中多贵臣、宗室，难治，非素重臣不能任，请徙黯为右内史。"上从之。

汉武帝准奏，公孙弘长舒一口气，满意地笑了。

右内史是负责管理长安秩序的官员，表面看起来风光，但其实治下是最难对付的皇亲贵族，历任官员都没有什么好下场，对汲黯这种普通的人际关系都搞不好的杠精来说，用这个职位足以消灭他。

还好汲黯工作能力强，处事公平，在右内史的岗位上为官数年，没出什么大事。

虽然这一难是躲过去了，但是接下的一劫，汲黯是绕不开了，因为这次反击，来自当朝皇帝。

经过历次被明怼暗杠，汉武帝实在是怕了这个杠精。有一天，汲黯收到了离京的通知，叫他去淮阳任太守，虽然汲黯哭着不想走，还找武帝求情，表示愿意一直陪在武帝身边，但武帝听到"一直"二字，更加惊恐万分。

为了让他赶紧走，汉武帝不仅数次下诏催促他离京赴任，还哄骗他说过些年就召他回来。

汲黯失落至极，他当然知道汉武帝再也不会召他回来，作为杠精，他终于被皇帝强行驱逐了。临走前，他去拜访大行李息：我被弃置到地方郡县，不能再参与朝廷议事了。御史大夫张汤用词诡辩，不肯为天下正事发言，一心迎合主上的意思，玩弄法律条文。我被赶走了，你身居九卿高位，一定要替我杠他，早日揭发他的真面目，不然，我肯定你会没有好下场。

李息望着这位因抬杠被赶到地方任职的杠精，虽然表面答应，心里却着实不想步其后尘。然而他没想到，公元前 115 年，张汤事败自杀，没听从汲黯的劝告规劝武帝的李息，也因此被汉武帝治罪。

汲黯去了淮阳，虽然工作做得很有成效，但确实再也没有回到汉武帝的身边。公元前 112 年，他病逝于任上。

03

表面看来，杠精汲黯似乎晚景凄凉，郁郁不得志，但其实，他一生所抬过的杠在他死后都有了回响。汲黯是极少数通过抬杠实现了自己政治理想的人。

这还要从他抬杠的缘由说起。

汲黯在法制上反对严刑峻法，主张遵循先制；在军事上反对穷兵黩武，增加百姓负担；主张与匈奴和亲。所有的这些都与汉武帝的所作所为相反，所以他经常和武帝抬杠。在为人处世方面，他反对表里不一、沽名钓誉，所以又与丞相公孙弘不和。

公元前 89 年，汉武帝发表了震动天下的自我检讨书《轮台诏》，深刻反思了自己以往尚武扩张的政策，表示了悔恨，并打算及时整改。

当时若汲黯还活着，大概会一反常态，放武帝一马。

豆腐的创始人淮南王刘安在谋反之前，曾发表了一段关于汲黯和公孙弘非常经典的评价。

> 淮南王谋反，惮黯，曰："好直谏，守节死义，难惑以非。至如说丞相弘，如发蒙振落耳。"

大意是说，我要造反，可汲黯忠义有气节，我肯定是搞不定的，至于丞公孙相弘，呵呵。

这段评论被载入史册，深受人们认同，成了对这二人的评价模板。

更有意思的是，汲黯是杠精，人际关系很糟，一直对结党营私绝不手软的汉武帝却恰恰因此对汲黯十分放心，不仅称其为社稷之臣，还放手提拔汲黯的家人，让他弟弟汲仁官至九卿，儿子汲偃官至诸侯国相。

也许大家都搞错了，汲黯不是情商低，是太高了……

两朝顾命，定策元勋：最长久的为官之道是为民谋利

宋仁宗嘉祐七年（1062年）十二月的一天，五十三岁的宋仁宗赵祯在天章阁召集朝中重要大臣，请大家欣赏皇家宝藏十三种，有天然形成文字“赵二十一帝”的瑞石、重二十多斤的金山、紫色斑纹的龙蛋、白色的凤凰蛋等。

仁宗的飞白书天下一流，他当场写下一幅幅字赏赐给众位大臣，又在群玉殿宴请众人，让大家放开了喝，今日不醉不归。

宴席间，仁宗吩咐太监用金盘子装着香药，分别给大臣们一人一份。他还特别把宰相韩琦叫到榻前，亲手倒了一大杯鹿胎酒递给他，韩琦激动得热泪盈眶，一饮而尽。

第二年的三月，宋仁宗去世，韩琦哀伤地回忆起这次聚会，写道：“因惊前会之非常，似与群臣而叙别。”

01

韩琦能获得让仁宗亲手奉酒的殊荣，和他以往的功绩是分不开的。

天圣五年（1027年），韩琦弱冠之时即以第二名的成绩中进士，入仕途，在地方历练数年后，进中央担任谏官。

这个平日沉默寡言，庄重沉稳的人，写起批评时政的文章时却笔笔见血，毫不留情。

宝元年间，天灾连发，流民遍地，朝廷却束手无策，拿不出好的应对办法，内阁成员王随、陈尧佐、韩亿、石中立等只知应付，并不上心。韩琦将这些都看在眼里，心内着急，便直接向他们开炮：咱们大宋建国八十多年了，这些庸庸碌碌的宰相们在做什么呢？怎么能任由他们把朝政败坏？

洋洋洒洒一篇文章呈到皇帝面前，四位内阁宰辅同一天被撤了职。这事轰动全

国，人们把它叫作“片纸落去四宰执”，韩谏官的大名因为这件事不胫而走。

这次大旱灾，四川受灾最为严重，朝廷干脆任命韩琦为救灾使者，指挥灾区的抚恤赈灾工作。这一年韩琦才三十出头，别人就已称呼他为“韩公”了。

进入灾区，他立即大刀阔斧地开展工作，撤职查办了几百名不称职的官员，打开“常平仓”给饥民分粮，又命令各地办起“稠粥”供应百姓。

据《宋史》上说，韩琦的举措让一百九十多万的饥民活了下来，这个功德真是无限大。四川百姓都感激地说，朝廷这使者是我们的再生父母！

韩琦在各地任地方官十几年，一直都是敢作为敢担当，从不计个人得失。有人劝他说，您虽是在为国为民做事，但万一有个不对，不仅自身不保，只怕危及家族哟！但韩琦答：这是什么话！我只有全身心地为国家出力，至于成败是老天爷的事，怎么能为了自己的小利益就裹足不前！

传统儒家教育出来的正直士大夫，像韩琦、范仲淹，都有为天下人谋福祉的高尚情操。后人把他们两人并称“韩范”，就是因为两人风骨相同。

02

党项族建立的西夏政权，一直是个独立于宋之外的势力。

李元昊称帝后便开始攻击大宋，宋廷派夏竦为主帅，韩琦、范仲淹为副帅，到西北与西夏军交战。面对来势汹汹的西夏军，范仲淹建议积极防守，以持久战遏止西夏的扩张脚步，而夏、韩两人决定积极进攻，直接消灭来犯之敌。

宋仁宗康定二年（1041 年）二月，西夏以诈败诱引宋军进入伏击圈。

二月十四日，宋大将任福大军到达好水川，人困马乏，驻扎休整。前军到羊牧隆城东五里处，发现道旁十余只银泥盒子，将士们惊疑不定，任福便命令他们打开看看。盒子一打开，飞出百来只带着响哨的鸽子，它们在宋军头顶盘旋，哨声远远传开——这就是西夏军发起进攻的信号！埋伏在四处的西夏骑兵听到哨音迅速合击，来不及列阵的宋军仓促应战，大败，任福等高级将领全部阵亡，宋军基本全军覆没！

这一战，史称“好水川之战”，以宋军的完败告终。

虽然战前韩琦再三命令任福要步步为营，不要贪功轻进，否则有功也斩首，但任福显然没有听从。总体看来，夏竦、韩琦的贸然决战与用人不当应是战败的主要原因。为此，西夏军师张元还得意扬扬地写诗笑话他们：“夏竦何曾耸，韩琦未足奇。满川龙虎辇，犹自说兵机！”

战后，夏竦遭撤职，韩琦等人也都受到大处分。老韩痛定思痛，终于认可了范仲淹的战略，两人同心协力，领导宋军修筑据点，断绝与西夏的贸易，提拔了许多如狄青、种世衡这样有本事的中下级军官。他们步步经营，数年征战，终于达成宋夏和谈，使西北地区安定了下来。

03

宋仁宗原先有三个皇子，可都夭折了。随着仁宗年纪渐老，偌大一个帝国，继承人的问题逐渐成为头等大事。

人人都爱自己的孩子，可仁宗却一直生不出儿子。

韩琦一直追问：陛下，您是不是在宗室的孩子中找个继承人？仁宗说，再等等，后宫有人就要临盆！可是生下来又是个女儿。

问得多了，仁宗也恼火，反问他，你说立谁好？韩琦急忙说，我的意思只是要有个继承人，但立谁不该是我这臣子说的。

仁宗是个好心人，很能理解别人，眼见着自己不可能再有儿子，最终还是同意立宗室中的赵宗实为太子，改名赵曙。

仁宗去世后，赵曙继位，是为英宗。

原先英宗几次在大内搬进搬出。住上一段，仁宗后宫有人怀孕，又搬出来；不是儿子，又搬进去。如此这般，搞得他忽悲忽喜，精神很不稳定，继位那天当场就在大殿上疯了，又哭又笑，大臣内监全傻了眼。

这时是韩琦挺身而出。他果断抱住英宗送到内殿，并严肃地对在场诸臣说，今天的事，谁说出去谁就准备全家人去死！这才稳住局势。

英宗渐渐恢复过来，开始主理朝政。但这位过继来的新皇帝和太后之间矛盾重重，韩琦等人苦口婆心居中调解，这才慢慢平息下来。

英宗登基四年后又重病一场，看起来快不行了，又是韩琦顶着得罪皇帝的风险到英宗跟前提议：陛下您久病不愈，人心惶惶，还是早点立下太子为好啊！

英宗在病榻上点头，确定了英宗的长子赵顼为太子。英宗去世后太子继位，是为宋神宗。

这期间还有个故事，完全能看出韩琦那如定海神针般的沉稳。

当时英宗看上去已断气了，大臣们便派人去接太子。可就在太子在路上时，英宗的手指忽然动了几下。众人吓呆了：怎么办？皇帝还活着？他们是该去拦住太子，还是让太子前来?

韩琦当机立断：如果皇帝醒过来，就是太上皇。一句话解决了问题。不过英宗还是去世了，神宗得以继位。

对一个家天下的王朝来说，替皇位找到合理合适的继承人，是说人难言之事，解人难解之题。韩琦做到安全过渡，稳定了大宋的江山，其智慧及能力实在非同凡响。

04

宋神宗后来任命大宋朝的大牛人王安石为宰相，开始“熙宁改革”。王安石的改革是利国还是害国，这个问题到现在还争议不休，但毋庸置疑，这是影响宋朝甚至影响中国历史的大事。

王安石年轻时就无比的牛气，很多大臣都非常看好他。

韩琦在扬州任市长，小王还是他手下的一个小公务员，是个有名的邋遢王，每天看书到天亮，脸也不洗就去上班签到。韩琦以为是扬州的夜夜笙歌影响了小王，就劝他说，你年轻，又有才华，可不要玩物丧志啊！小王听了不高兴，但也不辩解，一言不发地走了。后来他才对别人说，韩公不理解我，我是那种沉迷声色的人吗?

老上司韩琦比较反对王安石的新政，曾对别人说王安石当个翰林学士绰绰有余，如果当上宰相，这天下就多事了。他对这个改革家还是有一定的提防，对他的新政策也有所保留。

反过来王安石对韩琦倒是很佩服，等到他坐在宰相位置上，每天日理万机，就更理解前任宰相韩琦的高才了。虽然两人政见不同，他依旧无比感慨地说：韩公的心胸宽广，眼光高眼，其他大人们都不如他。

韩琦知人识人就这么了不起。

苏轼才气天下第一，名满朝野，几个皇帝都喜欢他的文章诗词，是超级“苏粉”，为此英宗、神宗都想早早把苏学士提拔上来。但韩琦反对太早重用苏轼，他的意见是，像苏轼这样的大才，要在基层锻炼久一点儿，多去几个地方了解民情政风，最后才会成为国家的栋梁之材。韩琦这样，才叫爱惜人才。

熙宁六年（1073 年），韩琦回到家乡相州为主官，算是富贵还乡，两年后逝世于此。传说他去世当夜，有颗大星星跌落在衙门近处，马房里的马匹一片嘶叫。

朝廷痛失良臣，神宗亲笔题写墓志铭：“两朝顾命，定策元勋。”

僧衣宰相：朱棣夺位第一功臣

明代官员、思想家、文学家李贽说过这样一句话："我国家二百余年以来，休养生息，遂至于今。士安于饱暖，人忘其战争，皆我成祖文皇帝与姚少师之力也。"

这个评价，可以说是非常非常高了。

成祖文皇帝大家都知道，是朱棣，明朝第三任皇帝，也就是夺了侄儿建文帝江山的那位。而所谓的"姚少师"，指的是一个法号道衍（俗名姚广孝）的和尚，他当过"太子少师"，所以这样称呼。

姚广孝是否当得起这个评价？这要从开始讲起。

01

姚广孝，长洲（今江苏苏州）人，靖难之役的主要策划者，中国历史上最著名的"黑衣宰相"。

姚广孝家世代行医，他却不想当什么郎中，十四岁就剃度出家了，法名道衍。可是后来他又拜了一个道士为师，学习阴阳术数，并通读儒家经典，可谓精通儒、佛、道三教。

原来，姚广孝虽然入了空门，但心中却有远大志向。在他看来，当和尚只能念经，既没意思又没用，那些"心灵鸡汤"，喝一点儿尝尝味道就行了，要他一辈子喝下去，实在是浪费时间、浪费青春、浪费生命，而阴阳术数、儒家经典学好了，是能安邦定国的。

洪武八年（1375 年），朱元璋招聘精通儒书的人才，姚广孝也到礼部应试，结果却没得到僧官，只获赐一件僧衣。五年后，经人推荐，他才得以进入天界寺，得到一个僧职。

但上天并未抛弃他。1382 年，朱元璋的原配、德高望重的马皇后病逝，朱元璋挑选高僧随侍诸王，为皇后诵经祈福，姚广孝有幸入选。在此期间，又是经人举荐，他见到了燕王朱棣。两人一见如故，有不少共同语言，于是他提出，要不贫僧以后就随侍燕王吧。

被朱棣带到北平后，姚广孝虽然当了庆寿寺的住持，住在寺里，但出入燕王府就像出入自己家一样。

他们俩见面只做一件事:密谈。至于密谈了些什么，只有他们俩自己清楚。不过，从事情的发展来看，他们俩密谈的，绝对不是小事。

有人说，这是两个野心勃勃的人，他们注定要走到一起，去搞阴谋诡计。

甚至有人说，姚广孝才是一个天生的造反者，唯恐天下不乱，以便“乱中取胜”，达成他的“人生理想”，但他自己又没造反的资本，所以才借助朱棣之手，把朱棣推向前台，他在幕后指挥，朱棣成功了，便意味着他成功了。

说姚广孝天生是个造反者，似乎并未冤枉他。当时有一个著名相士，看人百看百准，名叫袁珙。这相士见了在嵩山寺游学的姚广孝，不由得大吃一惊，说他有病虎之相，天生嗜好杀戮。听了这话，作为和尚的姚广孝不但不以为忤，反而很高兴。

你没说错，我就是爱搞事，而且就是爱搞大事!

据说姚广孝曾写过一首诗，诗中透露出的“口气”之大，足以让人倒吸一口凉气。这首诗作于他到礼部应试不成，受赐僧服回去路上，途经丹徒北固山时，诗曰:

谯橹年来战血干，烟花犹自半凋残。
五州山近朝云乱，万岁楼空夜月寒。
江水无潮通铁瓮，野田有路到金坛。
萧梁帝业今何在？北固青青客倦看。

他不过是借北固山的景象抒发自己的志向而已，可与他同行的僧人宗泐却从中品出了不一样的味道。宗泐隐隐感觉到，身边这个和尚所图甚大，于是责怪地说，这哪里是一个出家人应该写的?

姚广孝听了只是微微一笑，估计心里在说，燕雀安知鸿鹄之志哉，谁说我是出家人？我只不过披了一件出家人的外衣而已。

细读相关史料，总让人觉得，在朱棣夺取侄儿建文帝江山这件事上，真正的推动者应该是这个和尚，反而是朱棣本人在起兵之初心中常会害怕不安，因为有一个很重要的东西，不在他这一边。

02

洪武三十一年（1398 年），朱元璋驾崩，把帝位传给了孙子朱允炆，是为建文帝。

这个毫无国政经验的毛头小子（时年二十一岁）一上台，就做了一件再蠢不过的事——他听从心腹黄子澄和齐泰的建议，开始削藩。

所谓削藩，就是为了增强自己的权力，削弱藩王的权力。

你要削藩，就有话好好说，光明正大地削，慢慢地来。像汉武帝颁布“推恩令”一样，只要把藩王们的“后事”安排好，保他们一生仍有荣华富贵，除非是极有野心的，相信绝大多数人不会一上来就找他的麻烦。可是这个小子非要在削藩之时，给这些藩王挨个安上“莫须有”的罪名，欲直接又彻底地铲除！

第一个倒霉是周王朱橚，接着代王朱桂、湘王朱柏、齐王朱榑、岷王朱楩四个藩王，一个也没跑掉，一年之内就削了五个。

朱棣虽然因为实力最强暂时无虞，但他明白，既然兄弟们都没跑脱，他也跑不脱，况且那个小皇帝打从一开始就没想放过他。

朱棣一开始倒是打算认命了，但姚广孝却认为，这是上天给的机会。他劝道：殿下您该做点什么了，机会难得，千万不能错过，否则今后想做都没机会了，殿下若是想做，臣一定全力帮您，定能给您戴一顶白帽。

戴白帽的意思，就是当皇帝——朱棣是王，“白”字下面一个“王”，就是“皇”字啊！

朱棣何尝不想做点什么，何尝不想戴白帽，何况束手就擒不是他的风格，可此时此刻，他考虑的却是民心。

民心很重要，这玩意儿能决定成败，得民心者得天下嘛。所以当姚广孝劝他趁机起兵时，他苦着脸说，百姓都支持朝廷，民心在朝廷一边啊，这事儿怕是没那么简单。但姚广孝斩钉截铁地说：臣只知天道，并不管民心！

> 及太祖崩，惠帝立，以次削夺诸王。周、湘、代、齐、岷相继得罪。道衍遂密劝成祖举兵。成祖曰：“民心向彼，奈何？”道衍曰：“臣知天道，何论民心。”（《明史·姚广孝传》）

这话够霸道吧？听起来哪像是一个臣下说的，简直是老大的口吻，而且是那样不容置疑，不容反驳，好像决定他已做出，你只管执行便是。

03

但所谓“天道”“民心”之说不足以打动朱棣，于是姚广孝要了个小花招，给朱棣“推荐”了相士袁珙和卜者金忠。

这个袁珙，就是当年说姚广孝是病虎、天生嗜杀的那位。他是浙江宁波人，在元朝的时候名气就很大了，“所相士大夫数十百，其于死生祸福，迟速大小，并刻时日，无不奇中”。

当年元朝的南台大夫普化帖木儿专门去见袁珙，让他给自己看相。袁珙说：“公神气严肃，举动风生，大贵验也。但印堂司空有赤气，到官一百十四日当夺印。然守正秉忠，名垂后世，愿自勉。”后来此话果然应验！

见到了江西宪副程徐，袁珙对他说：“君帝座上黄紫再见，千日内有二美除。但冷笑无情，非忠节相也。”后来事情的发展也真如他所说！

又有一个名叫陶凯的，袁珙对他说：“君五岳朝揖而气色未开，五星分明而光泽未见，宜藏器待时。不十年以文进，为异代臣，官二品，其在荆、扬间乎！”这话最后同样实现了！

这样一个活神仙似的人物，他的大名朱棣肯定听说过，这是姚广孝把袁珙推荐给朱棣的基础，不然让一个默默无闻的乡间术士给朱棣看相，就是任其口吐莲花，吹得天花乱坠，估计他也是不会相信。

朱棣和袁珙的第一次见面就很有意思，那时他们互相并不认识。一天，朱棣夹杂在九个人中间到酒馆喝酒，不料袁珙一眼就认出了朱棣，“扑通”一声跪在他面前，惊呼：“殿下何亲身至此？”那九个人都说，你认错了，这不是殿下，可他一口咬定自己没错。

于是“王乃起去，召珙宫中”。袁珙端详了朱棣几分钟，说：“龙行虎步，日角插天，太平天子也。年四十，须过脐，即登大宝矣。”

这个第一次见面，是姚广孝的精心安排。

这个从未看走眼的著名相士都这么说，看来真是天意，他朱棣若违背天意，不顺从“天道”，就是与天作对了。

既然如此，那就干吧！

04

决心既下，朱棣和姚广孝便分别开始了紧锣密鼓的准备工作。

朱棣所做的，无非是“拉拢军官，勾结部队，招募勇士”；姚广孝呢，就在燕王府后苑替他训练兵马，修建地穴，打造兵器。做这些事情是会发出声音的，解决的方法很简单，就是多养点鹅鸭，这些家禽叫起来声音之大，足够掩盖打造兵器的声音了。

然而，朱棣的拉拢并非对每个人都有效，燕王府护卫倪谅就是这样一个人。他把朱棣意图谋反的事给告了，朝廷下令把燕王府的官属统统抓了。

可是没等朝廷动手，朱棣就得到了都指挥使张信的情报，于是决定立即起兵，理由都是现成的：齐泰、黄子澄这两个家伙是奸臣，我要杀了他们，“清君侧，靖国难”。

朱棣找的这理由很正当，因为太祖成法中，有一条就是专门针对靖难的。《皇明祖训》规定，若是有权臣篡权，藩王有清君侧的权力：“朝无正臣，内有奸逆，必举兵诛讨，以清君侧。”

不过太祖成法中还有另一条规定，那就是藩王起兵必须首先得到皇帝召唤，且事成之后必须五日内离京，这个朱棣倒是当作没看见了。

此时此刻的他，只是需要一个借口。

公元 1399 年 8 月 6 日（建文元年七月初五），朱棣正式起兵。此后，朱棣在前线冲锋陷阵，姚广孝留守北平辅佐世子朱高炽。虽然姚广孝没有跟在朱棣身边，但朱棣依旧什么都听他的。

比如公元 1400 年攻济南，围着打了三个月都没拿下（朱棣还差点被山东参政铁铉设计用城门砸死），姚广孝就写信给朱棣说，将士疲惫了，再打下去不但没用，可能还要吃亏，还是回来吧，于是朱棣就班师回朝了。回去稍做休整，姚广孝又说，好了别歇着了，该继续进军了，朱棣便又继续进军，果然打了胜仗，击败了平燕将军盛庸，破了战略要地西水寨。鉴于之前三个月拿不下济南的教训，姚广孝又写信给朱棣说，不要去打济南城池，绕过它直取京师（南京），那地方兵力单薄，攻下来一定不成问题。朱棣听了他的，果然一路势如破竹，不久就渡江进入了京师。

公元 1402 年，朱棣夺了江山，登基称帝。

05

在靖难过程中，姚广孝虽然未亲手杀过一个人，但“论功第一”，得到了他想要得到的一切，被拜为“太子少师”，位极人臣，死后还获得了至高无上的荣耀——皇帝亲自为他写神道碑，牌位还入了明祖庙。

大明传国二百七十多年，英雄豪杰无数，获得如此殊荣的却只有他一个。

然而，在家乡父老和姐姐眼里，姚广孝却像个瘟神，他们唯恐避之不及。

有一年，姚广孝奉命赴苏州、湖州赈灾，路过家乡。他本想来个“衣锦还乡”，结果虽然他“威声赫赫，车从甚盛”，风光无限，到此处却不断遭人辱骂，只能像没听见一样向前赶路。手下人想收拾辱骂他的人，他说算了吧，天下同名同姓的人很多，他们骂的肯定是另一个姚广孝。

不过他心里明白，这些乡亲骂的就是他，而且他也明白，他们为什么要骂他。

多年不见同胞姐姐了，公事办完后，他急忙回到老家，想见姐姐一面，结果姐姐家却大门紧闭。

你不是我弟弟，我没有这样的弟弟，你给我滚，有多远滚多远。

那时他父母都已不在人世，姐姐是他世上唯一的亲人。既然这一趟见不到姐姐，那就去见好友王宾吧。

第一次去，王宾也是大门紧闭，第二次去仍不开门，只是隔着大门对他说：我没空！

姚广孝哀求了几次，王宾终于见他了，然而开口就是：“和尚误矣，和尚误矣！”翻译成现在的话，他是在说，和尚大错特错了！接着他又指着姚广孝的鼻子骂道：“宗室伤残，血流漂杵，天下为之痛心，皆由汝佛口蛇心也！”

不错，在姐姐和好友眼里，姚广孝不是什么“六根清净，无欲无求，尤戒杀伐”的僧人，而是个助纣为虐，造成生灵涂炭的刽子手。

永乐十六年（1418 年），姚广孝病逝，享年八十四岁。

大将李靖：真正的智者，懂得急流勇退

他是凌烟阁二十四功臣之一，是隋末唐初众多将领中，唯一可以和李世民媲美军功的人。唐高祖李渊对他的评价极高，说古代名将韩信、白起、卫青、霍去病，没有一个能比得上他！

他叫李靖。

李渊说这话的时候，不知是否还记得当初李靖“出卖”他的事。

01

李渊和李靖当年都为隋朝工作，李渊是太原留守，身为马邑郡丞的李靖是李渊的手下。

时值岁末，天下大乱，各地爆发反隋运动。眼看隋朝就要完蛋，太原留守李渊也心痒了，咱也赶快行动吧，迟了别说吃大餐，连洗碗水也喝不上了！不过他并未着急行动，而是暗中招兵买马，等待时机。

李渊的举动很快为李靖所察觉，他不明白，身为朝廷命官的李渊为什么也起了贼心。拿了朝廷俸禄，却做对不起朝廷的事，太不厚道了！

李靖化装成囚徒，偷偷前往江都，打算向隋炀帝告密，不料刚到长安就走不动了，因为此时的关中也乱成了一锅粥，连道路都阻塞了，李靖被迫滞留在长安，然后，他就被起兵后迅速攻占长安的李渊逮了个正着。

哎哟！这不是那谁吗？你在这里是想搞哪出？没想到这么快咱们又见面了，兄弟别来无恙啊？

那时的李靖估计媳妇儿都还没讨，就这样被杀，实在不划算。临刑之时他急中生智，对李渊说：你兴义兵的目的是为了除暴安良，是为了天下百姓有好日子过，可是你为什么不去实现你的宏伟目标，却因私人恩怨跟我这个壮士过不去呢？

李渊围着他转了一圈：你也算壮士？

被五花大绑的李靖身子一挺，脖子一硬：我这样的不算壮士，什么样的才算？

李渊哈哈大笑，没杀他，反而决定用他。

没多久，李靖被李世民招入麾下，在禁卫军中任职。

02

李靖属于官 N 代，祖父李崇义曾任殷州刺史，封永康公；父亲李诠也当过隋朝的官员，官至赵郡太守；舅舅更是个牛人，是隋朝名将韩擒虎。

龙生龙，凤生凤，老鼠的儿子会打洞。生在这样的家庭，想不培养出文才武略都难。关键是他不但出身好、天资好、长相好，还很有进取之心，小小年纪就胸有大志，还在吃奶的年龄就对他父亲说，大丈夫如果遇到圣明的君主和时代，就应该去建功立业。舅舅韩擒虎虽然是名将，精通军事，但和李靖谈论军事的时候也总是说不过他，他的观点和见解每每令这个名将舅舅拍手称绝。

这不是王婆卖瓜自卖自夸，除了家里人的称赞，李靖还得到过隋朝吏部尚书牛弘的赞扬。

毫不夸张地说，你是王佐之才，总有一天会坐到这个位置！牛弘拍着他的坐床如是说。牛弘说这话时，李靖的官职还卑微得不值一提。

隋朝时，李靖一直是个小官，为唐朝所用后，他才开始崭露头角。

那时的李渊已建唐称帝，李世民也当了秦王，但这并不意味着天下太平。除了王世充这个顽固分子，占据了江南的萧铣政权也是必须消灭的对象。这个萧铣竟然趁李世民进攻王世充无暇他顾之机，派兵溯江而上，企图浑水摸鱼，拿下唐朝的峡州（今湖北宜昌）、巴、蜀等地。虽然他被峡州刺史许绍击退，但这股割据势力不摆平，唐王朝就永无宁日，于是李渊调李靖赴夔州（今重庆奉节）前去安抚。

奉命赴任的李靖出发时仅带了几个随从，昼夜兼程赶去上任，却在途经金州（今陕西安康）时停了下来。原来蛮人邓世洛率数万人闹事，庐江王李瑗带兵讨伐，却连吃败仗。

李靖一来，李瑗如遇救星：赶紧给我出个主意，我实在没有办法了！李靖大致了解了一下情况，如此这般地给庐江王出了个主意，庐江王一下就把那些蛮兵打得落花流水。

来到峡州，李靖一行再次受阻，是萧铣控制了由此地南下的必经之路。

李靖接连受阻，把李渊惹毛了：敢情你小子是在游山玩水，故意贻误军机啊！许绍，你给我把他宰了，让他到阴曹地府去看风景！

许绍喜欢李靖的才华，赶紧劝：皇上，不是您想的那样，李大人耽误了时间，真的是有原因的。一番解释，这才保住李靖的命。

不料，金州刚搞定，开州（今重庆开州区）的蛮人也反了，大举进犯夔州。这一次平叛任务落到了赵郡王李孝恭肩上，可这个郡王很丢脸，居然不是那些乌合之众的对手！

最后还是李靖出马才搞定。他仅动用了八百人，先是"打破蛮兵"，然后又巧妙设伏，一战定乾坤。蛮人首领被杀，五千多人被俘。

捷报传到京师，李渊把公卿大臣们召集起来，笑得合不拢嘴，因为他觉得自己实在是宽容大度，知人善任。他说：李靖立此大功，充分说明一个真理，那就是俗话说的，使用有功劳的人不如使用有过失的人！他还亲自给李靖写信，对之前的误会和偏见深表歉意。

03

高兴归高兴，可千万别忘了，江南还有个萧铣。

这是关系国家安全的大事，李渊当然没忘。西梁不灭，何谈一统江山？

李靖是个聪明人，在李渊下命令之前，他就"先发制人"，在充分了解敌我双方情势的基础上，上陈"攻萧十策"。李渊同志听后高度重视，第一时间任命李孝恭为夔州总管，李靖为行军总管，兼任李孝恭行军长史。

虽然李孝恭是"老大"，李靖是"老二"，但因为李孝恭不太懂军事，实际上李渊是"三军之任，一以委靖"，李靖才是事实上的三军总司令。

李靖当仁不让地以老二的身份担起了老大的职责，走马上任后，立即开始准备工作，组织人力物力大造舟舰，让将士们练习水战。准备妥当之后，武德四年（621年），一场规模巨大的军事行动开始了，史称"唐平萧铣之战"。

这注定是一场苦战，因为萧铣割据的江陵一带面积广大，南到交趾，北到汉水，西达三峡，东及九江。唐军的进攻时间也选得不对，时值秋天雨季，大雨一直下个不停，江水暴涨，波涛翻滚，奔涌而下，水声震天，让人不寒而栗。

参与战事的将领们都怕了：要不咱们还是敬畏一下大自然，待雨停了，洪水也退了再进攻吧？如果现在进攻，恐怕部队还没到达战场，就都翻到江里喂鱼了。

唯有李靖力排众议：兵贵神速，机不可失，失不再来。咱们要的就是出其不意，攻其不备。现在我们的军队刚刚集结，萧铣肯定还不知道，如果我们突然出现在毫无防备的敌人面前，肯定会大获全胜！所以我们应该趁江水猛涨之机出兵，以迅雷不及掩耳之势到达江陵城下，不给萧铣任何反应的时间，这样定能一举成功！

李孝恭虽然打仗的本事不大，但还听得进正确意见，同意了李靖之议。

不出李靖所料，萧铣果真以为唐军不敢此时进兵。在他看来，恶劣天气加上三峡天险，唐军就是吃了豹子胆，也不能不顾及船毁人亡的可能，所以他竟然不加防备，让自己的士兵安心休整。

自以为是的萧铣没想到，唐军不仅吃了豹子胆，大概还一气儿吃了凤胆龙胆。当他沉浸在自己的“神机妙算”中时，唐军两千多艘战舰已经冲破惊涛骇浪，直冲他的地盘而来，连破毫无防备的荆门、宜都二镇，于当年十月抵达夷陵城（今宜昌）下。

驻守在宜昌附近的，是萧铣手下的骁将文士弘和数万精兵。

名义上的老大李孝恭果然不懂军事，大军一到就想立即进攻，李靖连忙劝阻。他认为此时敌军士气正盛，又是精兵，文士弘也不是吃素的，贸然进攻很难取胜，可以稍待，等过几天他们士气衰落时再进攻。可是此时李孝恭已经被一系列胜利冲昏了头脑，不耐烦地对李靖说，你既然害怕就留守吧，本王亲自去。

不出李靖所料，战斗刚开始，李孝恭就被打得屁滚尿流，而且损失巨大。他狼狈逃回南岸，肠子都悔青了。好在很快，李靖就率领唐军反败为胜，打了一个漂亮的歼灭战。

原来，获胜以后，文士弘就有点得意忘形，纵兵到处抢掠，部队都散了，这里一股那里一股，和打家劫舍的土匪没有区别。李靖立即指挥唐军出击，难以收拢的敌军被打了个措手不及，被杀死溺死者达一万多人，四百多艘战舰成了唐军的战利品。

几天后，乘胜扩大战果的唐军缴获的楼船数量猛增至数千艘，交州总管丘和、长史高士廉、司马杜之松全部投降。

到了这时，除了投降，萧铣已别无选择。

公元 621 年，拥有精兵四十万、雄踞南方多年的萧铣被斩于市。

04

消灭江南最大的割据势力萧铣，李靖仅用了两个月时间，战功卓著，班师回朝后免不了又是升官又是发财。唐高祖李渊下诏封他为上柱国、永康县公，并赏赐了很多财物。

扫平萧铣一役充分显示了李靖杰出的军事才干，那以后，备受唐高祖倚重的李靖就在胜利的道路上再也停不下来了。

武德四年，李靖率军越过南岭，到达广西境内的桂州，“连下九十六州，所得民户六十余万，岭南悉平”。

武德六年七月，唐高祖再命李孝恭为帅、李靖为副帅，率兵镇压辅公祏叛乱。与之前一样，李孝恭虽然是老大，但军事上真正的老大是李靖。李靖又是力排众议，提出了和众将不一样的作战方案，很快平定了辅公祏的反叛，获唐高祖高度称赞：李靖乃萧铣、辅公祏的膏肓之病，古代名将韩信、白起、卫青、霍去病，没有一个比得上李靖！

武德八年，突厥颉利可汗率十多万军队越过石岭，大举侵犯太原。唐高祖命李靖为行军总管，统兵一万驻守太谷（隶属于山西省晋中市）。此次奉命迎击敌人的，还有并州总管任瑰等统领的其他部队。这些部队都在来势凶猛的突厥军队面前败下阵来，任瑰一支更是全军覆没，只有李靖的部队得以保全。

贞观三年（629 年），唐太宗李世民决定消灭东突厥，时任兵部尚书的李靖被任命为定襄道行军总管。第二年正月，一年中最冷的月份，李靖仅率三千骑兵，冒着严寒从马邑（今山西朔县）向恶阳岭挺进，得知消息的颉利可汗“一日数惊”，以为李靖后面必有大部队，否则他不敢孤军深入。此战李靖所杀敌人达一万多人，俘虏十多万，缴获牛羊数十万只。颉利可汗率领剩下的数万人企图越过大漠北逃，被大将李勣在碛口拦住，颉利可汗的大酋长们统统投了降。之后不久，颉利可汗本人也成了大同道行军总管李道宗的俘虏，东突厥灭亡。

李靖等人灭掉东突厥，为唐高祖和唐太宗洗刷了向突厥屈尊的耻辱，李世民对李靖的信任达到了空前的高度。但这一趟出征也惹怒了一些人，因为他杀了嫁到突厥的隋朝宗亲义成公主，同为前隋宗亲出身的萧瑀劾奏李靖治军无方，滥杀无辜，还在袭破颉利可汗牙帐时纵容士兵们抢了珍宝和文物。

李世民先是假意斥责了李靖，过后却对他说，隋朝灭亡的原因之一，就是打败达头可汗的将领们没得到奖赏，我可没那么傻。你为国家立了那么大的功，那点小过错算啥？我会把你干掉突厥的功劳记在账上，至于治军无方之罪，小意思，不值一提。

生性沉稳的李靖依然不置可否，就像有人诽谤他时，他也不为自己说句话一样。

仿佛为了故意气气那些红眼病，李世民下诏加封李靖为左光禄大夫，赐绢千匹，增加封地。当然了，李靖立了那么大的功，本身也该奖。

后来，李世民仿佛觉得奖励太少，又加赐李靖绢两千匹，提升他为尚书右仆射。

05

李靖的可贵之处，是懂得急流勇退。

如果说，青少年时期的胸怀大志是锐意进取的体现，那么一旦富贵在身就知足而退，就是一种智慧了。在这一点上，他比历史上那些功高盖主又贪恋权力，最终身败名裂的“牛人”们强多了。

李靖最初萌发功成身退的念头是在贞观八年十月，那时他担任宰相刚满四年。他自称患了足疾，坚决请辞。这可不是故作姿态装装样子，他言辞非常诚恳，是真辞，不是假辞。

李靖的这一举动，让唐太宗既欣赏又感动，又是赐马又是赐寿木拐杖，还把他与那些身处富贵而不知足，哪怕身体有病已无法胜任工作，也要占着茅坑不拉屎的古人拿来比较了一番，赞扬他能识大体：您的美德，真不愧为一代楷模！

然而，李靖辞职两个月后，大西北的吐谷浑就搞起了事，兴兵进犯凉州。朝廷决定镇压，可派谁统兵呢？最佳人选当然是李靖，但他老人家有足疾，又刚刚辞了职。

没想到年逾花甲的李靖得知消息，顿时像变了一个人似的，腿也不瘸了，走路也不拐了，精神抖擞地主动求见宰相房玄龄，请求挂帅出征。

这说明他的足疾并无大碍，也许根本就没事，当初不过是为辞职找个借口。

老将军主动请缨，当然令唐太宗喜不自胜。他任命李靖为西海道行军大总管，任命兵部尚书侯君集、刑部尚书李道宗、凉州都督李大亮、右卫将军李道彦、利州刺史高甑生等五人为各道行军总管，对吐谷浑展开了大规模反击。

时值腊月，天寒地冻，昼夜温差巨大。天气还不是唯一的问题，路上野草被吐谷浑人一把火烧光，战马无食可吃无水可饮，有时补给不足，士兵们也只能喝马血解渴，但这些都没能阻止李靖大军的脚步。

五路人马一路进发，取得一系列胜利：李靖亲自率领的北路军进展神速，部将薛孤儿于曼头山（今属青海）击败吐谷浑军，杀其名王（诸王中名位尊贵者），缴获大批牛羊，北路的主力军分别于牛心堆、赤水源两次大败吐谷浑军；侯君集、李道宗率领的南路军深入荒漠二千多里，终于在乌海（今青海兴海）追上伏允可汗并将其大败，俘其名王；薛万均于赤海击败了吐谷浑天柱王军；李大亮部于蜀浑山收获也不小，俘虏名王二十人，其部将执失思力也在居茹川击败吐谷浑军。

随后，乘胜追击的唐军一直追到今新疆且末，山穷水尽的伏允可汗为部下所杀，其长子大宁王慕容顺率众投降，吐谷浑灭亡。

从大军出发到大功告成，仅用时两个月。

李靖仿佛是为打仗而生的，一有仗打就精神百倍，哪怕在晚年，年过七十的他已患病在身，听说唐太宗要打高丽，依然“闹”着要去，还说什么只要皇上不嫌他老，他的病马上就能好，可是李世民念他年事已高又有病在身，终不忍心让他再赴疆场。

贞观十七年（643 年），唐太宗命人画二十四功臣图于凌烟阁，是为著名的“凌烟阁二十四功臣图”，李靖位于第八名。

贞观二十三年（649 年），为大唐立下不世之功的李靖病逝，享年七十九岁。据说他死后成了神，经常显灵为百姓救危解困，百姓为其建庙，把他当神一样供奉起来。

玩得转阳谋，玩不转阴谋

三篇课文串起一场将相不和的阴谋

小学语文课文《田忌赛马》：齐国将军田忌和其他齐国贵族一样喜欢赛马，有一次田忌与齐威王赛马三场，却都因为自己的马匹比齐威王的稍差一点儿而输掉了。当时军师孙膑就在赛马现场，他为田忌调整了三匹马的出场顺序，上等马对齐王中等马，中等马对齐王下等马，下等马对齐王上等马，最后赢得了比赛。田忌也趁机将孙膑推荐给了齐威王，齐威王将其拜为军师，请教兵法。

初中语文课文《围魏救赵》：战国时期，魏国派出大将庞涓领兵攻打赵国，赵国派出特使向盟国齐国求助，齐国派出将军田忌、军师孙膑率军援助韩国。孙膑是庞涓的师兄，早年曾受庞涓迫害，成为终身残疾，因此立志这次要打败庞涓。孙膑向田忌进言不要直接援助赵国，而是进攻魏国首都大梁。庞涓听闻齐国出兵魏国，只能仓皇撤退，最终在行至桂陵时被埋伏在此的齐军包围，大败而回。

高中语文课文《邹忌讽齐王纳谏》：齐国谋士邹忌早晨起床照过镜子，分别问自己的妻子、小妾和客人，自己与齐国第一帅哥徐公相比谁更帅，三人都答复邹忌更帅。但是邹忌过后细想，觉得三人之所以都认为自己更帅，是因为偏爱他或是有求于他，于是邹忌用同样的道理劝谏齐威王应该虚怀若谷从谏如流。齐威王采纳了建议，齐国因此政治清明，齐王也赢得了很多诸侯国的一致拥戴。

单纯看任何一个故事，都能感觉到其中蕴含着哲理，但如果回归当时诸侯争霸的时代背景，一场惊心动魄的“琅琊榜”式宫廷阴谋，就会跃然而出。

01

孙膑是春秋著名军事家孙武之后，与庞涓同时在鬼谷子门下学习。庞涓学成之后来到魏国出仕，受魏王赏识一跃成为上将军，并培养训练了一支庞家军。

庞涓自知学问能力不及孙膑，于是以要将孙膑引荐给魏王为借口，把师兄孙膑骗到魏国，挖出孙膑双腿的髌骨，并逼孙膑写出祖传的《孙子兵法》，孙膑只得装疯卖傻，这才骗过了精明的庞涓，在魏国苟活下来，同时不断找寻脱身的机会。

> 膑生阿鄄之间，膑亦孙武之后世子孙也。孙膑尝与庞涓俱学兵法。庞涓既事魏，得为惠王将军，而自以为能不及孙膑，乃阴使召孙膑。膑至，庞涓恐其贤于己，疾之，则以法刑断其两足而黥之，欲隐勿见。（《史记》）

踏破铁鞋无觅处，得来全不费工夫，脱身的机会说来就来了。

齐国派使者出使魏国都城大梁的消息传到了孙膑耳中，孙膑分析之后认为，当前只有齐国的实力才能与魏国相抗衡，因此这次齐使赴梁是自己脱身的绝佳机会。

孙膑私下请求拜见齐国使臣。齐国使臣早就听说过孙膑的大名，可接见之后见到来人遍体鳞伤的落魄样子，不敢相信他的身份。孙膑讲出自己的不幸遭遇，又精准分析天下大势，打动并说服了齐国使臣。使臣在回齐国的时候，偷偷将孙膑藏在了自己的马车上，于是孙膑成功逃出了庞涓的魔掌。

> 齐使者如梁，孙膑以刑徒阴见，说齐使。齐使以为奇，窃载与之齐。（《史记》）

“梅长苏”孙膑改头换面来到了齐国都城临淄。尽管与《琅琊榜》中梅长苏应邀入京有区别，他是偷渡入城，但是他同样是一到临淄便住进了大将军田忌的府上，不过孙膑倒是真心想依靠和帮助这位田忌成为“一品军侯”的。

孙膑住进田忌府上的目的是借助田忌接触齐王，于是便有了第一篇课文里的“田忌赛马”。

孙膑帮助田忌在赛马比赛中战胜了齐威王，引得齐威王大为震惊，田忌顺势将孙膑介绍给了齐威王。

> 于是忌进孙子于威王。威王问兵法，遂以为师。（《史记》）

从此，孙膑开始帮助田忌一步步从一个默默无闻的将军走上权力的巅峰，而在争权之路上，田忌的头号政治对手正是邹忌。

02

邹忌特长是弹琴，还因此得以觐见齐威王并得到信任，后来因为劝谏有功（也就是《邹忌讽齐王纳谏》所讲的故事），被封为相国，号称成侯。

邹忌不是小人，而是一个有才干、有抱负的政治家，几乎可以与现在我们熟知的商鞅、吴起、李悝等战国时期的改革家相提并论。他辅佐齐威王改革政治，任用贤能，使得齐国在短短数年间国力大增，成为当时响当当的大国。

要说他与田忌为何成为政敌，就要从魏国进攻赵国，也就是课文《围魏救赵》的前奏说起了。

公元前354年，魏国因不满赵国进攻盟国卫国，派兵干涉两国之间的战争，并包围了赵国都城邯郸。赵国向齐、楚两国求救，齐威王召集大臣们商议，孙膑由此为田忌开启了第一次谋划。

齐威王问：我们对赵国是救还是不救?

邹忌作为相国第一个站出来说：魏国太强大，不如不救!

与田忌一派的大夫段干纶站出来反对：若不救，对我们不利!

齐威王问：这是为何?

大夫段干纶反问：三晋之中魏国兼并赵国，对齐国有什么好处呢?

齐威王认为有理，决定出兵援助邯郸。

段干纶按照孙膑的指点说：臣所说的有利不利不是指这个，如果我们援助邯郸，只能保存赵国得罪魏国，但是如果我们乘虚而入包围魏国都城大梁，那么就可以一箭双雕，既可以使得赵国在魏国的进攻中被削弱，又可以削弱魏国。

齐威王连连点头称赞。他首先想到了足智多谋的孙膑，想让孙膑带兵出战，但孙膑推辞自己身有残疾，不宜带兵，推荐田忌做主帅，自己从旁辅助。

于是齐威王任命田忌为主帅、孙膑为军师，领兵二十万直逼大梁。

最终结果如第二篇课文，庞涓听闻齐军进攻魏国都城大梁的消息仓皇而回，被埋伏在桂陵的田忌军队包围，损失惨重。

田忌从之，魏果去邯郸，与齐战于桂陵，大破梁军。(《史记》)

03

孙膑通过此战让田忌在齐国声威大震，毕竟能够打败实力强劲的魏国，田忌的这份功绩还是很有分量的。

大胜回国，田忌受到齐威王的关注和器重，被晋封为上将军。

此时脸上最难看的就是邹忌了，毕竟之前邹忌是主张绥靖的。随着田忌这颗将星璀璨升空，邹忌开始担心自己的相位不保，对田忌也多有忌惮。几年间，齐国出现了将相“不相悦”的局面。

田忌在齐国声势日渐高涨，为报孙膑恩情，他许诺有朝一日一定要帮孙膑报仇，除掉庞涓。

公元前342年，魏国突然袭击韩国，韩国兵败，向齐国求援，齐威王赶忙召集大臣商量对策。

田忌认为这是帮助孙膑报仇的大好时机，向齐威王建议：我们应该明确答应韩国使臣的求援，让韩国与魏国血拼，这样双方实力都会削弱。等魏、韩两国精疲力竭，我们再坐收渔翁之利！

齐威王听从上将军田忌的建议，接见韩国特使并明确表示支持韩国。

韩国君臣自恃有齐国撑腰，士气高昂，出动十万兵马对战魏国主力，没想到五战都以败北收场。如此惨局之下，他们盼星星盼月亮仍见不到援军到来，赶忙再次派出使臣前往齐国。

邹忌手下第一谋士公孙闬积极为主公出谋划策：相国大人为何不建议齐王率领诸侯国共同讨伐魏国呢？打了胜仗，是相国您的谋划，那么您也有功劳；打了败仗，田忌没有功劳，兵败如不能自杀殉主，以后也无法立足朝廷。

邹忌对此一箭双雕的计策很是认同，次日便向齐威王进言，请求派田忌讨伐魏国。

> 公孙闬谓邹忌曰：“公何不为王谋伐魏？胜，则是君之谋也，君可以有功；战不胜，田忌不进，战而不死，曲挠而诛。”邹忌以为然，乃说王而使田忌伐魏。（《战国策》）

于是齐威王再次任命田忌为上将军，孙膑为军师，率兵援助韩国。

孙膑还是建议田忌用“围魏救赵”的办法，不直接援助韩国而是直扑魏国首都大梁，庞涓闻讯果然又从韩国撤军。

孙膑又建议利用庞涓轻视齐军的弱点，主动放弃对大梁的包围撤军回国，引庞涓追击。

他们第一天在营地摆放十万个做饭的灶台，第二天放五万个，第三天放三万个。庞涓观察灶台的数量认为齐军已经溃退，于是不设防备带领骑兵连夜追击。当赶到马陵的时候，看到一棵树上赫然写着："庞涓死于树下！"此时齐军万箭齐发，魏军全部被歼，庞涓在树下羞愧自杀。

这就是孙庞之争的最终结局。历经十五年，田忌终于帮孙膑报了大仇，两人的声威传遍天下。

魏国主力大损，国力衰弱，从此齐国称霸天下。

> 韩自以专有齐国，五战五不胜，东诉于齐，齐因起兵击魏，大破之马陵。魏破韩弱，韩、魏之君因田婴北面而朝田侯。(《战国策》)

孙膑深知田忌和邹忌不合，如今田忌战功赫赫，孙膑怕邹忌从中挑拨使得田忌被君主猜忌。

孙膑找机会将田忌拉到一边深谈：将军有意做一番大事吗？见田忌没明白自己的意思，他补充道：将军您兵不卸甲返回齐国，只需留下少量军队把守隘口桥梁，背靠泰山兵锋直逼临淄，冲破临淄的城门可以说轻而易举。到时候齐国大权必将落入将军之手，对手邹忌将再无容身之处。否则，将军您现在回到临淄，恐怕也不能善终。

田忌听闻此言喝道：我身为齐国公族子弟，怎么可以犯上作乱！

最终田忌没有听从孙膑的建议，孙膑见此情景与田忌别过，从此归隐田园。

04

邹忌责备公孙闬出了馊主意，如今田忌大获全胜，气焰将更加嚣张。但公孙闬自信满满地请邹忌放心，他已经有了妙计，可以除掉田忌。

公孙闬派人带着十两金子，到市场上找了个算卦的人对其讲道，我是田忌的门客，我们主公三战三捷，声威震动天下，想要做惊天动地的大事，你帮我算算吉凶！

随后公孙闬收买算卦之人，将其带到齐威王面前，对田忌诟病诽谤。齐威王信以为真，认定了田忌要谋反。

田忌听说齐王正在举国追捕自己，无奈之下只能逃往了楚国。

> 邹忌以告公孙闬，公孙闬乃使人操十金而往卜于市，曰：“我田忌之人也，吾三战而三胜，声威天下，欲为大事，亦吉否？”卜者出，因令人捕为人卜者，亦验其辞于王前。田忌遂走。（《战国策》）

邹忌担心自己陷害田忌的计谋被拆穿，于是派出门客前往楚国游说。

邹忌的门客来到楚国，对楚王说，邹忌对楚国不友好，是因为他怕田忌回到齐国，大王何不利用邹忌、田忌二人的矛盾，将江南的土地封给田忌，这样邹忌就会认为大王有意收留田忌，从而对楚国友好；田忌也会感激大王恩德，不再想回到齐国，而且即使他日后回到齐国，也会记得大王的恩情。

楚王听后果然将江南封给田忌，从此田忌只好留在了楚国。

等到齐威王去世之后，齐宣王继位。他得知了田忌的冤屈，将田忌接回齐国，只可惜那时的田忌已是垂垂老矣。

孙膑让田忌篡位是对的，田忌选择不篡位也是对的。这两条路，一个是当时的最优选择，一个是身为人臣的必然格局。

你在哪个格子里，最多也就只能长成那个样子。

廉颇老矣，尚能饭否？

01

廉颇逃跑到魏国后，赵国又丧失庞煖、乐乘、乐间等数位名将，以至于一时之间国中无战将可用。秦国乘虚而入，三路大军进攻赵国，接连打下了几个战略要地，兵锋直逼邯郸。

此时，国中大臣纷纷进言，要赵王召回廉颇，赵王也意识到国中确已无人可用，便派出使者携一副名贵的盔甲，乘四匹快马前往魏国，探查廉颇是否有归国之心。

使者临行前，被赵国相国郭开召至府中。郭开拿出四百两黄金给使者，说，廉颇老将军老了，赵王不过是拗不过大臣们，所以才不得已派你去问，这只是例行公事，归来后该怎么回复，你一定要想明白了！

使者得了郭开的金子，喜笑颜开：相国大人放心，卑职一定秉承大人的意思，不让廉颇回到邯郸！

另一边，廉颇见赵国使者来访心花怒放，料定是赵王要召自己回国带兵。接待使者时，他一顿饭吃了一斗米加十斤肉，还当着使者的面上马弯弓，暗示使者，自己身体康健，还可以带兵打仗。

然而使者回到邯郸，回复赵王时说的却是，廉颇老将军年事虽高，饭量还是很不错的，只是跟臣吃饭的时候，竟然去了三次厕所。

赵王听完之后，认为廉颇终归还是老了，打消了召回廉颇的念头。

廉颇在魏国苦苦等待，却始终不见赵王军令，魏国君臣也不信任廉颇，对其多有防备，不准其带兵。

楚王听闻这些事，便暗中派出使臣将其接到楚国。楚王对廉颇的骁勇善战早有耳闻，如获至宝，拜廉颇为将军。

但是廉颇心中只有赵国，心中闷闷不乐，终于孤独地病逝于楚国都城寿春。

> 赵王使使者视廉颇尚可用否。廉颇之仇郭开多与使者金，令毁之。赵使者既见廉颇，廉颇为之一饭斗米，肉十斤，被甲上马，以示尚可用。赵使还报王曰："廉将军虽老，尚善饭，然与臣坐，顷之三遗矢矣。"赵王以为老，遂不召。（《史记》）

02

赵国相国郭开何许人也？他与廉颇有何过节，为何一心要阻拦赵王重新启用廉颇？

故事要从长平之战的庆功宴说起。

赵孝成王十五年，长平之战，赵军损失惨重，国内男丁几乎全部战死，举国上下十室九空，幸得魏、楚两国出兵才打退了秦军。

燕国决定趁火打劫。燕王喜与丞相栗腹商量，觉得赵国壮丁几乎全部战死，遗孤又还没有长大，这是进攻的好时机，于是燕军在丞相栗腹带领下，分兵两路向赵国杀来。

赵孝成王经历了长平之战，对廉颇非常信赖倚重，将举全国之力征调起来的两万老弱病残全盘交托到他手上。赵军在廉颇的指挥下，巧妙利用燕国的弱点大败燕军，甚至包围了燕国国都，逼得燕国几近灭亡，创造了历史上少有的以少胜多的战例。

廉颇回到邯郸后大受欢迎，赵孝成王封其为信平君，官拜相国。庆功宴会搞得非常隆重，赵孝成王和太子赵偃出席，当时身为太子伴读的郭开也一起参加了宴会。

《战国策》记载，太子赵偃和郭开关系非常暧昧，据说两个人经常同床而居。太子对郭开非常信任，而郭开也经常凭借太子的信任为非作歹，搜刮民脂民膏，老百姓对此怨声载道。

宴会上郭开向赵孝成王和太子阿谀奉承，深得父子二人欢心。刚正不阿的廉颇非常讨厌品行不端的郭开，眼看郭开哗众取宠，作为习惯有话就说的武人，炮筒子一下就收不住了。他当面斥责了郭开，还直言请求赵孝成王和太子远离小人。

这无疑是当众打了太子的脸，同时他也被郭开深深地记恨上了。

很快，赵孝成王病故，太子赵偃继位，也就是赵悼襄王。郭开作为赵偃亲信，直接被任命为相国，加封建信君。当时廉颇正领兵攻打魏国的繁阳，战事进展顺利。

郭开对宴会上廉颇的羞辱一直耿耿于怀，所以他一得势，首先要报复的人便是廉颇。他向赵王挑拨道：廉颇拥兵自重，不把您这位新王放在眼里。别看他如今在外打仗，可他早准备要带兵回国谋反了，大王您一定要早做准备，最好派人接管廉颇的兵权。

赵悼襄王对这位手握重兵的老将军也早心生猜疑，便将郭开的话信以为真，委派乐乘前往接替廉颇指挥大军。

廉颇同样早就看不惯这对狼狈为奸的君臣，加上自己刚刚打了胜仗，不仅没得到封赏，反而被一纸文书免去了主帅位置，顿时怒火中烧。

一怒之下，他带领部队向来接替自己的乐乘发起攻击，吓得乐乘逃回了邯郸。

廉颇自知无法再留在赵国，便出逃去魏国了。

> 赵孝成王卒，子悼襄王立，使乐乘代廉颇。廉颇怒，攻乐乘，乐乘走。廉颇遂奔魏之大梁。(《史记》)

03

撵走了廉颇，郭开在赵国气焰熏天，除他之外，朝野上下竟无人敢言国事。

他出任相国之后一心扑在敛财上，不断进言，让赵王在国内大兴土木，加强交通建设，修建一条贯穿赵国南北的大道。赵悼襄王对郭开深信不疑，对其所奏之事无不准奏，而郭开便借机从中大肆收受贿赂。此后，郭开又建议赵王修建了诸多宫殿，还派人打着赵王的旗号到处搜刮民脂民膏。

赵悼襄王在郭开的谄媚下，终日沉溺于声色犬马，还纳妓女作为自己的王妃，废除了自己的正妻和贤能的太子，将妓女生下的孩子立为太子。

纵情享乐的赵悼襄王身体每况愈下，仅在位数年时间便去世了，太子迁继位，而王位易主丝毫没有妨碍到郭开。

原来郭开早就将目光瞄准了赵国王室的下一代，从赵迁年幼时期就亲近他，教他如何饮酒不醉，如何赌博不输，所以赵迁长大了只会玩弄女人和整治大臣，一味骄横放荡，对郭开倒是崇拜得五体投地。

如今赵迁继位，郭开继续担任相国。这时候赵国名将庞煖、乐乘、乐间等人相继去世，秦国伺机而入，所以有了文章开头那一幕。

“将相和”的美谈曾传遍各诸侯国，尽管长平之战赵国损失了四十万大军，但只要廉颇在，秦国就绝不敢动赵国，但由于奸臣作祟，廉颇永远失去了重回战场的机会。

04

赵幽缪王赵迁继位的头三年，是赵国历史上继长平之战后最凶险的三年。

赵国进攻燕国的军队还没撤回，便遭到虎狼之师秦军的伏击，损失惨重，赵迁被迫下令诸城防御秦军。但秦军丝毫不给赵迁喘息的机会，兵分三路向赵国杀来，接连打下了赵国的平阳和武城，赵国将领扈辄率军队救援却兵败被杀，一时间郦地、太原、狼孟和番吾纷纷丢失，邯郸已经暴露在秦军的面前，赵国到了生死存亡之际。

赵国此时只有防御匈奴的一支边防军可用了，主帅是名将李牧。

赵迁任命李牧为大将军，命令其率军即刻从雁门回防邯郸。李牧接到军令，立即挥军南下与邯郸守军汇合。

李牧总结长平之战的教训，认为秦军兵锋正盛不宜正面对抗，于是采用了与当年的廉颇一致的防御战略。

秦军主将见赵军坚壁不出，便转而攻打赵国的肥下城。赵军将领赵葱建议救援肥下，但李牧力排众议，认为现在包围邯郸的秦军必定都是老弱病残，应当一鼓作气，主动出击。秦军确实认为赵军已经怕了，所以防御松懈，被赵军打了个措手不及，一败涂地。

李牧名震天下，被封为武安君，这一封号在此前是只有秦国战神白起才有的殊荣。

秦王嬴政听闻秦军战败，暴跳如雷，命令两路大军从南北两个方向再次进攻赵国，决心屠尽赵国男丁。

赵国还是以李牧为主帅迎敌。

李牧命令副手司马尚防守邯郸附近的漳水和长城，自己率军在北部暴打秦军，然后回师南线与司马尚合围秦军，再次大获全胜。

公元前229年，赵国北部大地震，举国饥荒。秦王嬴政趁机再次下达进攻赵国的指令，并特别派出了名将王翦。

嬴政和王翦经商榷达成一致：要想灭掉赵国，首先要除掉李牧。

他们想到了郭开。众所周知，建信君郭开是赵王的宠臣，最大的爱好就是贪财。秦国特使带上一万两黄金出发了。

特使来到赵国，到处散布李牧、司马尚与秦军勾结的流言，随后他到相国郭开的府上献上万两黄金。郭开见钱眼开，早把赵国的生死存亡置之脑后。

次日，郭开进宫向赵王汇报，说李牧和司马尚已经叛国，同时又提交了秦国准备的李牧“叛国”的罪证，声称这是自己的门客从李牧手中偷盗出来的。

赵王对相国郭开深信不疑，不问青红皂白便要将李牧拿下治罪。

李牧深知赵王一定是受人挑拨，坚决不肯交出兵权，但是赵王和郭开早已派出宗室赵葱等人带兵前来，李牧只能无奈交出兵权。

可是郭开和赵葱还是不肯放过李牧。

据说李牧被免职以后经常跑到酒馆喝得大醉，郭开和赵葱怕他东山再起，便派人趁李牧酒醉将其脑袋割下挂在军营门口。

> 赵王迁七年，秦使王翦攻赵，赵使李牧、司马尚御之。秦多与赵王宠臣郭开金，为反间，言李牧、司马尚欲反。赵王乃使赵葱及齐将颜聚代李牧。李牧不受命，赵使人微捕得李牧，斩之。(《史记》)

李牧的搭档司马尚见此情景，心灰意冷离开军中，从此不知去向。而李牧从赵北带来的部队见到主帅如此下场，心寒之下不再守城，数万大军一夜散去。

秦王嬴政得知李牧已死，立即命令秦军向赵国发起总攻。

无能的赵葱兵败被杀，次日秦军进入邯郸，赵幽缪王赵迁和所有赵国宗室全部被俘，赵迁最后被嬴政毒死（一说是哀怨而死）。

> 赵忽军破，颜聚亡去，以王迁降。(《史记》)

话说郭开在赵国投降之后，带着小部分家财来到咸阳，贿赂秦国重臣，竟“因功”被秦王嬴政封为上卿。

不过他最终还是没能落得好下场。

郭开在赵国担任相国几十年，积累了巨额财富，在临去秦国之前大部分埋藏到了地下。后来他专门向嬴政告假回赵国，并向嬴政承诺，取回之后大部分献给秦王，剩下一小部分用来供自己享受生活和留给子孙后代。

在取了财产返还咸阳的路上，郭开一行人碰到了一群强盗，强盗杀死郭开的家奴后将财宝一抢而空，郭开本人也被绑在树上，活活饿死了。

拦住了项羽的霸王枪，拦不住吕雉的背后刀

01

公元前 202 年 2 月，历经四年的艰辛，刘邦终于在灭秦之后打败了西楚霸王项羽，又在一个月前赶到定陶，夺去了齐王韩信手中的三十万大军，并将韩信、彭越改封到别的地方。

放眼天下，刘邦称帝已经是大势所趋，楚王韩信、梁王彭越、燕王臧荼、赵王张敖及长沙王吴芮顺势而为，共同请求刘邦称帝。

刘邦假意辞让，但“经不住”楚王韩信等人言辞恳切，于是他“无奈”之下只能接受群臣“劝进”。

坐在皇帝的宝座上，威严的刘邦让包括韩信等异姓王在内的臣子们都感到无限畏惧，他内心一种成就感油然而生。

天下英雄既然臣服，刘邦再也无法从他们身上找到更多征服的快感，便从此把兴趣转移到了后宫，那里有无数的美女，其中包括他最宠爱的戚夫人，从此以后，群臣几乎无缘得见天颜。

有一次，刘邦正在与美貌的戚夫人甜甜蜜蜜你侬我侬，大臣周昌闯了进来。见此情景周昌掉头便走，被打扰好事的刘邦却气得跑上去抓住周昌，将他按倒在地。

刘邦骑在周昌的脖子上问道：我是什么样的皇帝？

周昌仰起头，毫不畏惧：你是像夏桀、商纣一样的君王！

如此的凛然正气惊到了刘邦，他赶紧从周昌身上下来，笑着连赔不是，从此对这个臣子忌惮不已。

要说这位周昌确实是个了不起的人物，虽然不如萧何、曹参、张良他们以才名显著，但却是一个有名的“直筒子”，什么话都敢说，什么事都敢做。这一点，连萧何、曹参他们都感到敬佩。

02

周昌在汉朝可是“老资格”，“老”到可以顶撞刘邦。

他是沛县人，没错，就是刘邦出生的那个沛县。年轻时候担任秦朝的泗水卒史，而那时泗水亭长便是刘邦。可以说，周昌从正正经经干公务员的时候起，就是跟着刘邦混的，而那时候，萧何还在向刘邦摆县丞的架子，樊哙还在街上杀狗卖肉。

刘邦起兵，周昌、周苛两兄弟便带人跟着刘邦，帮刘邦打败了泗水守监。

刘邦入关中，周苛被任命为管理人事大权的御史大夫，周昌则成了管理京城卫戍部队的中尉，可见刘邦对兄弟两人的信任。

楚汉之争中，刘邦多次被项羽包围，身处险境，最危险的一次要数汉三年项羽集中全部力量展开的荥阳之围。刘邦用陈平的计策孤身逃出荥阳，临行前命周苛坚守荥阳，但是敌我相差悬殊，项羽很快便攻入荥阳，活捉了周苛。

项羽爱惜将才，希望周苛投降，但周苛却反过来劝他：你们快投降汉王吧，不然的话很快就都要做俘虏了！

项羽听罢大怒，把周苛放在大锅中煮了。

> 楚破荥阳城，欲令周苛将。苛骂曰：“若趣降汉王！不然，今为虏矣！”项羽怒，烹周苛。(《史记》)

刘邦特别感动，不久就任命周苛的兄弟周昌做了御史大夫。

汉朝建立后，刘邦论功行赏，周昌“与萧、曹等俱封”，成为汾阴侯，周苛的儿子周成也被封为高景侯。

正是因为周昌本人忠心耿耿，又有兄弟的功绩荫庇，自己也屡有战功，这才有了开头那一幕。

03

话说刘邦继位之后最大的心事便是太子的问题。

现在的太子是吕后生的刘盈，但他生性懦弱，不受刘邦喜欢。倒是戚夫人生的赵王刘如意聪明乖巧，很得刘邦欢心，而且戚夫人凭着自己年轻貌美，经常给刘邦吹枕边风，于是刘邦便产生了易储的想法。

这一天，刘邦又将这个想法告诉了大臣们，让他们讨论，大臣们一边倒的反对，但是刘邦看起来很坚决。

周昌从众臣中站出来与刘邦争辩。他本来就有口吃，加上激动，说得更加结巴：我虽然说话不利索，但是我却，却，却知道不能这样做，陛下您如果想废掉太子，我就，就第一个不接受您的诏令。

周昌的口吃惹得刘邦笑起来。见到追随自己多年的臣子都这么坚决反对，他终于还是打消了念头。

吕后此时正在东侧厢房中旁听，亲耳听到了刚刚朝堂上的谈话内容。退朝之后，吕后见到周昌，扑通一下跪倒在地，谢道：如果没有您的据理力争，太子今天便被废掉了！

> 周昌廷争之强，上问其说，昌为人吃，又盛怒，曰："臣口不能言，然臣期期知其不可。陛下虽欲废太子，臣期期不奉诏。"上欣然而笑。既罢，吕后侧耳于东厢听，见周昌，为跪谢曰："微君，太子几废。"（《史记》）

04

本来，按照历史发展下去，无论刘邦还是吕后执政，周昌都将左右逢源，偏偏此时半路杀出一个"程咬金"。

御史大夫周昌身边有一个名叫赵尧的年轻人，只有十二三岁，是掌管符玺的御史小官。曾经有人向周昌推荐，说赵尧是一个有才华的人，将来一定可以顶替周昌的职务。但周昌置之一笑，说，这么小的孩子，不过是个刀笔小吏罢了！

这下可是惹祸上身了。

刘邦没能废掉太子，担心自己死后赵王母子不能保全，终日唉声叹气。恰巧这日赵尧在他身边伺候，便向前一步小声问：陛下闷闷不乐，可是在担心戚夫人和吕后不合，您百年之后她和赵王不能善终吗？

刘邦说，是啊，我很担心，但是又束手无策。

赵尧给他出了一个主意：陛下可以给赵王派一名高贵而且强势的相国，让吕后、太子他们忌惮，这样不就可以了！

刘邦恍然大悟：对啊！那谁可以胜任？

赵尧说道：御史大夫周昌为人耿直，资历又老，吕后、太子及大臣们对他都很忌惮，我看也就只有他合适！

赵尧特意强调了"只有"二字，刘邦深以为然。

刘邦很快找周昌约谈，要他出任赵国相国。周昌一听就哭了，陛下可不能这样啊！我一直忠心追随您，为何半道上把我丢给诸侯王了？！

刘邦说道：我也知道这是降职，但是我实在担心赵王啊！我考虑再三，除了您去之外没有人能行，您就受累为我走一遭吧！

周昌去了赵国，御史大夫的职位便空出来了。刘邦把玩着御史大夫的印，暗自思忖，究竟谁可以出任御史大夫呢？他的目光落在年轻的赵尧身上，笑了——就他吧，我看没有人比赵尧更合适！

于是年仅十几岁的赵尧，接替周昌成了新一任御史大夫。

05

刘邦驾崩之后，事情的发展果然如他之前所料。

位升一等的吕太后眼中容不下戚夫人母子，她将戚夫人囚禁在宫中，最后竟做成了“人彘”。

吕太后还多次派使臣召赵王刘如意入朝，但是使臣都被相国周昌拦了下来，直推说赵王身体不好不能入朝。

吕太后便干脆派人去召周昌入朝，见到周昌便破口大骂：你是不知道我有多么恨戚夫人吗！为什么要拦着不让赵王进京？

周昌忙着应付吕太后的怒火，却不想这只是个调虎离山之计。他前脚刚进京，太后的使臣后脚便到了赵国。这回没人替赵王挡灾，他终于还是被带到长安，饮下了一碗致命的毒药。

周昌觉得愧对汉高祖刘邦的托付，从此称病不朝，不久便病死了。

其实要论起来，吕太后和此时的皇帝刘盈对周昌都很照顾，周昌的爵位还一直传到了汉景帝时期。

接替周昌出任御史大夫的赵尧，后来跟着刘邦讨伐陈豨立了功，被封为侯爵。不过等到周昌去世五年后，大权独揽的吕太后听说是时任御史大夫赵尧给刘邦出的主意，周昌这才去了赵王封地，便一怒之下把赵尧抓起来问罪了。

历史就是这样，你在做一件事的时候，永远不知道后面会发生什么。

周昌最不缺的就是忠诚，所以刘邦明知是死局，还要让忠心耿耿的他去保护刘如意；赵尧凭一个馊主意顶替周昌当上了御史大夫，却也死在这个馊主意上。

有时候，杀死你的就是你最拿手的东西。

因为贪吃，他身败名裂三十年

吃，可称得上是人生的头等大事，对有些贪吃的人来说，为了美食甚至可以付出一切。

晋代有位京漂名叫张翰，有一天，他在秋风中突然情感奔涌，连声感叹道："秋风起兮木叶飞，吴江水兮鲈正肥。"叹完气，就立刻写了封辞职信，买了张返乡的车票，回家吃菰菜、莼羹、鲈鱼脍去了。

春秋时期的公子宋参加国宴时，对一锅鼋羹望眼欲穿，但国君偏偏没分一碗给这个吃货。公子宋愤怒难耐，不顾礼仪公然在锅里用手指蘸着吮吸汤水，然后拂袖而去。郑灵公被甩了脸子，暴跳如雷，声称非杀掉公子宋不可。公子宋为了自保，发动了一场血腥内乱，郑国陷入水火之中。

著名诗人孟浩然在招待王昌龄的饭局上，没忍住嘴馋，不顾背上毒疮还没痊愈，就对盘子里的鲈鱼发起了猛烈进攻，结果因"食鲜"旧病复发，抢救无效，死了。

而本文的主人公，一位来自东汉初年的吃货，他为了一口美食付出的代价虽然没有以上几位那么夸张，但是悲惨程度绝对不遑多让。

01

公元 48 年，南方武陵郡的五溪蛮暴动，武威将军刘尚前去征剿，不想全军覆没，六十二岁的伏波将军马援请命南征。

马援一生跟随汉光武帝刘秀打天下，身经百战，军功赫赫，只是这次出征前，暮年壮志的他大概不会想到，此次远征将会怎样改变他的命运。

公元 49 年，三月，马援率军进驻壶头。还未开战，一场突如其来的传染病（暑疫）在军中蔓延，士兵伤亡惨重，马援也病死军中。

此时有人上书状告马援，光武帝震怒，在朝堂之上破口大骂。朝廷百官退朝回家后，纷纷议论这件事，不几日，整个京城谣言四起，大家都说伏波将军已被评为本年度皇帝最恨第一人。

这些话传得沸沸扬扬，可苦了马援的夫人。可怜马夫人刚刚遭受丧偶的打击，现在又被笼罩在国君震怒的恐怖氛围中，更让她感到煎熬的是，她根本不知道皇帝为何大发雷霆。

向马援生前的同事打听，那些平日里经常登门拜访、主动与马家攀附关系的文武百官，此时却仿佛患上了集体失忆症，好像从来都不认识一个叫马援的人。他们纷纷闭门谢客，生怕再和马家扯上半点关系。

几近崩溃的马夫人连葬礼都不敢办了，只匆匆在城外选了块地，将为国家打了一辈子仗，最后死在疆场的夫君草草埋葬。

妻孥惶惧，不敢以丧还旧茔，裁买城西数亩地槁葬而已。(《后汉书》)

世上最令人恐怖的就是未知，由于不知道皇帝生气的原因，马府一家老小都战战兢兢，每日活在恐惧之中。

马夫人猜测过，难道是因为马援这次南征没打好，惹得皇帝震怒？但细思之下，她又摇头否定了。

以光武帝刘秀的气量和他一直以来对马援的器重来看，不至于如此。况且这次失利是由于遭受了天灾，不是人力所能抗衡。而且虽然没能完成征讨任务，但对战局并未造成大的影响，更别说胜败乃兵家常事，和马援一生征战立下的不世之功相比，这次失利实在算不上什么。

但是根据街头巷尾的传言，涵养极佳的光武帝当日在朝堂之上可是气得掀了桌子，还下令追回给马援的封侯印绶。

流言越传越热闹，马援的坟前却无比冷清，就连最亲近的宾朋故旧也不敢前去祭拜。

一身丧服的马夫人终于下了决心，不能让马援就这么不明不白地死了！她吩咐仆人拿绳子将自己和儿女都捆上，然后打开府门，一起去皇宫上访。

02

刘秀还未平定天下时，马夫人作为随军家属就在军中多次见过他，仗着这份旧日交情，马夫人顺利地见到了皇帝。

刘秀面对这悲戚的一家老小，没有发怒，只是用一种极其阴冷的眼神注视着他们。

马夫人对马援的南征失利做了一番客套式的道歉，然后壮起胆子问眼前这位熟悉而又陌生的威严帝王：皇上为何对马援如此震怒?

刘秀面无表情，下令让侍卫拿奏章给马家人看，目光里却全是轻蔑。

他冷冷地看着跪在玉阶之下的马夫人，知道这位马夫人虽然刚才表示了忏悔，但心中明显是带着一股气的，这股气让她面色肃穆，看起来不卑不亢。他也猜得到，等这位不卑不亢的马夫人读完奏章，必会无地自容，因为她的夫君，那个逢人就宣讲大丈夫应马革裹尸为国尽忠的马援，其实是个欺上瞒下、沽名钓誉的伪君子。

果然，看完奏章的马夫人身体开始颤抖，当她抬起头的时候，已完全丧失了走进大殿时的沉静庄重。她瘫软在地，号啕大哭，口中不住地喊冤。

帝乃出松书以示之，方知所坐。(《后汉书》)

刘秀丝毫不为所动，他厌恶地挥挥手，宣布此次会见到此结束。

让马夫人瞬间崩溃的，是奏折里马援的罪状——贪污。

原来当初南征交趾时，马援非常喜欢吃薏苡，这种食物很神奇，不仅口感很好，还能治疗筋骨风湿，增强抵抗力，实在是居家旅行、行军打仗必备的美食。

常饵薏苡实，用能轻身省欲，以胜瘴气。(《后汉书》)

马援从交趾班师回朝时，就专门拉了满满一车薏苡回京，打算搞一个大规模种植。当时的权贵们以为这一车包装严密的战利品肯定是稀世珍宝，纷纷索要，但是马援一直都看不起这群养尊处优的权贵，全部都拒绝了。

于是谣言四起，越传越离谱，权贵们都说马援拉了一车珍珠、犀牛角回来，却没有依法上交朝廷，而是自己全部贪污了。

以为前所载还，皆明珠文犀。(《后汉书》)

马夫人之所以崩溃，是因为这个事情已经过去太久了，而且当时流言纷纷的时候，她和马援都没意识到其中的凶险，还常常拿这事开玩笑。她笑自己的老公是个吃货，因为贪吃惹来了这么多流言。

马援不屑地说，我拉回来的这一车薏苡是做种子的，这些达官贵人又不打仗，送给他们吃也是浪费，干脆一个也不给，想造谣就造吧。

这些都是陈年的谣言，为什么当时没人向刘秀告状呢？原来马援在那个时候深受刘秀器重，权势如日中天，自然没人敢找他的不痛快。如今马援一死，那些对他心怀不满的人便趁这次征讨失利，上书狠狠地告了他一状。

援时方有宠，故莫以闻。及卒后，有上书谮之者。(《后汉书》)

这次告状的时机真是太微妙了，微妙到和马援做了几十年战友的刘秀，都不得不相信马援是个自私自利、阳奉阴违的伪君子。

微妙的原因只有五个字——南征的动机。

03

原来，六十二岁的马援此次请命南征，刘秀一开始是不同意的，因为刘尚已经全军覆没，此行实在凶险，马援这么大年纪，去旅个游都可能发生意外，更别说去打仗了。

结果马援再三请战，非去不可，还一再说自己虽是花甲之年，但仍能披甲上马，为国征战。

援因复请行。时年六十二，帝愍其老，未许之。(《后汉书》)

刘秀实在被他求得烦了，就让他上马试试。结果马援也不怕麻烦，当真找来一匹马，穿上铠甲，抄起武器，当众开始展示起来。

不知怎么的，同样不再年轻的刘秀看着眼前这个骑着马吆五喝六的老头子，突然一阵感动。

他想起他们都还年轻时，一起目睹了乱世里的千里白骨、生灵涂炭，一起揭竿而起为重建大汉盛世而奋斗。一转眼，几十年过去了，昔日的少年郎都已满头白发，可是马援这个老头子的赤胆忠心仍丝毫未变。

这样一个忠臣良将的请求，怎能不让刘秀同意？又怎能不让刘秀为其马革裹尸的终生理想而感动？

然而，刘秀当时有多感动，日后看到告发马援贪污战利品的奏折时就有多愤怒。

在流血和杀戮、阴谋与背叛中走出来的刘秀，比任何一个人都要了解人心鬼蜮，他已不再相信世上会有毫无私心，只求征战沙场为国尽忠的人。他坚信奏折上说的才是真相。趁这次南征狠捞一笔，这才是马援这个六十二岁的老头子拼死也要南征的真正动机。

蒙受千古奇冤的马夫人连续六次上奏申诉，力证马援是受到诬告，他从交趾拉回的一车战利品只是种子而已，他只是贪吃，绝不是贪污。

可刘秀最终也没有相信，他消气之后，也只是同意让马援体面安葬而已。

> 上书诉冤，前后六上，辞甚哀切，然后得葬。（《后汉书》）

也许我们不能过多地苛责刘秀的想法，毕竟“无利不起早”是众所周知的人性。

04

好在历史是公允的。三十年后，光武帝刘秀之孙、汉章帝刘炟派五官中郎将追加册封，授予马援谥号“忠成”，并封侯爵。

汉章帝给马援的谥号回答了刘秀的质疑：世间确实有不为私心、只求战死疆场的人，不仅有，还很多，伏波将军马援就是其中的一个。

三十年前，为光武帝刘秀表演“老当益壮”的马援大概不会想到，自己会因为贪吃，毁了自己的一世英名吧。

那时的他，正完全沉浸在自己的表演里。他飞身上马，手扶马鞍，四方顾盼，精神矍铄。骑上战马，他就仿佛看到了边疆被劫掠后破败的景象。在还可以打拼得动的时候，为流离失所的大汉子民再次出征，就是死在疆场也心满意足了。

场下观看表演的刘秀被神采飞扬、须发飘飘的马援所感染，还禁不住大加赞叹：好一位精神矍铄的老翁啊！

> 帝笑曰：“矍铄哉是翁也！”（《后汉书》）

那一刻，刘秀的心里大概全是光明，肯定会相信眼前的这位老战友。如果当时有人告诉他马援是个贪污犯，他大概会笑着说：

我不信这个人会贪污，他顶多只是贪吃而已啊！

昏君阴影下的英雄悲剧

金庸的《射雕英雄传》里面，有几个地方大家想必印象颇深。

比如在牛家村，郭靖黄蓉密室疗伤那会儿，从主角到配角都来这儿走了个过场。

再比如铁枪庙，不管是柯镇恶、欧阳锋还是完颜洪烈，逃跑时都躲到了这里来，杨康最后还埋骨于此。多年以后，柯镇恶与人相约决斗，地点也在铁枪庙。杨过来到这里，偶遇柯镇恶，知晓当年真相，从此改变了人生轨迹。

那么问题来了：为什么人人都能遇见铁枪庙？

原来铁枪庙在宋代，简直是遍地开花，基本上每个村镇都会造这样一个庙，用来供奉人们心中举世无双的大英雄王铁枪。

王铁枪本名叫作王彦章，是五代时期后梁的名将。他骁勇有力，每战常为先锋，持铁枪驰突，奋疾如飞，军中人送外号“铁枪”。

当然，仅凭打仗的本事好，是做不了老百姓心中的大英雄的。

五代十国时期，家国分裂，四处战乱，有本事有战绩的名将数不胜数，却只有王彦章一个人被百姓称颂纪念，自发地为他修庙宇、立祠堂。

凭什么？

这是很有意思的一件事。自古以来，人们崇尚的大英雄都是悲剧英雄，而取得了成功的胜利者，往往不会得到百姓真心实意的纪念。不肯过江东的项羽，出师未捷身先死的诸葛亮，冤死风波亭的岳飞，他们是百姓最尊敬的人。

王彦章和他们一样是以悲剧收场，而且在五代两宋时期，他比这些人可出名多了。

01

王彦章出身低微，家中世代都是白衣。

唐末五代时，天下大乱，梁太祖朱温招兵买马，王彦章跑去毛遂自荐，说自己要当队长。

周围士兵哈哈大笑，觉得这个庄稼汉疯了，但王彦章却说，我天生雄壮，比你们这群人厉害多了，看来今天不让你们开开眼界，你们是不会服我。说罢，他脱了草鞋光着脚，在旁边有蒺藜的路上来回走了三五趟。

众人大惊失色，王彦章得意扬扬，招呼着，来呀，谁不服，也跟我一样走两趟！

这蒺藜长满了刺，人踩上去还不得被戳上十个八个孔？谁敢？众人面面相觑，都跑了。

朱温在帐中，听见了这位牛人的事迹，当下把他提拔为小队长。那个时候朱温还没有当皇帝，正处于二次创业的关键时刻，最重视笼络人才。

王彦章膂力过人，专使一杆长枪，骑着马在敌军阵中来去自如，如入无人之境，入朱温麾下后打了几场漂亮仗，多次立下奇功，于是更得重用了。

据《资治通鉴》记载，王彦章用的这杆铁枪足重一百斤，换算成今天的重量单位，也有六十多斤，正常人抡都抡不动，可他却使得虎虎生风。而且他打仗时不止带一杆枪，随身还背着一根备用的，这分量，也就只有《水浒》《三国》这样的演义小说里才敢这么写。

不管铁枪究竟重几何，王彦章都毋庸置疑是一员虎将。宋江就非常推崇他："我闻五代时，大梁王彦章，日不移影，连打唐将三十六员。"

王彦章出身不好，若是生在太平年代，恐怕只能做个卖力气的农夫屠户，幸好他生在乱世，有本事的人都能用拳头来打天下。

朱温的事业蒸蒸日上，很快代唐建梁，王彦章作为提前入股的元老级大将，也跟着噌噌地升官发财。

开平二年（908 年）十月，王彦章迁任左龙骧军使，次年兼任左监门卫上将军，乾化元年（911 年）再兼任行营左先锋马军使，并被封为金紫光禄大夫及检校司空。

乾化二年（912 年），朱温次子朱友珪登基，加封王彦章为检校司徒。

两年后，他又任澶州刺史，并被封为"开国伯"。

02

然而生在乱世，贫民可以得到上升阶梯，却也只能一辈子流离于战乱。

王彦章打了一辈子的仗，一生都在效忠朱温和他的子孙们。朱温很信任他，将他带在身边做保镖，可朱温的儿子们却很忌惮他。

公元912年，朱温和军营娼妓所生的宝贝儿子朱友珪弑父夺位，自己坐了龙椅。

王彦章是个武人，不懂宫廷斗争的这些弯弯绕，他效忠的是后梁朝廷，这朝廷的开创者虽然死得不明不白，辅佐他儿子也是一样的。

但朱友珪心里有鬼，对王彦章他们这群老将又敬又怕，千方百计想夺回兵权，便将王彦章外放了出去。

王彦章觉得外放也挺好，终于可以自由飞了。

可没过多久，朱友珪又被他弟弟朱友贞给杀了，朝中局势再次一番动荡。朱友贞觉得王彦章是哥哥防着的人，敌人的敌人就是朋友，于是又给他加官晋爵，不但给了“开国伯”这样的荣誉头衔，还让他坐上了濮州刺史兼马步军都指挥使这个实权位置。

王彦章真正成了主政一方的大将，但他心里不是很高兴，因为他知道，现在这世道不是当年跟太祖一起打天下的时候了，他再也不会得到中央的信任。

朱温是个有本事的开国皇帝，却不是个有本事的父亲，他养的儿子是一群白眼狼，所以他才在临死前死不瞑目地说："生子当如李亚子，克用为不亡矣！至如吾儿，豚犬耳！"

李亚子就是朱温的老对头——晋王李克用的儿子李存勖，是后唐的开国皇帝。

原本朱温和李克用争夺天下，是半斤对八两，但两人先后过世以后，倒是从儿子上分出了高低。

朱友珪果然如朱温所说，是个“豚犬”，猪狗一样的东西，继位后荒淫无度，惹得民怨四起。朱友贞其实比他哥朱友珪还是有本事一点儿，但他自从篡位以后，就疏远了那些久经考验老成谋国的重臣，如敬翔、李振等人，反而听信他姐夫赵岩和小舅子张汉杰的谗言，把老爹披肝沥胆打下来的江山败成了个空壳。

就在开国老将们都差不多被朱家俩猪队友坑得死的死、散的散时，王彦章扛起铁枪，又一次打了场大胜仗。但是这边他刚打了胜仗，那边京城一顿乱折腾，把稍微有些好转的局面又搞得优势全无。

此时的局势早不是当初梁、晋两国分庭抗礼之时了，李存勖建立后唐以后，一点一点蚕食了后梁的大片土地，把军队都开到了魏州城门下。王彦章纵有满身的力气，也无法抵挡历史的洪流。

龙德三年四月初，后唐军队攻占郓州，后梁朝廷大惊。宰相敬翔在朱友贞面前力争出兵，无果，一根绳子上了吊，依旧没能成功。

被人救下以后，敬翔向皇帝举荐了王彦章，想让他取代懦弱无能的守城将领戴思远。

出征之前，朱友贞问王彦章，你觉得自己多久可以得胜归来？

王彦章说，三天。

朱友贞撇撇嘴，觉得他在吹牛，但当时朝廷上的确无可用之人，只能让他上前线去了。

事实证明，王彦章从来不吹牛。

他到了阵地以后，仔细观察两边局势，知道凭自己手里这点人，是不可能打得过李存勖的数万精兵的。于是他大摆疑兵计，命令众将士在军中吃喝玩乐，大摆宴席，让敌人放松警惕。但莺歌燕舞背后，他却暗中安排了一批冶铁人员及六百名刀斧手乘船前往德胜口。

宴会进行了一半，王彦章说声尿急，更衣离场。刚出场子，他就跨马飞奔，率领数千人沿黄河往德胜口而去。

一声令下，兵分两路，船上士兵烧断铁锁，并以斧斩断浮桥，王彦章则亲自带人攻克南城。李存勖得到消息，立刻引兵增援，但援兵到时，梁军呼声震天，王彦章已经站在城墙之上了。

这时离王彦章出征之日，正好三天！

03

木秀于林，风必摧之。

王彦章打了一个前所未有的大胜仗，得意扬扬回朝，却换来了皇帝的白眼。他的副手段凝被张汉杰等人笼络，在回朝后向皇帝隐瞒王彦章的战功，反而说他饮酒轻敌，败坏了军中风气。王彦章气不打一处来，在朝堂上就争辩起来，却不如那群奸臣巧言令色，最终得了个御前无状的罪名。

朱友贞的皇位名不正言不顺，自己觉得坐着不稳，反而责怪王彦章这群开国功臣，他越打胜仗，皇帝就越忌惮。所以王彦章班师回朝后，皇帝不但没给他升官，反而夺了他的兵权，让段凝去统兵，抵挡李存勖。可段凝拍马屁的话很多，打仗的本事却没有，把王彦章好不容易打下来的城池全丢了。

丧钟在后梁上空敲响了。

不久之后，后唐军队进攻兖州，直逼后梁首都，朱友贞又慌了。

王彦章本来在家里养老，被皇帝火急火燎地派去驻守郓城金波亭。可军事大权握在段凝手里，他怎么肯让王彦章重掌兵权？最后只派给了他五百名骑兵。

王彦章宝刀未老，仍想为国家出一份力，领着五百人渡过汶水，计划进攻郓州，却在递坊镇被后唐军队袭击。

王彦章胆大如牛，激励将士们说：李存勖就是一个乳臭未干的小屁孩儿，没什么好怕的！但是巧妇难为无米之炊，不管他再怎么排兵布阵，五百人又怎么抵得住成千上万的敌军？

后唐将领夏鲁奇曾经也在朱温手底下干事儿，老远就认出了王彦章，把他刺伤后生擒了。这件事情成了夏鲁奇一辈子都在吹的牛，逢人就说："王铁枪胆如芥子，吾最知之，无足可畏。"

王彦章以铁枪出名，夏鲁奇却用枪生擒了他，于是后人给夏鲁奇起了个更霸气的外号，叫"金枪老祖"。

04

王彦章怎么也没有想到，他堂堂铁枪好汉，打了一辈子胜仗，到老居然被敌人给抓了。

虽然李存勖百般用好话招揽王彦章，他又怎么肯听？一口唾沫吐在地上，脖子一横，投降没有，要命一条！

李存勖不光抓了王彦章，还抓了他随军的家属。此刻亲人性命捏在对方手中，敬酒不吃恐怕就要吃罚酒，但王彦章的回复始终都很干脆。

老子生是梁人，死是梁鬼，你们要我投降，皇帝来给我提鞋我也不会这么做！

李嗣源奉命来劝降，还被他抢白了一通"邈佶烈"。这是人家小名，公然被叫，还挺让人下不来台的。

李存勖对这个老将又敬又恨，问他为何防守没有防御工事的中都，而不前往兖州驻防。

王彦章无奈地说，自己受制于形势，无能为力。但是，虽然后梁皇帝负他在先，他却死都不肯屈服于异族的统治之下。

李存勖是沙陀族人，平素最厌恶别人搞民族歧视，看王彦章这副样子，招降是不可能了，那就杀了吧！

王铁枪终于为后梁抛了头颅、洒了热血，享年六十一岁。

在章回小说《隋唐五代史演义》中，王彦章之死的规格非常非常高，叫作"五龙逼死王彦章”。

这里的“五龙”是指五个皇帝：后唐庄宗李存勖，后唐明宗李嗣源，后晋高宗石敬瑭，后汉高祖刘知远，后周太祖郭威。这五位，应该说是五代十国最盛名在外的五个帝王了，而天下第一英雄王彦章，要五条龙一齐上阵，大摆玄妙阵法，才能弄死。

在真实的历史中，王彦章之死与刘知远、郭威他们应该扯不上什么关系，但真正害死他的，也是五位皇帝：后梁的朱友珪、朱友贞；后唐的李存勖、李嗣源；后晋高祖石敬瑭。

李家两兄弟跟王彦章打了一辈子的仗，对他很是忌惮，恨得牙痒痒，却也有英雄相惜之感，石敬瑭作为李存勖手下大将也多次与他交锋，而导致王彦章被生擒的兖州之战，本就是这三人最得意的杰作。

朱友贞自毁长城。后梁在王彦章死后没几天便被攻破都城，朱友贞身死国灭，落得个自食其果的下场。

王彦章临死之前曾痛骂仇寇，最终血洒刑场。应该说，他并非死于战败，而是死在奸臣和昏君的抛弃之下，他的悲剧，是他一生忠诚报效的后梁带给他的。

欧阳修在《新五代史·王彦章传》里说：“彦章武人，不知书，常为俚语谓人曰：‘豹死留皮，人死留名。’”

“豹死留皮，人死留名”，王彦章用他的满腔热血青史留名。在他去世多年以后，人们依然在缅怀他，为他建起一座座庙，竖起一座座丰碑。

正如陆游诗中所写：“千年史册耻无名，一片丹心报天子。”

乱世择主做得好，封王拜相；
乱世择主做不好，遗臭万年

五马渡江一马成龙，东晋立国全靠士族

“五马渡江去，一马变为龙”是一句民间的俗话，说的是西晋末年，有五个司马家的诸侯王一起到南方“掘金”，最后只有一个人成功了。

我们的故事就从这句俗话说起。

01

公元 304 年，是西晋永兴元年。

虽然年号是“永兴”，但晋王朝却再难兴了，因为此时，改变王朝命运的“八王之乱”正如火如荼，王朝风雨飘摇，危在旦夕。乱世中，很多人都要选择“站队”，只有“站队”站对了，才能保住脑袋，保住荣华富贵。

这时，王朝名义上的皇帝是那个肉米不分的傻子司马衷，不过实际上，控制朝局的已经换成了“八王”之一的成都王司马颖。

司马颖虽然控制着朝政，手里却缺少前辈曹孟德那样的一张好牌，这张好牌就是傻子皇帝司马衷。

司马衷在哪里呢？在“八王”中的东海王司马越手里。

司马颖召开新闻发布会说，朕是得了传位诏书的，是正统皇帝，司马越之流是叛党。

司马越也召开新闻发布会说，皇上从来就没有下过诏书，司马颖这是要篡位谋反，本王受皇命要去平叛。

司马衷呢？他每天喝着肉粥抱着美女，优哉优哉地过生活：哎呀，都是好人，一起玩儿呗。

最终，一切还是要靠大刀片子说话。

琅琊王司马睿和司马越的封国相邻，按就近原则站队在司马越一方，随他一同起

兵讨伐坐镇邺城（今河北省临漳县）的司马颖。然而很不幸，司马越大军不但惨败，而且逃跑时还把傻子皇帝司马衷给落下了。

一同被落下的还有琅琊王司马睿。还好，司马睿人比司马衷机灵，侥幸越狱潜逃了。

他逃回自己的封国，深深地叹口气：哎，以后该咋办呢？

02

这场战役结束，西晋朝局依然动荡。

本来，成都王司马颖收获了司马衷，理应能打出一手好牌，但显然他没有曹孟德当年的本事。司马颖明里暗里都想自己做皇帝，所以根本不拿傻子皇帝当好牌，一心想要尽快甩掉他。于是，他很快就再次引来一场叛乱。

这次是司马越的嫡亲兄弟东燕王司马腾和西晋北方边防军司令王浚联的手。

联军攻势很猛，司马颖抵挡不住，就选择了逃跑。

跑去哪呢？

他的目标是由野心勃勃的河间王司马颙控制的地盘——洛阳。

司马颙的部下大将张方一看，来的不但有司马颖，还有傻子皇帝司马衷，机会呀！于是他当即献计，让司马颙挟持傻子皇帝远遁长安根据地，然后再号令天下。

司马颙深以为然，于是傻子皇帝司马衷和司马颖被司马颙大军带回了长安。

然而，司马颙“挟天子令诸侯”的大计还没来得及展开，东海王司马越再次跳了出来。他首先展开宣传攻势，发表檄文，公开声讨司马颙的狼子野心，接着声泪俱下地向天下人表明自己对傻子皇帝的不二忠心，随后又举起了“迎圣驾归故都”的旗帜。

一套“组合拳”打下来，天下舆论顿时一边倒。东燕王司马腾、北军司令王浚等宣誓追随司马越，一起“迎圣驾”“讨逆贼”。

这还不算。

司马越明面上把司马颙骂了个狗血喷头，暗地里又派人捎信儿给司马颙，传达了一个信息：大家都是兄弟，见面后会商会商怎么分割天下算了。

这司马颙真是个眼高手低的货色。皇帝在自己手里，根据地里又有数十万大军，就是立刻开战也有一拼之力！然而没想到在舆论之下，几番权衡，他竟然就信了司马越“会商”的鬼话。甚至为了摆脱舆论压力，也为了表明自己的态度，他还杀了大将张方，表示自己之前扣押皇帝，都是受了张方的蒙蔽和要挟。

司马颙的昏着让部下寒了心，大大地伤了大家的情。这个河间王这么糊涂，跟着他混，能有前途吗?

这不，仗还没打，前线部队的将领就投降了司马越。

司马越顺势举起“义旗”攻伐长安城，至于先前的什么密谋“会商”之事，当然都成了屁话。这么一搞，鸡飞蛋打的司马颙只好灰溜溜地跑进附近的大山里打游击去了，而前来投靠司马颙的成都王司马颖，也慌不择路跑到了驻扎在新野的旧部那里。

长安城很快被破，司马越的联军一通抢劫之后，“押着”傻子皇帝司马衷回了洛阳。

03

司马越大胜之后，志得意满。为了实现自己称帝的野心，他一不做二不休，麻麻溜溜干掉了三个人，扶植了一个人。

首先被干掉的是司马颙。这家伙虽然现在是游击队的，但还有些影响力，斩草除根最稳当。

第二个被干掉的是司马颖。这家伙野心大，不能给他时间缓冲，还是清理干净最放心。

第三个被干掉的是傻子皇帝司马衷。这家伙太傻，太容易被利用，要断了诸王以后的念想。

而那个被司马越扶植的人是新皇帝司马炽（史称晋怀帝）。这家伙年轻，没啥经验，没啥资本，方便将来搞个“禅让”。

当然，这都是大手笔大动作，至于其他反对他的小人物的脑袋，司马越更是毫不留情地割了一大茬。

司马越逐步称帝的算盘打得是“哗哗”响，可他忽略了眼下的一个严峻现实。

西晋国内因为连年征战，国力衰微，国外少数民族势力却在水涨船高，最活跃的是匈奴、氐、羌、羯、鲜卑这五支外族，他们过去都是晋的藩臣，此时却借着西晋国内战乱的机会逐渐崛起。起初，他们都是打工者，只不过是能选择站队和跳槽；后来，他们中有些真本事的，决定干脆自己组建个集团，过一过当总裁的瘾。

是呀，晋朝的那些王都能一个个走出封国，我们为啥不能呢?

首先宣布独立的是匈奴人刘渊。有了第一个吃螃蟹的，自然就有第二个、第三个，很快，洛阳城周边遍地都是独立王国了。这让司马越很愤怒：灭了你们这些来抢我位置的野蛮人！给我打！

然而他的征讨之路并不顺利，甚至可以说是步步失利。

这样的局势让远在山东的琅琊王司马睿坐立难安了：寡人是跟着司马越混的，司马越要是倒了台，寡人该怎么办？是现在兵发洛阳助阵，还是固守封国观变呢？

有这样心思的不止司马睿一个，还有西阳王司马羕、南顿王司马宗、汝南王司马佑、彭城王司马纮，但比起这四个诸侯王，司马睿无疑是最幸运的，因为他有一个好朋友、好部下，而这个好朋友、好部下的背后，是一个实力强大的豪门世家。

04

什么是豪门世家？

通俗的理解就是，一个家族不受历史王朝更替的影响，一直拥有很强的政治、经济、文化、军事等权力。也就是说，这个家族在各方面都占有话语权。

仅仅有钱的，那叫土豪；仅仅有枪的，那叫军阀。

历史上有钱的人多了去了。春秋时代有范蠡，之后，家族没了；战国时代有吕不韦，之后，家族没了；魏晋时期有石崇，之后，家族没了；朱明王朝有沈万三，之后，家族也没了。

那么一直能够保持兴盛的家族有没有呢？

有！山东曲阜的孔家乃是无可置疑的神州第一世家。

山东琅琊的王氏同样是这样一个地道的豪门世家，而司马睿的好朋友就是来自琅琊王氏的王导。

王导的先祖据说是东周时期恒王的一个王子，所以以“王”为姓。到了战国时代，王家出现了第一个响当当的人物——大秦帝国猛将王翦。后来，王翦的后代中有一支迁到了山东琅琊，在这里扎了根。

历史发展到了西汉，琅琊王家第一次出了一个名人。此人名叫王吉，不但官居“博士谏大夫”（大概是省部级的官员），而且是我国最早提出“晚婚晚育”政策的人。王吉之后，琅琊王氏家族中代代都有朝中高官，声名开始显赫。到了三国魏晋时期，琅琊王家的名人开始呈“井喷”状态。

首先登场的是中国孝道文化的两个著名人物：一个是“卧冰求鲤”的哥哥王祥，后来官居西晋司空、太尉；一个是“护兄争鸩”的弟弟王览，后来官居西晋光禄大夫。

接着是开创中国玄学清谈之风的两个名士：一个是“竹林七贤”之一的堂哥王戎，后来官居西晋司徒；一个是玄理领袖人物、书法家堂弟王衍，后来官居西晋太尉。在他们的后辈里，不但继续涌现出了军阀王敦、良相王导，还出现了王羲之、王献之这样的书法大师。

再后来，山东琅琊王氏家族里更是男女齐发力，先后出了八个皇后、二十个驸马、十五个一品大员、一百五十个五品以上的高官。

试想，这样一个豪门世家，想不干涉朝局也不行呀。

05

王导认识司马睿时，还只是东海王司马越手下的一个团参谋长，当时，司马睿与司马越正在联手讨伐司马颖。年方三十的司马睿与同龄人王导一见如故，就顺手把王导要来当了自己的参谋长。

此时，王导的哥哥王衍正受司马越器重，所以职位较低的王导就很少有发言权。不过，没有发言权并不代表一个人不具备发言的能力。

此时的王导就如当初躬耕南阳的诸葛孔明一样，对西晋的时局有着很清晰的判断。一直以来，他都在思考以下问题：

一、“八王之乱”已经快把西晋王朝积累的果实啃干了，谁会是最后赢家？

二、北方地域少数民族势力盘踞交割，西晋实力被严重削弱，一旦有变，何来战略纵深的空间？

三、司马家族遍地是王，谁先出头，谁先挨打，谁能保存实力且有能力静观其变？

四、大家都盯着首都，盯着北方，但南方的广阔天地是不是更可利用？

五、王氏一族无上荣耀，但要维系长盛不衰，吾辈应该如何努力？

王导结识司马睿之后，与他三聊两聊后，就敏锐地找到了解决自己问题的答案，这个答案就在司马睿身上。

王导的解题思路如下：

一、司马睿是王子，还是诸侯王，名分、地位都不缺，就缺机会。

二、司马睿现在跟着司马越混也就是打打酱油的角色，可谁会想总打酱油呢？

三、现在风头正旺的是司马越，司马睿与之是伙伴关系，悄无声息地搞点小动作，不会被猜疑。

四、自己在司马越手下不过是个副团级，要想混到一品大员，恐怕很难。但自己若是把司马睿送到更高的层次上，肯定能收获一个大果实。

五、司马睿在南方不太熟，但我熟，如此一来他就得倚重我这个“南方通”。

大概过了一千多年后，大明朝一个叫王阳明的男人，他喊出了“知行合一”的理论，很多人大赞，了不得呀，圣人圣语呀！殊不知，西晋末年，年仅三十岁的王导就勇敢地对这一理论进行了大胆的实践。

在王导的策划和劝说之下，西晋永嘉元年（307 年），经司马越批准，官封江南大都督的司马睿带着一部分西晋王族宗亲跨过长江来到了建邺（今南京）。

与司马睿一同过江的，还有西阳王司马羕、南顿王司马宗、汝南王司马佑、彭城王司马纮共五个诸侯王，这便是民间俗语所说“五马渡江去”的由来。可为什么只有司马睿这一个“马”成龙了呢？因为司马睿的马尾巴后，除了王导，还相继来了几个重要的跟班，一个是王导的堂兄——驸马爷、扬州刺史王敦，另一个是王导的堂弟——名士兼勇士、荆州刺史王澄。

来到建邺，来到曾经的东吴大帝孙权的地盘，司马睿的心里其实是忐忑的，因为虽说江南已经好久没有经历战火，但宗族、士族的势力还很强劲。常言道，强龙不压地头蛇，一个已经衰微的琅琊王，连强龙都不算，又能唬住多少南境百姓？

对于司马睿的担心，王导只是嘿嘿一笑，他说：我们要想在这儿立住脚、站稳身，除了坚持自信，还要依靠智慧！

司马睿说：王哥，你说吧，咱下一步咋办？

王导拍了拍司马睿的手：王啊，你要有自信。然后，他敲了敲自己的脑袋：我这儿，装的就是智慧。

06

对于王导是如何摆平南方的宗族、士族势力的，史书上有多种说法，不过综合来说，或者是用名侦探福尔摩斯的推理方法来解读，大约是这么个情况：

如今的江南势力也就是过去被灭国的东吴遗老，以号称“五俊”的贺循、顾荣、薛兼、纪瞻、闵鸿为代表，如果取得了“五俊”的支持，基本上就能控制住整个江南地域。

这“五俊”都是些什么人呢？

贺循是孙策时代名将贺齐的后代，家族之中世代为官为将。

顾荣是孙权时代丞相顾雍的后代，家族世代为官，在文坛上与陆机、陆云兄弟齐名。

薛兼是孙权时代名臣薛综的后代，家中同样世代为官，后来跟司马越也混过一段时间。

纪瞻是孙休时代尚书令纪亮的后代，家族之中累世在朝为官为将。

闵鸿是东吴末帝孙皓的尚书，当世文学家。

东吴灭亡之后，这几个人基本上都没有再出仕，而是在家修身修心。

出身豪门世家，又有名士名头的王导到了江南，先是一一拜访“五俊”，然后又对他们逐一开展了政治攻势，所说无非是“哥们你看天下大势如何”“哥们今后有何打算”“愚兄有一不成熟的想法”等言辞。总之，几番“春风化雨”之后，大家表示“豁然开朗”，“五俊”一起拜倒在司马睿的袍角下，纷纷表示，今后就听大王的！

“五俊”归至，让初来建邺的司马睿面临的许多问题都迎刃而解。如今，他钱粮有了，住房解决了，兵源也有保障了，权威自然也就起来了。

西晋永嘉五年（311 年），稳居建邺的司马睿迎来一个发展机遇。

这一年，发生了几件非常重要的事件，首先就是掌控西晋政局的司马越终于遭到了群臣的反对，在外敌入侵和气愤交加之中，死了。接着，匈奴汉军在大将刘曜和石勒的指挥下，一举攻破洛阳城，俘获了晋怀帝司马炽。随后，大批西晋臣民逃离北方，一股脑地投向了还未被战火波及的江南。

对这种情况，司马睿最初是恐惧和担忧的，他一是担心战火来临，二是担心流民骚扰。不过王导却暗自欣喜，觉得这是一个难得的机会。

他劝司马睿“敞开胸怀，接纳四方”，因为来避难的这些人中有许多忠诚于晋室的文臣武将和骁勇农民，接收这些人不仅能够壮大司马睿的实力，而且也能为司马睿下一步合法承接大统赚足选票。

事后证明，王导的这一“开放包容”政策，的确进一步拉高了司马睿在南方的威望。

07

西晋永嘉七年（313 年），三十岁的晋怀帝司马炽被匈奴汉国君主刘聪毒杀，晋愍帝司马邺在孤城长安继位，改元“建兴”。

司马邺想到了偏安江南的司马睿等人，他很想在国家存亡之际得到江南力量的支持，然而在王导的建议下，司马睿拥护的口号喊得震天响，就是没行动。

司马邺不死心，又下诏提拔王导，让他来长安效命，但王导哪里会去？

这时候的王导已牢牢占据司马睿旗下的机枢之地，王敦则带兵守卫建邺，“王与马共天下”的局面开始露出端倪。

西晋建兴四年（316 年），独居孤城长安的司马邺再次遭受匈奴汉国的围剿，四个月后城破，司马邺被俘，次年被杀。至此，西晋王朝实实在在地灭亡了。

司马邺死后，身居江南的司马睿在王导的“劝谏”下，改称晋王，改元“建武”。

这时候，司马家的王，人在北方的已经死得基本没有了，人在江南的倒是还有几个，可是，谁敢和背后有王氏家族和江南士族支持的司马睿争锋呢？

从北方逃难过来后吃得饱穿得暖的那批文臣武将首先发声：晋王应该担起责任扛起国家的旗帜啊！晋王应该给我们大晋臣民以希望和未来啊！甚至远在北方深山老林打游击的刘琨等人也“发电文”呼吁劝进。

司马睿问：群众都是这样殷切期盼着吗？

王导回答：是的！有些人还为此闹绝食。

那好吧，孤，现在应该是朕了，勉为其难就答应了吧！

公元 318 年，在南方发展了十一年的司马睿登基称帝。

当天，来南方之前仅仅官居副团级的参谋长王导受封一品宰相。

当天，来南方之前官居正厅级的扬州刺史王敦受封一品大将军。

当天，次天，再次天，王氏一族和江南“五俊”一脉统统得到了官服、朝服。

司马睿哈哈笑着说：以后啊，咱们携手共进，王与马共天下。他说的是真心话吗？这不重要，重要的是东晋建立了。

此番立国，看似司马睿收获最大，然而实际上王氏才是最终的赢家，而且赢得十拿九稳。

王氏之所以成功，全靠一个慧眼识珠的王导？

当然不是，同样出身王家的权臣王衍，当初可是先后追随过热门人选，成都王司马颖和东海王司马越呀！

鸡蛋要放几个篮子。只要人多，多边押宝，无论最后是什么结果，都不吃亏。

梁朝天子儿，隋室皇后弟，大唐宰相官

01

大唐贞观年间的一天，唐太宗在宫廷宴请群臣。

当时的喝酒规矩和现在有一点相似之处，就是要让德高望重的人先喝。一般的场合，先喝酒的往往都是长孙无忌或者是房玄龄，可是这一次，在场的大臣比较多，唐太宗也不好指定说让谁先喝，便道，谁觉得自己最尊贵，就自己站出来先喝。

长孙无忌看了看眼前的杯子，犹豫了一下，又抬头看了房玄龄一眼，只见房玄龄也迟疑地往自己这边看来。二人无语，都没有动。

突然有一个人站了起来，说这杯酒只有我来喝，说完便要举杯。

大家一起看过去，这个人是萧瑀。

李世民说暂停一下，你这得有个说法啊！

萧瑀说，我是梁朝皇帝的儿子，隋朝皇后的弟弟，唐朝的高官左仆射，还是你李世民的亲家翁。

唐太宗拊掌大笑，妙啊，妙啊，这酒非你莫属！

虽然名号已有这么多，可萧瑀其实还少说了一句——他在凌烟阁的功臣榜上排名第九。

那可是大名鼎鼎的凌烟阁，多少人日思夜想都欲留名其上的地方！

李贺的《南园十三首》说：

> 男儿何不带吴钩，收取关山五十州。
>
> 请君暂上凌烟阁，若个书生万户侯？

萧瑀已然完成了多少男儿的梦想，但他对这些看得不是很重。他是一个很奇特的人，以至于这个世界上很少有人能够理解他。

萧瑀最让人感兴趣的，是他死后的谥号风波。

中国古代的高等官员死后都有一个谥号，这也是历代官场中人毕生追求的重点之一。萧瑀死后，大臣们拟定的谥号是“肃”，有耿直庄重之意，唐太宗却不满意，改为“贞褊”二字。

贞，贞洁，洁净无瑕之意，是个好词。褊，却是狭隘的意思，肉眼可见的坏话。

为什么狭隘呢？

还是让我们看看他究竟都做了什么，才让李世民觉得他又贞又褊。

02

萧瑀是后梁孝明帝萧岿的第八子。皇帝的儿子，自然一出生就要封王，所以萧瑀刚刚出生就成了新安郡王。

八岁那年，他姐姐嫁入隋朝王室，给当时还是晋王的隋炀帝杨广做了妻子。隋文帝杨坚很看重这门亲事，因为萧家也是名门望族，家族势力庞大。

幼小的萧瑀跟着姐姐，千里迢迢来到长安。杨坚的妻子独孤皇后念他年纪小，对他多有照拂，平日里百般呵护，待他十六岁时，还把自己娘家的一个女孩嫁给了萧瑀。

这个女孩子也姓独孤，这个很重要，要知道唐朝开国皇帝李渊的母亲也是姓独孤的，弯弯绕绕，萧瑀和李家也成了一家人。

杨广为了扳倒太子杨勇，平时生活非常小心，虽然有姬妾多人，但为表家居简朴，只和萧妃一人共同居住。萧瑀打小与姐姐相依为命，和姐姐很亲近，也就因此和杨广接触得多了。

杨广继位之后，萧瑀也开始平步青云，从国务院办公厅的科员一路做到了国务院副总理（中书侍郎）。当然，这是我们平常人的看法，萧瑀自己认为这都无所谓，毕竟他一出生就是新安郡王。中书侍郎之类的官职，可以让李白欣喜若狂，对于萧瑀来说却是不值一提。

隋炀帝杨广登基后，一直想要打下辽东，并为此做了不少努力。

大业十一年，杨广亲自率军进攻高句丽，不料走到雁门关，突然被突厥的大队人马包围。

炀帝惊慌不已，还是萧瑀给他出主意。当初先帝为了与突厥和亲，在宗族里面选了义成公主嫁到了突厥，如今咱们可以联系一下她。还有就是要给大家吃定心丸，告诉大家咱们不去打高句丽了，这样人心就安定了。大家知道打败了突厥就可以回返，必然会拼命反击，以图早日回家团聚。

隋炀帝觉得这个主意不错，照此去办。

果然，义成公主接到杨广的求助，便跟始毕可汗说北方有警报，于是突厥士兵迅速撤走了。

炀帝虚惊一场，又开始后悔打辽东的事情半途而废，加上萧瑀总是劝阻他伐辽东，让他开始怀疑萧瑀在出主意的时候夹带私货，于是迁怒萧瑀，贬他去河池当郡守。

河池郡这个地方一直都处在战乱之中。当时已经是隋末农民大起义的时候了，河池境内的山贼有上万人。说是山贼，其实里面肯定裹挟了大量的饥民。

萧瑀使用计谋，消灭了山贼的首领，俘获了大量的俘虏，并将他们转化为自己的士兵，这为下一场真正的硬仗打下了基础。

当时陇西有一支起义军部队，为首的叫薛举，号西秦霸王，曾几次击败前去讨伐的隋军将领，再加上又有两万羌人前来依附，一时间锋芒毕露，直指长安。

薛举很快称帝，然后派儿子薛仁越率军进攻河池郡。萧瑀没有硬碰硬，再次运用谋略击败了薛仁越的部队，以至薛举的部队再也不敢来河池郡了。

第二年，薛举改为攻击唐军，进逼长安，在高墌城击溃了李世民，俘虏了李世民手下大将慕容罗睺、李安远、刘弘基等。当然，这是后话了。

03

在萧瑀击败薛仁越，刚刚安定下河池郡的时候，李渊也开始起兵称帝，很快从太原来到长安。他首先要面对的，也是河池郡。

李渊和萧瑀很熟，毕竟是亲戚，还曾同在隋朝为官，外出办公时经常会面叙家常。

李渊就给萧瑀写了一封信，大意是说：来吧，相信我，跟我干，大家一起喝酒吃肉。然后他把信交给李世民，叫他看着办。

李世民直接去了河池郡，来到萧瑀家，萧瑀和妻子独孤氏设家宴款待。李世民说，姑姑姑父，我爸这有一封信给你们。

萧瑀看了信，欣然接受，居然把河池郡所有资财、军队、土地全盘留给李世民，自己仅仅带妻子随从去了长安，面见李渊。

这不单单是一份大礼，更是一种托付和信任。李渊被感动了，封萧瑀为光禄大夫、宋国公，兼任户部尚书。

04

萧瑀的祖先是梁武帝萧衍，笃信佛法，这也导致萧瑀痴迷佛法，相信命运与因果。

他的命确实很好。投唐之后，他一直与李世民搭档，好像冥冥之中上天已经提前给他站好了队。

随着李世民东征西讨，他作为辅佐者，功劳越来越大，受到的信任越来越多，渐渐也成为李唐的左膀右臂。加上他在隋朝宫廷内多年的生活历练，在大唐帝国初建时期，许多制度、典籍、礼节、法度大家都不懂的情况下，他制定了许多规则制度。李渊常常把他请到家里，向他请教问题，还拉着他的手，称呼他为萧郎。

萧瑀过去作为皇后的弟弟，家宅连绵数里，豪华非常，不过在战乱之中都被其他人分了。如今萧瑀回来，李渊将家产统统还给了他，不料萧瑀转手就将这些东西全部给了宗族，自己只留一个祠堂，供自家人祭祀。

想来钱啊房子啊，对于萧瑀来说都是来来去去的身外之物，他怎么能看不穿呢?

然而，正是这份清高孤傲，视金钱官位如粪土的狷介，让他不能正常与人相处，或者说不被追名逐利的世人理解。

有一个人名叫封德彝，是隋朝的一个官员，最早跟着杨素，后来跟着宇文化及，宇文化及失败之后，又转投李唐。

封德彝下层出身，全靠自己的聪明才智和努力勤奋向上爬，这和萧瑀的生活经历恰恰相反。

比如隋朝杨素管基建的时候，有一次修建仁寿宫，规模宏大、装饰奢华。他本来是想讨好皇帝，没想到隋文帝看过之后大怒：你耗尽民力来装饰皇宫，是要让我与天下结怨啊!

杨素傻了，不知道怎么办才好，惊恐之下就去找封德彝讨教补救的办法。

封德彝说，我听说一会儿皇后要来，你就回家好好睡觉，什么事情也不要做，明天保证没事。

次日，隋文帝召见杨素，杨素胆战心惊地去了，却看到皇后独孤迦罗也在皇帝身边。独孤皇后勉励了一下杨素，说，我俩老了，为了我俩舒服一些，你冒着风险修建这么好的宫殿，真是太体贴我们了。如此这般絮絮叨叨说了好多感谢的话，就让他回去了，什么灾祸也没有发生。

杨素惊异地问封德彝原因，封德彝说，当我知道皇后要来，就替你放心了，你想，皇后是女的，凡女性必然喜欢奢华。皇帝虽然节俭，但是皇后高兴，那皇帝也就没啥话可说了。

封德彝投唐之后，也立了很多功劳。

一次突厥来犯，一边围住了太原，一边遣使请求和亲。许多人都说以和为主，要赶紧派人和亲，但封德彝说不可，突厥侵略我边境，是因为他们觉得我们弱小，我们一旦轻易答应，他们接下来必然更会刁难，而且今年占了便宜，明年还会来。不如我们现在趁他们不防备，倾尽全力，狠狠打击突厥一次，再谈和亲的事情，这样以后就不会有什么后遗症了。

高祖李渊十分赞同，完全照做，果然解决得很完满。

封德彝在唐廷步步高升，才能渐渐显露，让萧瑀也十分赞赏，一直大力推荐。

在玄武门之变中，萧瑀果断地站在了李世民一方。李世民登基之后，萧瑀任尚书左仆射，即大唐第一宰相。他立即向唐太宗推荐封德彝当右仆射，即第二宰相。

05

然而，这个封德彝品德并不好，他常常前脚和萧瑀商量好事情，后脚在面圣的时候临时变卦，让萧瑀自相矛盾，出乖露丑。

几次三番发生这样的事情，唐太宗觉得萧瑀变得越来越奇怪，加上房玄龄、杜如晦、魏徵、温彦博之类的平民知识分子纷纷进入朝堂，萧瑀的官二代身份没了优势，就逐渐失势了。

有这么大的委屈，却又无法说清楚，萧瑀感到十分悲凉。

然而这并不是让他最痛苦的事，他的心事永远只有一个，那就是自小与他相依为命的姐姐，隋炀帝的妻子，萧皇后。

自从隋朝灭亡，隋炀帝被宇文化及杀死之后，萧皇后带着一班皇族只得跟着宇文化及逃跑。不久窦建德消灭了宇文化及，萧皇后一班人被窦建德安置在武强县。

这时，隋文帝时期嫁到突厥的义成公主听说了萧皇后和王族们的惨痛遭遇，便有心搭救颠沛流离的萧皇后及落难的皇族子弟。

义成公主出身隋朝宗室。隋文帝时期，杨坚为了安抚突厥，发展与突厥的友好关系，便在宗族之中选了一个女孩子，封为义成公主，远赴荒漠，嫁于当时的突厥之王——启民可汗。

数年之后，启民可汗去世，义成公主再嫁于启民可汗之子始毕可汗。没几年始毕可汗也去世了，她只得继续嫁给始毕的弟弟处罗可汗。此时，义成公主得知萧皇后的事，便让处罗可汗帮忙，于是处罗可汗要求窦建德将萧皇后等人送到突厥来。

那个时期的各路军阀，像窦建德、薛举、刘武周、王世充，甚至李渊，为夺取中央政权都向突厥可汗称臣。而且隋朝毕竟已经灭亡，窦建德留着这帮人也没有用，就把他们护送到突厥，义成公主把他们安置在定襄。

后来萧瑀得知了姐姐在突厥的消息，就更加想念她，想与她见上一面。

06

在朝廷上，萧瑀本来就经常与封德彝争吵，之后一次朝会，他又与一个大臣陈叔达争吵起来，就连唐太宗上前劝架也拦不住二人，太宗大怒，将二人全部罢免。

萧瑀多年忙忙碌碌，从隋到唐，一直在为这个国家操劳，如今天下初安之际突遭罢相，这让原本就不大合群的他骤然孤寂起来。

心情落寞之下，萧瑀染上了重病。唐太宗得知，连忙去探望他，并写了一首千古传唱的诗《赐萧瑀》：

疾风知劲草，板荡识诚臣。
勇夫安识义，智者必怀仁。

唐太宗一直对萧瑀的功劳念念不忘，毕竟李唐刚刚起兵，萧瑀便举家跟随，奉献出自己的根据地，而且从来没有因为一己之私要求什么。加上其背后有萧氏南方宗族势力的鼎力支持，他自小在隋朝皇室中的经营和历练，这些都是房玄龄、魏徵之类的平民知识分子无法望其项背的。

不久，唐太宗再次任命萧瑀为左仆射，他重新成为大唐第一宰相。但也是从这时开始，太宗逐渐让魏徵、房玄龄这些人进入权力中心，任命魏徵为左丞，房玄龄为中书令。

唐太宗的实力源自他自己的天策府，而天策府的实力派就是长孙无忌、房玄龄、杜如晦这些人。局势稳定之后，提拔自己一系的人马逐渐走上台面，应该是水到渠成的事情吧。

但萧瑀对他们很严格，或者说，萧瑀对所有人都很严格，包括他自己。他对物质生活看得很淡，几乎完全不会在意金钱的多少，因为钱财对于一个一出生就被封王，一辈子都在皇宫里面生活的人来讲稀松平常，但是按这样的要求去对待房玄龄、魏徵之类的人，就有些勉为其难了，毕竟人家是要养家糊口的。

大臣们一旦有一些恋财的举动，或者私下有些小动作，萧瑀就不能容忍，要求唐太宗处罚他们，这让太宗很恼火，只得不停地向萧瑀解释，你要体谅他们，你要容忍他们，他们是人，不是神，自然要吃饭，有私心。他还说，用人就要用其所长，忽略其短处，不能斤斤计较，否则将无可用之人。

不料没多久，经常参别人的萧瑀自己反而出事了。

当时，唐俭出使突厥，萧瑀长期思念姐姐，便写了一封家书让他带在身上，叫他到突厥之后给萧皇后。

唐俭出发之后，突然有人告发，说萧瑀私通突厥，这让唐太宗十分震惊——自己最信任的宰相居然与自己最危险的敌人联手，这对帝国来讲无疑是最恐怖的事情。

唐太宗召见萧瑀质问此事，萧瑀全部承认，太宗怒火中烧，立即罢免了他。

过了一段时间，唐太宗慢慢调查，知道了真相，便又赦免了萧瑀，再一次让他担任左仆射。

这是萧瑀第三次担任大唐宰相了。

07

两年之后，李靖灭东突厥，俘虏了颉利可汗，带回了萧瑀的姐姐萧皇后，却杀了义成公主。

萧瑀十分气愤，上书弹劾李靖乱杀无辜，纵容士兵劫掠了突厥的府库、吞没了突厥许多金银财宝。但是唐太宗没有搭理他，反而赏赐了李靖，并任命李靖为右仆射。

不过，萧瑀终于可以常常见到自己的姐姐了，这让他开心许多。然而他自始至终都看不惯那一班平民知识分子，一直和他们发生抵牾，也因此一直让唐太宗烦恼。

此后萧瑀一次次被罢相，又一次次被任用。李世民总是因为被惹烦了就罢他的官，可在罢免他之后又想起他的种种优点，任何人都不曾拥有的、独特的优点——完全纯粹的无私，于是又不得不让他官复原职。

计萧瑀一生，总共六次罢相，最严重的是第六次，他直接被赶出京城。

让人惊异的是，唐太宗的《贬萧瑀手诏》被保留了下来。当我第一次读到这篇文字时，顿时感觉仿佛穿越了一千五百年的时光：

> 朕闻物之顺也，虽异质而成功；事之违也，亦同形而罕用。是以舟浮楫举，可济千里之川；辕引轮停，不越一毫之地。故知动静相循易为务，曲直相反难为功，况乎站上下之宜，君臣之际者矣。
>
> 朕以无明于元首，期托德于股肱，思欲去伪归真，除浇反朴。至于佛教，非意所遵，虽有国之常经，固弊俗之虚术。何则？求其道者，未验福于将来；修其教者，翻受辜于既往。至若梁武穷心于释氏，简文锐意于沙门，倾帑藏以给僧祇，殚人力以供塔庙，及乎三淮沸浪，五岭腾烟，假馀息于熊蹯，引残魂于雀彀，子孙覆亡而不暇，社稷俄顷而为墟，报施之征，何其缪也？而太子太保宋国公瑀，践覆车之馀轨，袭亡国之遗风。弃公就私，未明隐显之际；身俗口道，莫辨邪正之心。修累叶之殃源，祈一躬之福本，上以违忤君主，下则扇习浮华。往前朕谓张亮云：“卿既事佛，何不出家？”瑀乃端然自应，请先入道。朕即许之，寻复不用。一回一惑，在于瞬息之间；自可自否，变于帷扆之所。乖栋梁之大体，岂具瞻之量乎？
>
> 朕犹隐忍至今，瑀尚全无悛改。宜即去兹朝阙，出牧小藩，可商州刺史，仍除其封。

大意是说，君臣之间要互相配合才能像机器一样有效运转，不要太挑剔人家的毛病。佛教、道教不过都是人们的一种信仰，不要过于迷信，而萧瑀这个人完全沉迷于佛教，就像他那个因为崇佛而亡国的祖先梁武帝萧衍。他居然继续在他祖先所犯的错误道路上前行，我怎么也拉不住他。我前几天还说，你既然这么信佛，干脆出家算了，他居然回答说要先入道。我对他忍了好多年，可他从来没有为我做出一丝一毫的改变，我也死了心。让他别天天在我面前晃悠让我烦心了，离开长安吧，我觉得他当个商州刺史还是不错的，但所有封号要一并摘除。

萧瑀从此成了一个平民。

这一次免职出京的动静比较大，他的姐姐萧皇后本来就年龄大了，还有病在身，得知这个消息，一下子没扛住，去世了。

姐姐的去世让萧瑀如雷轰顶，万念俱灰，身体也一下子垮了，再一次得了重病。

李世民听说后非常后悔，连忙召回萧瑀，恢复了他的爵位，还加授金紫光禄大夫，又加“特进”。

那段时间李世民身体也不好，一直在玉华宫（皇帝避暑行宫）休养，就让人把萧瑀也接来，两个人有个伴，一起养病。

但萧瑀这一次再也没有恢复过来，病情越来越重，终于还是在玉华宫去世了。李世民认为要给他一个公正的评价，所以谥号“贞褊”。

不过就我而言，我看到的却是一个老头最后的倔强。什么顽固信佛？这是萧郎对自己贵族身份的最后坚守。

从至奸至佞到至忠至贤，裴矩只需要换个老板

历史之变，翻云覆雨。

在时光银河的洗练之下，人若星子，闪耀一时迅疾陨落者有之，黯然无闻骤然绽放者有之。亦有极个别的，他们似乎拥有一种超凡的生存智慧，总能在朝代更替凶险不已的“职场风云”中游刃有余，在历史之潮汹涌澎湃的剧烈变动中随形就势。

比如隋唐之际的一代名臣，裴矩。

01

裴矩，山西闻喜人，生于有“华丽血时代”之称的南北朝之际。

他幼年时，既贵且苦。贵在他是河东望族裴氏之后，祖父两辈在北魏、北齐均为高官；苦在他幼而失怙，打小在叔父裴让之家寄人篱下。

裴矩自小聪颖好学，勤勉励志，倘若天下承平，他必定会走上一条当时世家大族子弟通行的宦海坦途，然而一场飞来横祸打乱了他的生命轨迹：叔父裴让之刚正不阿，在北齐清河郡守任内处死了民愤极大的贪官石转贵、孙舍兴等人，触怒权贵，遭诬陷惨死。

这事极大地刺激了裴矩，也为他种下了“但不犯人”的性格之种。

裴矩初登历史舞台，是在北齐担任一些类似司州兵曹从事之类的小官。他命运的转折点出现在北周灭北齐之后，那时他傍上了一棵“大树”，成为时任定州总管杨坚的幕僚，颇受倚重。

很快，杨坚成为北周丞相，进而在开皇元年（581 年）篡周建隋，史称隋文帝。裴矩押对了宝，跟对了人，升任给事郎，主管内史省事务。这个官职虽然仍不算太大，但可以与闻枢机，因此他地位日重。

开皇八年（588 年），隋文帝任命晋王杨广挂帅伐陈，裴矩任元帅府记室伴行。

灭陈之役成为裴矩与杨广的首次合作，为后来他们之间的荒唐君臣关系埋下伏笔。

能力出众的裴矩，很快迎来人生中的第一个高光时刻。

开皇十年（590 年），裴矩受命巡抚岭南。他还没出发，高智慧、汪文进等人便在江南反叛，吴越之地一时烽烟四起。文人出身的裴矩行至南康无法前行，就地拼凑了数千人，会同朝廷平叛大军，先后在大庾岭、原长岭等地击破叛军，斩杀叛将，并一直打到南海之远，进而安抚了岭南二十余州，为隋朝安定南方立下大功。隋文帝激赞不已，旋即升裴矩为民部侍郎。

而后，裴矩从南及北，开始在“外交”领域显露才华。

面对强大一时的北方突厥，裴矩充分运用“离间分化”的策略，先让都蓝可汗与妻子大义公主内讧，然后鼓动都蓝可汗、达头可汗、启民可汗三位突厥首领互相攻击，彼此削弱。在这样的计策下，隋军坐收渔利，一举击败突厥，成功平定北方，裴矩也因功再升尚书左丞。

02

隋炀帝杨广继位后，裴矩又受命经略西域。

经过数年不辞艰辛的实地考察，裴矩对西域的山川地理、人文风俗了然于胸，写成《西域图记》三篇献于皇帝。隋炀帝大喜，擢升他任民部尚书、黄门侍郎等职。

此时的裴矩开始一边做事，一边“做人”。他敏锐地察觉到隋炀帝杨广好大喜功，便不断投其所好，谄媚逢迎。

大业四年（608 年），裴矩挑动北方少数民族铁勒与吐谷浑交恶，吐谷浑兵败向隋求援，隋借援助之名大举进军西域，逼迫吐谷浑南迁，其原有的一半领土皆被划入隋朝版图。这片土地南北二千余里，东起青海湖东岸，西至塔里木盆地，北起库鲁克塔格山脉，南至昆仑山脉。

大业五年（609 年），特别喜欢东游西逛的隋炀帝突发奇想，欲巡察黄河以西地区。裴矩看到机会来了，派人游说高昌王麴伯雅与伊吾吐屯设等人，一番威逼利诱，使其遣使入朝示好。

三月，炀帝西巡到达张掖附近的燕支山（汉代匈奴人曾在霍去病的攻击下哀叹：“失我燕支山，使我嫁妇无颜色”），而此时，裴矩已经搞了一个巨大的“面子工程”在等着他——

高昌、伊吾等西域二十七国国主披金挂银、身着锦缎，亲自侧身路旁大礼迎候，一路上香烛之烟四起，鼓乐歌舞喧天。当地的老百姓也被强行组织起来，穿着节日盛装跟随观看，人流涌动，车马相接，欢迎队伍竟绵延十余里……

隋炀帝果然对此盛景十分受用，再进封裴矩为银青光禄大夫。裴矩食髓知味，决定搞一次更大的“形象工程”，让隋炀帝再高兴一次。

第二年，即大业六年（610 年），隋炀帝巡行东都洛阳。裴矩以“蛮夷朝贡者多”为由，将洛阳的主干大街变成了巨大的露天舞台。他召集了上万名来自各地的各民族演艺人员，展开众多表演项目，“声闻数十里，自昏达旦”，当地官员和百姓们如同过节一样，盛装出行，任意观看。更为夸张的是，在洛阳的主要商业区，树都用绸缎包裹装饰起来，还搭起了巨大的帷帐，里面摆满了珍馐美酒，对前来朝觐的人一律盛情款待，白吃白喝，分文不收。慕名前来的人当然赞叹中原是神仙之地，可在这番奢靡浪费背后，尚有无数生民食不果腹，衣不遮体。不过不管怎样，裴矩的目的已经达成了，他又得到了隋炀帝的赞赏。

见南、北、西都平定得差不多了，裴矩的眼睛瞄向东方。

这是裴矩一生最大的污点。他三番五次鼓动隋炀帝穷兵黩武，东征高句丽，而这直接导致了隋朝的灭亡。《资治通鉴》有言：“卒令中国疲弊以至于亡，皆矩之唱（倡）导也。”

大业七年（611 年），隋炀帝亲征高句丽，倾全国之力，调百万大军以及数百万后勤补给人员大举东进，然而却在辽东遭到痛击，尸横遍野，大败而归。

大业九年（613 年），隋炀帝再次亲征，就在辽东城将下之际，后院起火，杨玄感反叛，隋军只好回兵平叛，东征再度功败垂成。

大业十年（614 年），已接近疯狂的隋炀帝三度亲征，高句丽此时也是疲惫不堪，就干脆假装投降，隋炀帝赶紧借坡下驴，草草收兵。

经历了这三次大折腾，大隋已被彻底掏空。《隋书·食货志》说：“天下死于役而家伤于财……疆场之所倾败，劳敝之所殂殒，虽复太半不归……良家之子，多赴于边陲，分离哭泣之声，连响于州县。老弱耕稼，不足以救饥馁，妇工纺绩，不足以赡资装……乡亭绝其烟火，人相啖食，十而四五。”

大业十二年（616 年），裴矩随隋炀帝前往江都（扬州）。此时已是天下大乱，民变四起，但炀帝的骄奢淫逸无半点收敛。裴矩对此心知肚明，却只是逢迎取悦，不敢有所谏诤。

义宁元年（617 年），李渊在太原起兵反隋。当时，跟随隋炀帝在扬州的骁果军思家心切，无心恋战，纷纷逃离江都。又是裴矩出了个馊主意：将江都寡妇和未嫁女子配给士卒“恣欲”，连尼姑道姑等都不能幸免。兵士们在江南有了家眷，逃走的情况有所缓解。

武德元年（618年），宇文化及在骁果军统领司马德戡等人的煽动下发动江都之变，弑杀隋炀帝。裴矩亦被擒，但因当初为骁果士兵娶妇之举得以幸免，还在宇文化及篡位建立许国后，被授为尚书右仆射、光禄大夫，并封蔡国公。

武德二年（619年），宇文化及兵败被杀，裴矩又被窦建德所俘，竟也备受礼遇，在窦建德手下做了吏部尚书。

武德四年（621年），窦建德在虎牢关之战中被李世民生擒，裴矩又降唐，被拜为太子李建成的左庶子，后改任太子詹事。

至此，裴矩已身历北齐、北周、隋、许（宇文化及）、夏（窦建德）、唐六朝，这期间刀兵四起，政权更迭，物是人非，杀戮频仍，而裴矩却始终以其长袖善舞的手段自保无虞，且备受重用，实是史上罕闻！

03

入唐之后，已然七十多岁高龄的裴矩再次令人惊愕地实现了一次“华丽转身”。这位给隋炀帝出尽了坏主意的裴公，竟然成了大唐初年有名的忠直干才，在很多重要的历史关头都有他的身影。

武德八年（625年），备受东突厥倾轧的西突厥统叶护可汗派人入唐请求和亲，唐高祖因其远隔苍茫犹豫难断。对突厥形势了如指掌的裴矩劝谏：现在突厥东强西弱，我们应远交近攻，答应与西突厥和亲，这样就可以有力牵制东突厥的颉利可汗，然后再徐徐图之。高祖深以为是。

武德九年（626年），祸起萧墙，秦王李世民突然发动著名的“玄武门之变”，闪电般杀死太子李建成、齐王李元吉。作为“太子派”重要成员的裴矩值此生死关头，再次神奇地选对了边，迅速倒向了李世民的“秦王派”。

太子、齐王被杀后，二人的余党数千人退守东宫，欲做殊死一搏，裴矩受命前往劝说，竟令太子派残党土崩瓦解，为李世民上位立下大功。

唐太宗李世民即位后，裴矩继续备受重用，被任命为民部尚书，此时他已经年近八十，但是依然宵衣旰食，勤政不已。

更为重要的是，裴矩察言观色的能力一点儿没有因为身体的衰老而衰退。他很快发现，唐太宗和隋炀帝最大的不同就是他想当明君，因此自然会喜欢诤臣（至少做出的姿态是这样的），于是裴矩开始了他又一次的“角色反转”。

唐初官场腐败严重，令唐太宗非常头疼，竟想出了“钓鱼执法”的下策。他暗中派人以财物行贿，试探官员，结果刑部的一个官员没禁住诱惑收了一匹绢，唐太宗大怒，要杀这个人以儆效尤。

皇帝在气头上，没人敢说话，不料裴矩站了出来，据理力争：官员贪腐，自然该杀，可陛下以财货诱之，令其犯错，这不符合圣人“道之以德，齐之以礼”的训诫。这一番话竟然说动了李世民，他还召集朝廷百官对裴矩大加褒奖：“裴矩遂能廷折，不肯面从。每事如此，天下何忧不治！”

从此，裴矩又成了和魏徵齐名的诤臣！

不过，这是裴矩最后的辉煌了。不久后的贞观元年（627 年），裴矩病逝，时年八十岁。

从南北朝到隋唐之际，在历史风烟里一路走来，究竟应该怎么评价裴矩呢？

司马光在《资治通鉴》中对他的评价比较中性：“佞于隋而忠于唐。”其实不是裴矩变了，而是皇帝品行不一样了。皇帝的喜好就像立在宫殿前的华表，而臣子就像华表的影子，影子的形状，取决于华表。

《新唐书》的作者之一、曾写出“红杏枝头春意闹”的宋祁则对他评价很低：“裴矩，其奸足以亡隋，其知反以佐唐，何哉？唯奸人多才能，与时而成败也。妖禽孽狐，当昼则伏自如，得夜乃为之祥。”

曾与裴矩同朝为官的御史孙伏伽，曾言辞激烈地弹劾时任民部尚书的裴矩，说他是“苟钓虚名，不知救恤百姓”之辈。与裴矩见风使舵不同，这位孙伏伽不但是国史可考的第一位状元，而且曾经拽着唐太宗的马缰死谏，是个真正的“硬骨头”。

总体而言，裴矩的历史形象复杂多变，难以定论，但就中国古代知识分子最为看重的气节而言，似有所亏。也正因此，同为所谓“诤臣”，魏徵死后谥号“文贞”，而裴矩死后却谥号“敬”，虽然都是嘉词，但在中国委婉而有深意的谥号表意体系中，还是有很微妙的不同。

更有意思的是，现代人也会拿这位传奇人物来开开玩笑。在黄易的著名武侠小说《大唐双龙传》中，裴矩竟成了魔门第一高手石之轩的化身。这则趣闻，也为后人对他的评价留下了一个看似荒诞实则颇有意味的注脚。

天生反骨吴三桂，在明亡明，事清叛清

崇祯十七年（1644 年）是个甲申年，也是让中国历史发生翻天覆地变化的一年。

这一年里，闯王李自成攻进北京，建立大顺朝；大明崇祯皇帝煤山自缢；大清皇帝皇太极去世，儿子福临被多尔衮等亲王拥立为帝，建元顺治。

令人眼花缭乱的事件接连发生，有一个人一直处于时代大旋涡的中心，对历史的走向有着极为重要的影响。

这个人就是明朝的山海关总兵吴三桂。

01

李自成兵临北京城下，吴三桂提山海关精兵入关，捍卫大明。没想到走到一半，消息传来，北京城已被攻下，崇祯皇帝自杀。

吴三桂面临十字路口：是归降闯王的大顺政权，还是继续效忠已经亡国的大明朝？或者投向那个与他争斗了几十年的关外强敌大清？

正在观望犹豫之时，吴三桂昔日的战友大同总兵唐通带着四万两白银前来，代表李自成劝吴三桂投降大顺朝。他一同带来的，还有吴三桂父亲吴襄的亲笔劝降信。

吴三桂的家人都留在北京，包括他最心爱的小妾陈圆圆，如今都在李自成手上了。

唐通盛赞李自成礼贤下士，必成大业。吴三桂动摇了。

就在此时，他接到了吴家人从北京偷偷送出的一封信，信上告诉他，闯王大将刘宗敏已把陈圆圆抢去，还把吴襄投入狱中遭受酷刑，逼其缴付巨额赎金。

吴三桂大怒。大丈夫连自己的女人和父亲也保护不了，还有何面目活在世上？于是他发兵突袭唐通部，得胜之后立即回到山海关，派使者向关外清兵求救。

吴三桂守宁远、山海关多年，与清兵大小打过几十仗，是多年的宿敌，现在他将

与灭掉明朝的大顺兵决一死战，便转头向这个昔日强敌乞师。

历史就在这儿掉了一个头。

清朝当权的睿亲王多尔衮敏锐地抓住了这个重要时机，率八万八旗精骑兵，强行军数日到达山海关。

吴三桂开关迎接，多尔衮大摆仪仗，和吴三桂一起祭拜上天。双方约定，吴部士兵全部用白布缠在肩膀上作为标志，以区别于李自成的军队。此时，闻知吴三桂偷袭唐通的李自成早已率二十万大军直扑山海关。

双方在山海关一片石大战，吴三桂部先与李自成军交手，打到中午，双方都很吃力，吴军渐渐不支。

狡猾的多尔衮要的就是这个效果。乘着一阵大风，飞沙走石，天地昏暗，两支精骑各两万，从吴三桂军右边杀出，万箭齐发，飞射闯军。铁骑滚滚，如狂涛巨浪般势不可当，直冲进闯王军中，大顺军瞬间大乱。李自成在高岗上观战，见此情况大惊道：这是辫子兵啊！赶紧拍马下岗，带着亲兵逃跑了。

大顺军在八旗军凶猛的攻击下全面溃败，清、吴联军追击四十里，直杀得血流成河。

这一战打得闯王李自成一蹶不振，一路向西逃跑，吴三桂紧紧追击。他心中憋着一股恶气，因为小妾陈圆圆虽是抢回来了，可他父亲吴襄及全家大小三十多口已被李自成全部杀掉。

吴三桂跟着清武英王阿济格直追到山西，又从山西到陕西再到湖广，李自成被赶上了绝路，第二年在湖北九宫山被杀。

02

吴三桂祖籍江苏高邮，《鹿鼎记》中韦小宝骂他“高邮咸鸭蛋”就源出于此。他长得两道剑眉，一管高鼻，看着气势逼人，举止又从容有度，端的是风度十足。不过他打小在辽东长大，受当地民风影响，也雄健过人，武功超群，是崇祯朝的武举人。

当年，吴襄曾与五百骑被困于清朝大军之中，明主将祖大寿虽是吴三桂的舅舅，也知道再去救援无异于肉包子打狗，不肯发兵。

吴三桂苦求无果，大哭而出，飞身上马，率家将二十骑，奋勇冲入敌阵。诸人受他的勇气激励，无不以一当百，居然砍出一条血路，将吴襄几百人救出了清兵包围圈。据说皇太极远远看见，大为感慨道:“小吴将军真英雄！”

这一战让吴三桂名扬天下，时人称为“孝闻九边，勇冠三军”。

几年后，吴襄在一次战役中因为擅自撤退被撤职，而吴三桂则被提拔为总兵，这时他才二十七岁。

崇祯皇帝在北京召见了他，这个年轻英俊又潇洒勇武的边疆大将立即成为京城各大“趴体”的宠儿，人人以识得小吴总兵为荣。

大臣田弘遇在苏州采得能歌善舞的美女陈圆圆，献给每天眉头锁得紧紧的崇祯皇帝，想让他不要那么脸臭。但皇帝这个位置是真不好坐，陈圆圆这样的美人居然还是没让皇帝开心，被退回了田府。

小吴将军在田家的“趴体”上见着了美如天仙的陈圆圆。此女明眸善睐，歌喉婉转，小吴没有崇祯皇帝的定力，对她一见倾心。老田有心结交手上有兵的强权人物，便做了个人情，把陈圆圆送给了小吴。英雄配美人，成了一时佳话。

可惜好景不长，边关战情紧急，吴三桂又要奔赴前线。松山一战，大明朝最后的精锐在洪承畴手上，誓与清兵决一死战，吴三桂即为洪大将军手下八总兵之一，那个后来来劝降他的唐通也是。

然而现实很残酷，明军大败，唯吴三桂一军独存，他只得退守山海关，据自然之险继续抗击清军。

现在一切都过去了，以前的一对敌手，如今联合起来打败了大顺李闯王，吴三桂已是骑虎难下，有进无退。

清兵入关打的是为崇祯帝报仇的口号，赶走了李自成，占领了北京城，“大仇”已报，他们却不打算回去了。

这时候，清军定鼎中原的大好形势已经明朗，中原易主是铁定的事情了。

03

明末才子吴梅村写下《圆圆曲》，暗讽吴三桂降清引狼入室的举动，但后来的情况就不是这个书生能预料到的了。

顺治二年（1645 年）后，吴三桂全心倒向大清。为表忠心，他不遗余力地剿杀抗清力量，无论是李自成、张献忠的农民军，还是南明小朝廷的人马，全用血腥的屠杀手段“排头砍将过去”。

顺治十六年（1659 年），吴三桂攻下云南；1662 年，下令用弓弦绞杀了南明最后的皇帝永历帝朱由榔。因为此功，他被封为平西王，与福建靖南王耿精忠、广东平南王尚可喜并称三藩，成为权倾朝野的一方诸侯。

康熙十二年（1673 年），年轻的康熙帝下令撤藩。吴三桂自恃力量强大，清帝年轻不经事，而当年那些的猛将精兵早已是东流之水，遂联合靖南王、平南王起兵反清，史称“三藩之乱”。

这仗一直打到康熙十七年，吴军由原来差点饮马长江的大好形势，渐渐变得局促起来。

吴三桂没有成功，一方面是因为他当年残杀明军的行为尚历历在目，现在却打着“反清复明”的旗号反对削藩，这种两面三刀的作风，甚是不得人心。

另一方面，康熙皇帝出乎意料地了得，他在全国布置了一盘棋。别看他年轻，在用人和收服人心等方面，他都比吴三桂高出不止一筹。

吴三桂看情况不对，就有称帝“自娱”的想法，于是在衡阳自立，定国号为“周”。不过他在这年秋天就病死了，只过了一会儿皇帝瘾。

又打了几年仗，三藩被全部平定，已死多时的吴三桂被清廷清算。他们称吴三桂“明季罪人，本朝反贼”，简直罪大恶极。后来的史书又把他写成了当朝最大的逆子贼臣，就是要让他遗臭万年。

可吴三桂能得那么多人誓死效忠，头发白了还能再起兵争雄天下，不会只是见风使舵，唯利是图之辈吧？

有一本叫《庭闻录》的书，是吴三桂一个部下的儿子写的，记载了关于吴三桂的很多事情。

明末大臣傅宗龙是吴三桂的老上司，对他有恩。傅宗龙的儿子傅汝在吴三桂手下当差，随时出入王府，老吴当他是亲兄弟。

明将毛文龙原来也是老吴的上司，入清后家里势衰，被一李姓将军硬夺宅子。毛家一个老仆人千里迢迢赶到云南，请出吴三桂给他家做主。吴三桂果然帮助毛家拿回了家产，还让李氏赔偿了损失。

在富贵不忘故旧方面，吴三桂还是很有风范的。

有个王公良，从辽东就和吴三桂在一起，他也知道吴亲王所为不善，但他对别人说：我当然知道早晚要死，但这个人对我这么好，我不可对不起他。吴三桂兵败后，王公良自焚而死。

吴三桂大处不佳，于德行有亏，却能在小处收拢人心，得人死力。

其实，那些人效忠的只是一个“士为知己者死”的模式，不是在效忠某个人。

用得着得捧，
用不着就扔

彭越不死，朕心不安

他是世界战争史上第一个正式使用游击战战术的军事家，被誉为“游击战始祖”。有人说，他的军事谋略与指挥才能与同时代的韩信相比虽然略逊一筹，他的功绩却并不比韩信逊色。

然而，这个刘邦手下最得力、功劳最大的将领之一，结局却异常悲惨。当他因病无法亲自带兵执行刘邦的命令时，就被人诬告谋反，最终被剁成肉酱分给诸侯尝鲜。

01

出生于今山东菏泽市巨野县的彭越本来与江苏人刘邦没什么交集，也没有大丈夫就要建功立业的远大理想。如果非要说，他的理想不过是能过上丰衣足食的小日子。

不过在秦末，要过上这样的日子，靠老老实实劳动恐怕做不到，所以他选择了一条“捷径”——做强盗。

当然了，他也有正当职业。他的正当职业是打鱼，做强盗应该算是兼职。

虽然他本人没有远大理想，但是和他一起做兼职的小兄弟有。小兄弟对他说：现在不少有本事的人都起来造反了，咱们也反吧，大哥你领头，带着咱们干！

彭越说造啥子反，有那个闲心，还不如多打点鱼，把生活搞好比什么都强。

小兄弟们再三鼓动彭越带他们造反，彭越不胜其烦，就找了个理由，说现在两条龙刚开始搏斗，咱们还是等一下，看看情况再说，这才把他们打发走。

彭越所谓的两条龙，是指揭竿而起的陈胜和项羽的叔叔项梁。

一年后，那些小兄弟又来纠缠，请他做他们的头儿，带领他们造反。这次彭越干脆直接拒绝：我不想和你们一起干！可是最后他实在拗不过，还是勉强答应了。

那时候，他身边聚集起来的小兄弟已经有一百多人，彭越觉得要管好这么多人，必须先立个规矩。

他跟他们说，明天太阳出来就集合，谁也不许迟到，迟到者杀头。

小兄弟们嘻嘻哈哈地答应了。他们平时散漫惯了，还以为彭越是开玩笑呢，便没把这个当回事。到了第二天，迟到者竟有十多人，一个最不像话的，直到中午才姗姗而来。

要杀这么多人，彭越做不到，但要他自食其言，他更做不到，那就机动灵活一点儿，把最后来的那个杀掉就行了。

可是彭越的让步，还是让人觉得可笑——迟到就杀头，这是什么事儿啊？所以当彭越命令手下执行时，那人吃了豹子胆不干，其他人则笑着说何必当真，今后不迟到就行了。

彭越不听他们啰唆，亲自动手把最后来的那个人杀掉了。

从此以后，那些人怕他怕得要死，他说东他们不敢往西，他说坐下他们不敢站着。

02

杀人立威后，彭越正式拉起了队伍，又逐渐收罗了一些散兵游勇，队伍很快发展到一千多人。

虽然彭越的队伍占了不少土地，但他似乎并未打算自立为王。也许在他看来，他不适合自己当老板，更适合给人打工。

他看中的老板是刘邦。

那时的刘邦正带领军队攻打昌邑，彭越带上自己的人马去帮忙。但是直到公元前205年春天，彭越才正式归附汉王刘邦，那时他的队伍已经发展到三万多人。

彭越为刘邦收复了十多座魏地城池，刘邦便直接任命他为魏国国相，并让他独揽兵权。

刘邦当时的主要对手是楚王项羽，而彭越对刘邦的主要贡献，也是在楚汉相争之时。在这期间，彭越采用“敌进我退，敌退我追”等许多游击战术，率部在楚军后方大搞偷袭，经常使项羽的粮食得不到补给，搞得项羽顾得了东顾不了西，陷于两面作战的窘境，不得不多次回兵救援。项羽的楚军被最大限度地牵制了，前线汉军被楚军歼灭的概率大大减少。

后人把彭越的这种游击战做法总结为兵法计谋的一种，称之“彭越挠楚”：分兵多路，一部分兵力从不同方向对敌人进行佯攻袭扰，牵制敌人，使其首尾不能相救，另一部分兵力绕道对其他目标进行实攻。

如果说，刘邦的最后胜利是因为他用“三条腿”走路的话，那么彭越在后方大搞游击战这条“腿”，无论如何也要算其中重要的一条（另两条是刘邦的正面防御和韩信的千里包抄）。凭借“三条腿”走到垓下，刘邦走进了阳光灿烂的春天，项羽却到了万劫不复的末日。在这里，彭越助刘邦一举干掉了疲惫不堪的楚军，将最后的胜利果实收入囊中。

刘邦的功劳簿上，彭越的名字相当耀眼。当年春天，彭越被刘邦封为梁王，建都定陶（今山东定陶）。

03

登上梁王宝座是彭越的人生顶点，对此他已知足，因为“小富即安”本来就是他的人生理想。然而，小心谨慎了大半辈子的彭越，却在这之后一不留神把刘邦惹着了。

祸起于一头“巨大的野猪”。

当时，有一个阳夏侯名叫陈豨（豨：巨大的野猪），在投降了匈奴的韩王信的鼓动下起兵造反。刘邦御驾亲征，同时命令各诸侯王跟他一起去“打野猪”，可是最后理他的居然只有他的儿子齐王刘肥和齐相曹参，其他诸侯王全都装聋作哑，拒绝听令。

堂堂皇帝的命令都没人听，可想而知刘邦的心理阴影该有多大！他铲除异姓王的心理动因，也许就是那时候产生的。

其他诸侯王为什么不听刘邦号令，我们不得而知，但至少有两个原因导致彭越未能听命出兵：一是年纪大了，二是正在生病（有人说他是装病，不过这不大可能，因为不符合他的性格）。

彭越确实并非不听号令。接到命令的第一时间，他就派出部将领兵去邯郸与刘邦会师，可是这不但未能让刘邦消气，反而成了火上浇油。一回到洛阳，刘邦就派人去梁国追责。

刘邦如此对待唯一一个理他的诸侯王，实在有点欺软怕硬的意思。

刘邦的做法，连彭越的部将扈辄都看不下去了，他坚决反对彭越到洛阳去谢罪——打仗的时候要你去你说你病了，现在不叫你去你偏要去，如果是我，我也会认为当初你是装病，这是欺君之罪啊，我的领导！你到洛阳不是自投罗网吗？淮阴侯韩信就是前车之鉴啊！

受到刘邦使臣的责备，彭越本来就不知如何是好，扈辄这番话更是让他慌了手脚。这可如何是好？这可如何是好？

扈辄咬牙切齿地说，如今要想自保，唯一的办法是趁机反了，先发制人进攻洛阳，打他个措手不及，说不定领导您也能弄个皇帝当当。

大胆！彭越一声大喝，我是断然不会那样做的，这种话不许再说！

他不想造反，又想不出对付刘邦的好办法，只好继续称病。

就在他消极地等待命运的安排时，万万没想到国内出了叛徒。扈辄鼓动彭越造反的事不知怎么被梁国太仆知道了，他连夜逃到洛阳向刘邦告密。

这时的刘邦反倒冷静了，听了举报不但没有勃然大怒，反而派了一个使团去“慰问”彭越。

彭越一听皇上对他这么好，自己生了点小病就派这么多人来探望，这是要把人感动死，哪里还会怀疑其中有诈呢？

“慰问团”一到梁国，就把毫无防备的彭越抓了起来，送到洛阳受审。

04

审来审去毫无结果，或者说毫无刘邦想要的结果，因为怎么也找不到彭越造反的证据。但不定罪也不行，否则就白费了这么大力气，那就定个“反形已具”罪吧。

啥意思？就是当初扈辄鼓动你造反，你虽然没有造反，但是也没把扈辄杀了，这就叫“反形已具”。即使没有实际的造反行动，仅仅是“反形已具”，也是大罪，也是最高领导无法容忍的。

不过这时候的刘邦好歹还没有忘记彭越的巨大功绩，再加上彭越确实年纪大了，就饶了他一命，仅将他废为庶人，让他到四川青衣县“养老”去了。

位于今四川名山县北部的青衣县（如今已不存在）青山绿水，气候宜人，虽然是个尚未开发的蛮荒之地，但到那里去“养老”也很不错，说不定比当诸侯王还能多活几年呢。

可是偏偏彭越在被押往流放地途中遇到了个“贵人”。

他是在郑县（在今陕西省渭南市）遇到“贵人”吕后的，那时吕后正从长安前往洛阳。鉴于他们有叔嫂情分，不是外人，彭越见了吕后就像孩子见了娘，一把鼻涕一把泪地把心中的委屈一股脑全说了出来，然后表示自己已经是老得黄土埋到脖子的人了，这辈子也没别的奢望，只希望能够把这把老骨头埋在家乡。

吕后说，兄弟你放心，这事儿包在我身上。然后就把彭越带回了洛阳。

吕后的举动，把刘邦惊得目瞪口呆。这女人胆子也太大了，当初滥用私刑先斩后奏杀了韩信，如今又擅自带回了朝廷要犯，眼里哪还有王法，到底朕是皇上还是她是皇上？

吕后说你先别急，听我慢慢道来。

听了老婆的话，刘邦这才觉得这个女人把彭越带回来并非头脑发热一时冲动，而是深思熟虑后做出的决定。

吕后的话是这样的：彭越这个人不简单啊，能够从一个强盗混成诸侯王，说明他有过人的本事，号召力惊人。你把他流放到四川去，不是养虎为患，放虎归山吗？日后他若是得到机会，再召集起一队人东山再起，你说你怎么应付？我为什么把他带回来，你这下明白了吧？

明白倒是明白了，可是作为一个皇帝，也不能不讲信用啊，说好了只是流放他，现在又弄回来杀掉，实在让人有点不好意思。吕后说，金口玉言，你的话当然不能不算数，这事儿就交给我吧。

吕后的办法毫无新意，无非又是诬陷谋反那一套。她收买了随彭越一同被流放四川的一个舍人，授意他告发彭越回到洛阳后又号召家人造反。

再次被捕入狱的彭越百口莫辩，加上审理此案的新任廷尉王恬开猜透了吕后的心思，不由分说判了他死罪，诛三族。

这一回刘邦可没那么心慈手软了，彭越被砍了头还不放过他，下令不准任何人替他收尸，否则同罪。

但比起吕后那个蛇蝎女人的狠来，刘邦就是小巫见大巫了。她居然下令把彭越的尸体剁成肉酱，然后煮成肉汤分给各路诸侯王品尝。

喝着彭越汤，不知诸侯王们品尝到的是什么滋味，心里又在想些什么？

也许他们在想：兔死狗烹，鸟尽弓藏，说不定下一个就是我。所以啊，该吃吃，该喝喝吧。

彭越死得不仅无辜，而且对不起他的英武。韩信死时好歹是中央政府各路诸侯一起串了个场，这排场对得起他国士无双的身份，可梁王彭越被人直接从自己的地盘上带走时，话都不敢多说一句，实在是可怜啊。

萧何杀韩信之后

01

公元前 196 年，汉高祖刘邦带兵讨伐谋反的陈豨，吕后坐镇长安召见萧何，申明淮阴侯韩信联合陈豨意图谋反，要求萧何请韩信入宫。

萧何依从，韩信入宫后便被吕后埋伏的刀斧手斩杀。

萧何辅助吕后杀了韩信，除去了汉高祖刘邦的一块心病，立了大功，刘邦给他增加封邑五千户，并允许他指派一名都尉加五百名兵士作为私人护卫。

加官晋爵的萧何自认为圣眷正隆，大摆宴席接受宾客的庆贺。一时之间，萧相国府上门庭若市，高朋满座，喜气洋洋。

这时候，却有一个人身着素衣白履，声称前来为萧相国吊丧。

> 上已闻淮阴侯诛，使使拜丞相何为相国，益封五千户，令卒五百人一都尉为相国卫。诸君皆贺，召平独吊。(《史记》)

02

萧何定睛一看，来者是自己的门客召平。

召平是秦朝时期的东陵侯，后来天下大乱便辞官隐居，终日以种瓜自娱。因他种出来的瓜脆甜爽口，因此被时人称为“东陵瓜”。萧何到关中后听闻召平贤明，便召其为幕僚，召平确实也为萧何出谋划策，立下了汗马功劳。

可再大的功劳也不好扫别人的兴。

萧何满心不悦地训斥：你喝醉了吗?

召平见萧何没有明白自己的良苦用心，便说，明公不要再高兴了，你马上就要大祸临头了！

萧何闻言脸色大变，赶忙将召平请入内室。

萧何不解地问，先生，虽然我如今贵为相国，加封五千户，可谓圣眷正隆，但是我遇事一向小心谨慎，不敢稍有疏忽。为何您刚才出此言论？

召平说，皇帝陛下南征北战亲冒矢石，而你却在长安安居高座，竟然还能得到加封，我觉得陛下已经怀疑你了。你没看到淮阴侯韩信当年也曾功高盖主吗？小心落到韩信的下场啊！

萧何一听，不禁吓出一身冷汗。

第二天，他早早入宫等候面见汉高祖，力陈自己无功受禄不敢领取封赏，并请求将自己的家产也捐给朝廷。

汉高祖谦让劝勉之后，欣然接受了萧何的建议，又对萧何大大赞赏了一番。

对此，《史记》中的记载只短短一句话："相国从其计，高帝乃大喜。"说得虽然简略，但从"大喜"二字，能隐隐看出一丝不同寻常。

03

第二年黥布谋反，汉高祖刘邦再次领兵出征，仍旧是萧何坐镇长安。

萧何每次派人将军粮辎重运到前线，刘邦都会问使者萧相国在忙什么。

使者也总是回答：相国殚精竭虑，爱民如子！

刘邦听后默不作声。

使者回到长安如实禀告，萧何也猜不透他这位陛下的心思。

有一天萧何再次遇到召平，便将事情如实告诉了他。召平闻言叹气，您不久就要被满门抄斩了！

萧何脸色煞白，忙问为什么。召平说道：您身为百官之首已经无可封赏，现在皇帝问您的动向，实际上是怕您在长安图谋不轨啊！关中百姓对您爱戴拥护，您也竭力安抚百姓，以您的号召力，占据关中很容易，到时候百姓归附，陛下将腹背受敌，所以他才对你不放心。

萧何问，那我该怎么办？

召平说很简单，给自己制造些坏名声就可以了，比如强买老百姓田产，让百姓骂您恨您甚至到陛下那里告您，这样他就会放心了。

萧何长叹一声：我怎么能去做贪官污吏呢？！但是性命攸关，最终他还是听了召平的建议。

汉高祖刘邦得胜归来进入长安，长安百姓纷纷拦住皇帝的车驾状告相国萧何。随行官员听说百姓要状告相国，立即上报了汉高祖。

皇帝亲自接见，老百姓们说：相国强买强卖我们的房产，从中牟利千万之多。

汉高祖刘邦听了之后却在心中暗笑，堂堂相国居然抢夺老百姓财物，真是难成大事，看来我可以高枕无忧了！

> 客有说相国曰："君灭族不久矣……上所为数问君者，畏君倾动关中。今君胡不多买田地，贱贳贷以自污？上心乃安。"于是相国从其计，上乃大说。(《史记》)

虽然心里这么想，刘邦还是要对老百姓有所交代的。他叫来萧何，假装愤怒地将百姓的上访状纸扔给萧何：当相国的应该多想想怎么为老百姓办实事，你看看你自己干的这些事情！你自己去跟老百姓谢罪吧！

萧何表面上吓得唯唯诺诺，转身出宫，立刻就高高兴兴地照办了。

不过萧何还是改不了为民着想的热心毛病。

第二天，他清退了所有自己"霸占"的财产，向汉高祖汇报进展。原本君臣和乐，结果他见气氛良好，趁机向皇帝提了个建议：长安狭小，上林苑土地广袤，与其荒废，不如交给老百姓来开垦。等老百姓开垦之后粮食由老百姓取走，剩下的秸秆归政府，可以作为牲畜的饲料……

刘邦一听萧何又在笼络民心，当即大怒。

相国收了商人的钱财，来打我上林苑的主意！来人，给我抓起来！

于是相国萧何被戴上刑具打入了天牢。

04

过了几天，见高祖心情不错，一名侍卫趁机问他，相国有什么罪，怎么被打入监牢了？

刘邦微微一笑：我听说秦始皇在位的时候，李斯把功劳都让给皇帝，罪过都留给自己。如今你嘴里的相国收了商人钱财，竟来讨要朕的上林苑，以此讨好百姓，给自己赚好名声。

侍卫当即辩白道：这就是相国的职责啊，陛下怎么会怀疑萧何接受商人的钱财呢？当初诸侯谋反，陛下御驾亲征，那时候应该是相国受贿的好时机，如果当时他稍有动作，关中早就易主了，哪还用等到现在？况且不就是因为李斯谄媚，所以秦朝才失去了天下的？

刘邦一听，对侍卫的话很不高兴，但是细细一想确实有道理，于是命使者前往传旨，无罪释放萧何。

听到皇帝赦免的圣旨，萧何连家都不回，直接赶到皇宫面见刘邦，诚惶诚恐恭恭敬敬地向皇帝谢罪。汉高祖刘邦见老伙计蓬头垢面，心中非常过意不去，少不得一番安抚。

随着召平的话一一应验，萧何也终于想通了，从此以后他在朝上再不敢发表意见，唯皇帝的命令是从，终于得以善终。

没人害死狄青

01

宋仁宗宝元二年（1039年），崛起的西夏国进攻大宋的保安军。双方交战，保安军节节败退。

近年与西夏打仗屡战屡败，宋军将士都有畏敌心理，士气低迷。眼见战况越来越不妙，就在此时，蓦地从斜刺里杀出一支宋军，军中大旗飘扬，上书一个“狄”字。为首一将，披头散发，戴着一个面目狰狞的铜面具，大声喊杀，率先冲向西夏军，左冲右突，勇不可当，西夏军无不见者披靡。

宋军士气大振，一时杀声震天，把西夏军打得只有招架之力。西夏元帅李元昊远远望见，下令鸣金撤退。

一战打退来犯之敌，西夏军被这铜面具将军的勇猛吓得心惊胆战，他们说铜面将军从天而降，会吸人的灵魂，因此都叫他“狄天使”。

这位“天使”便是狄青，时任延州指使，奉命驰援保安军。苦战之下取得胜利，狄青威名大扬，特获跳级提拔。

次年，狄青重伤之下，听到西夏军又来进犯安远寨，立即飞身而起，提刀跨马当先冲出，部下无不感动，奋勇争先，再次击败敌人。

此时的狄青已足够成为宋军的中流砥柱，只是当时宋军的高级将领低能，在与西夏的交战中呆板机械，几次大战都以失败告终，虽然有狄青这样的中下级军官英勇善战，大形势之下，宋军依旧吃亏很多。

不得已，宋军换帅，仁宗任命文官范仲淹、韩琦、尹洙等为主帅对付西夏。这几位对狄青非常欣赏，认定他是将帅之才，范仲淹还送给他一本《左氏春秋》，鼓励他读书，说作为一名将军，不懂古今之事，那就是空有匹夫之勇。狄青大为感动，潜心读书，成为一名深有韬略的勇将。

接连几年与西夏交锋，狄青前后二十五战，攻破金汤城，修筑招安寨，扼守战略要地，杀敌立功，受到宋廷的重视。到西夏李元昊向宋称臣和谈之时，狄青已升任马步军副都指挥使，进入了宋军的高级指挥官行列。

02

狄青行伍出身，因犯事被脸上刺字，发往部队服役。他天生是打仗的料，武艺高超，射术精湛，被选入禁军。宋夏战争爆发，他被选送西北前线，开始了辉煌的军旅生涯。

仁宗皇祐年间，广西的少数民族首领侬智高引兵叛乱，号称南天国，连胜官军，岭南震动。狄青主动请缨：我是当兵出身，除了打仗，没有其他报效国家的方式，只要让我带上精兵强将，我定斩了侬智高的脑袋献给皇上！

仁宗非常高兴，任命他为平叛总司令。

狄青下令，在他到达广西前，宋军严守阵营，严禁擅自出战。但前线将军陈曙等贪功，发兵与叛军交战于昆仑关下，被侬智高打得大败。宋军连败，士气相当低迷。

狄青到达前线，立即召开高级军官会议，当场将陈曙等三十多人拿下，推出去斩首。

如果命令得不到有效的执行，这仗还怎么打？

军官们这才领略到狄将军的铁腕，无不心惊凛然，再也不敢有违命之举。

南方军队多信鬼神，之前的连战连败让宋军很有畏敌情绪，为此，狄青召开誓师大会。他在会上当众大声祈祷：皇天后土当保佑我军平叛胜利！说着取出一百枚制钱，又说：如我军能取胜，请神灵让这些钱全部字面朝上！

他把钱往地上一撒，将士们定睛一看，竟真的全部是字面朝上！全军顿时欢声雷动：老天爷站在我们这边！

狄青命令亲兵拿来钉子，将制钱全部钉在地上，盖上青布：等得胜回朝再来收拾这些钱！

03

狄青令大军原地休整。

敌军间谍侦察后以为宋军不会出击，便放松了警惕。不料狄青突然拔寨潜行，一夜之间越过昆仑关，在一马平川的归仁铺布下阵来。

叛军失去昆仑关这天险地利，前来争锋，双方大战。

宋前军不利，狄青登高看得明白，见对方基本都是步兵，立即派出精骑从左右两翼包抄猛攻，打得叛军四处溃散，追奔逐北五十里，把叛军的有生力量消灭了个干净，还一路打到叛军老巢邕州，彻底荡平叛乱。侬智高单骑逃跑，流亡到大理去了。

狄青把老弱病残的俘虏全部释放，将叛军高官的首级挂在城头示众，又将斩杀的敌军脑袋堆积成山，建成“京观”。如此恩威并施，当地少数民族被治得服服帖帖。

宋军获胜，众人回去取来制钱一看，原来是两面都是字的特制钱。将士们钦佩得五体投地，这才明白狄将军“假痴不癫”的高招。那种静不露机的沉稳，真有泰山崩于前而色不变的大将之风。

大功告成，狄青被提拔为副枢密使，相当于国防部副部长，正式进入帝国的军队领导层。

狄青做了高官，脸上的刺字就显得不体面了。仁宗劝他用药把疤痕除掉，但狄青说，小臣不敢忘本，我有今天就是因为脸上的刺字，而且留着还可以鼓励士卒积极向上。从此，大家叫他“面涅将军”，来自部队的军官士兵都自豪地指着脸上的字说，狄将军是我们的头儿！

那个时候没人会想到，危险的种子早早就种下了。看上去风光无限的位置，在军中的无上威望，后来都成了置他于死地的导火索。

一般来讲，人发财升官了，都喜欢攀上个前辈英雄做祖宗，以示自己根正苗红。有人劝狄青认唐朝大名臣狄仁杰为祖上，但狄青很有原则，直说狄仁杰那样的伟人我是真的高攀不上。

平定侬智高打扫战场时，在尸体中发现一个穿黄袍的。不少人说这就是侬智高，赶紧向朝廷报功吧！但狄青觉得，这种不确定的事情不能干，怎么能去欺骗朝廷！

这样的人太完美了，不居功，不贪财，还有治军的本事，深受士兵爱戴，在军队中威望极高。一个这样的人担任国防部副部长，谁知道会不会是一个潜在的威胁呢？

04

宋朝是士大夫与天子共天下的时代，武将在朝中处于边缘位置。

有个笑话说，一个姓汤的武将学文雅，每每自称与人有“一面之交”，就被文官取个绰号叫“汤一面”，后来汤将军征战沙场中箭而死，又被文官取号叫“汤一箭”。

可谓极尽讥讽嘲笑之能事。

在这样的风气下，即使是关爱狄青的老上级韩琦，对武将的态度也是一样。

一次，狄青手下将士犯法让韩琦扣住，狄青求情，说这可是个战场上的好男儿啊！韩琦听言，依旧命令杀了：什么叫好男儿？东华门外唱名才是好男儿！

在宋代，士子们考科举，中了进士的才有在东华门外被唱名的荣耀。

狄青悻悻道，我和韩大人之间也只差个进士。

狄青在朝中一面受文人鄙视，一面又受他们忌惮。知识分子出身的大臣们，一直在找机会对付这个与他们格格不入的人。

文坛领袖欧阳修率先发炮。他向皇帝上奏，再三强调对武将弄权要防患于未然，还特别点出，深受士兵爱戴的狄青狄大人家里，近来好像经常有怪事发生，让人不得不怀疑！

什么怪事呢？有人说是狄青家的狗长角了——这可是变龙的征兆！另外还有人说狄家经常夜里有火光闪闪，邻居去救火，却发现什么事也没有——还记得五代时梁太祖朱全忠家夜里的火光吗？而且京城里有人唱儿歌：“汉似胡儿胡似汉，改头换面总一般。”胡儿不就是“狄”？

一股带着阴谋的暗流指向了狄青。

这时，宰相文彦博站出来，请仁宗免去狄青的枢密使一职，外放他去当个地方官。

狄青得到消息，委委屈屈地对仁宗抱怨：没罪他们要免去我的枢密使，没功却又派我去做地方官！仁宗皇帝也觉得过意不去，便对文彦博说，我看狄青是个忠臣。

文彦博怼他：难道咱们太祖不是周世宗的忠臣？

大宋的天下不就是太祖黄袍加身得来的吗？宋仁宗也开始后怕了。

狄青找到文彦博讲理，为什么这样对我？文宰相赤裸裸、直接对他讲，没其他原因，只不过朝廷对你不信任！

狄青吓得连退几步，寒毛倒立。

汴梁是待不下去了，狄青同意外调陈州，可即便离开了是非中心，他依旧感到彻骨的冰冷。他对仆从说：陈州有一种梨子叫青沙烂，看来我狄青这次是死定了，要烂在陈州了。

到了陈州，朝廷每隔三五天就派个宦官来“看望”他，嘘寒问暖，话语间不离一个主题：狄大将军这几天都在干什么啊？你要细细地讲，最好能让我写个材料带回去给皇帝看看。

狄青郁郁寡欢，第二年就病死了。

这一死，朝廷的荣誉倒是接二连三地颁发下来，不仅赠他中书令，还给他取了个谥号，叫“武襄”。

05

狄青的死，真的是因为一个胸怀天下的将军，一个硬骨头精神的勇士，在文人的集体排挤下报国无门?

开唐的李靖攻灭东突厥汗国后，在朝中被各种弹劾，不过因为唐太宗并没有给他太大的封赏，文官在骂完一阵子之后就放弃了。这是一个很好的保全之策。

放眼北宋，五代十国的阴影还在士大夫的脑子里徘徊，而开国皇帝赵匡胤自己就是武将夺位的，一招“杯酒释兵权”就是在防患于未然。在整个统治阶层都在为此而精神紧绷的时候，仁宗给狄青那么高的位子就是害他，毕竟文官主政的传统虽不到百年，但他们怕武将却是从唐末藩镇割据开始，已有三百多年了。

从个人来看，狄青堪称北宋最悲剧的英雄。

从北宋朝局来看，国策得到了很好的实施。

所以说，没人害死狄青。

好狠的一招卸磨杀驴

“飞鸟尽，良弓藏；狡兔死，走狗烹。”

这句话是范蠡说的，意思就是一个人如果没有利用价值了，也就到了该死的时候。历史上有很多这样的例子，宋太祖杯酒释兵权就是其中最为著名的一个。到了大明朝，朱元璋又玩了同样的一手，跟着他一起出生入死打天下的穷哥们儿几乎没有几个善终的。

只有朱元璋的发小汤和是个聪明人，也许是他太了解这个老朋友的为人了。见天下大事已定，汤和就跟朱元璋说，革命已经成功了，我也一把年纪，没有啥雄心壮志了，只想回老家安安生生放羊。

朱元璋很高兴：这哥们儿处世还是比较灵活，行吧，你就回老家去吧。

可当时其他人并没有这份觉悟，他们想着如今苦尽甘来该享受了，不留在大城市反倒跑回乡下去，不是有病吗？

可是，脑子被驴踢了的汤和最终得以寿终正寝，那些想着跟朱元璋分糖吃的小伙伴却一个个下场凄惨，比如下面这一位。

01

傅友德，宿州相城（今安徽淮北）人，元末参加了红巾军起义，先后在刘福通、明玉珍、陈友谅麾下为将，但一直不得重用，后归顺朱元璋，一路南征北战，从偏裨升为大将。西取巴蜀，南定云贵，征漠北七战七捷，傅友德先是被封为颍川侯，后又被加封为颍国公。

不仅有军功，傅有德还有更大的依仗——他的儿子娶了朱元璋的女儿，女儿嫁给了朱元璋的孙子。

按说这样的一个人，跟着老朱枪林弹雨出生入死，又跟老朱成了亲家，应该没事了吧？

这可真不是傅友德说了算，那得看皇上朱元璋的意思。

02

洪武二十六年（1393年）正月，凉国公蓝玉以谋反罪被处死，朱元璋同时将在河南、山西一带练兵的冯胜、傅有德、王弼调回南京。

亲眼看过蓝玉的人皮，三人十分不安。一次定远侯王弼对傅友德说：

> 上春秋高，旦夕且尽我辈，奈何？

史书上没有记载傅友德是怎样回答的，可能他当时的心里还存着希望，毕竟老朱曾经当着很多人的面说：

> 论将之功，傅友德第一。

何况他俩还是儿女亲家，就算要杀，总得有个理由吧？他又没有跟蓝玉他们搞在一块。而且还有一个最关键的，傅友德有朱元璋给他的免死铁券：

> 今天下已定，论功行赏，朕无以报尔，是用加尔爵禄，使尔子孙世世承袭。

我怎么可能被杀呢？傅友德暗想。

然而，傅友德忘记了，朱元璋手里有一支神秘到令人恐怖的特务组织——锦衣卫。有了这支队伍，除了你偷偷放个屁老朱不知道，其他什么事能瞒得过去？

洪武二十七年（1394年）十一月二十九日，朱元璋举行冬宴大宴群臣，作为皇亲国戚，傅友德也参加了这次宴会。

宴会厅的外面，负责安全保卫工作的正是傅友德的二儿子。

老朱作为大哥，被一群小弟簇拥着进入宴会现场，这时他眼睛不经意间一瞥，发现负责安保的傅友德的二儿子居然没有佩带宝剑。这就像上考场不带笔，去厕所不拿纸，到了餐厅没有筷子，那还得了？当时老朱的脸就拉下来了，不过他忍住了，什么也没说。

宴会在欢乐祥和的气氛中接近了尾声，席间，君臣双方还为发展一个繁荣富强的大明王朝畅想高歌，宾主气氛很是和谐。

挥手告别间，很注意观察的老朱又发现了一件事：亲家傅友德面前有一盘菜没吃干净。

03

老朱终于愤怒了。这是要干啥？你们父子是不是对我有意见？老傅你先别走，等一下。

皇上，您说，有啥事？

你那个儿子，作为一个警卫人员，空着两个手，在那儿干站着。还有，你说你也是穷人家的孩子啊，咋连一点儿节约的意识都没有呢？你们爷儿俩这是搞什么？算了，你去把你那两个儿子给我叫过来，我有话要说。

傅友德听得糊涂，却也没有异议，转身出了宴会厅。然而刚刚走出去，就有人快步赶上来跟他说：皇上说了，是叫你将你两个儿子的人头拎过来。

刚刚因为喝了点酒还浑身燥热的傅友德突然间就像掉到了冰窖里，心也一直往下沉，他怎么也没想到，这一天还是到了，朱元璋终究还是没打算放过他。

然而能怎样？理论？反抗？

他什么也做不了，只是默默地走开了。

傅友德再回来，带来的是他两个儿子的人头，鲜血一滴一滴地滴在了刚才还人声鼎沸的宴会厅里。

可惜当时没有奥斯卡，如果有，老朱绝对能捧回一个小金人。

只见老朱脸上的表情很吃惊：我让你把他们叫来，你怎么把他们给杀了呢？他们是你的亲生儿子啊，你怎么下得去手？

这个世界上所有人都知道，傅友德疼爱这两个儿子到了无以复加的地步，现在朱元璋却问傅友德为什么要杀他们？

为什么？

就算是他疯了好不好？

悲痛到不能自已的傅友德嘶哑着嗓子沉声说：陛下，咱能不能不这样耍人玩儿？你不过就是想要我脖子上这个人头嘛，没关系，现在我就给你！

说完，傅友德从袖子里掏出一把明晃晃的匕首，当场自刎而死。

厅里又是一片血花飞溅。

> ……会冬宴，从者彻馔，彻且不尽一蔬。太祖责友德不敬，且曰："召二子来！"友德出，卫士有传太祖语曰："携其首至。"顷之，友德提二子首以入，太祖惊曰："何遽尔忍人也？"友德出匕首袖中，曰："不过欲吾父子头耳。"遂自刎。

老朱当时的脸色一定非常难看：这是做什么？我没说让你死啊，你敢当着我的面玩自杀？这是掉脸子给我看呀！

04

是的，傅友德是在用死来维护自己最后的尊严：要死，我也自己死，想往我身上泼脏水扣屎盆子？没门！

一生都在刀口上舔血的傅友德不畏惧死，在战场上，他从来都是"虽被创，战益力"的勇士。如今他被人如此玩弄折辱，在不能选择自己的生死的情况下，还有什么能比主动结束自己的生命更值得人尊敬呢？

可惜，如果傅友德能早一点能看透这一切，又怎么会落得个如此的下场呢？

如实叙述了这件事的张岱慨叹道：

> 古大将创立功业，得以令终者，代有几人哉！

也许，只有范蠡、汤和那样能洞察人性的人才可以吧。

赢在开始的人，
不一定能赢在最后

刘备的儿子不止一个阿斗

建安二十三年（218 年），刚刚夺取益州的刘备雄心再起，率军北出汉中。

大军占领阳平关，与曹操手下大将夏侯渊、张郃僵持不下。不久刘备放弃了从阳平关出击的计划，到定军山安营扎寨，与听闻刘备渡过沔水慌忙前来的夏侯渊相遇。

夏侯渊仓皇列阵，被刘备手下老将黄忠斩杀，曹操闻讯亲自带领三十万大军前来支援汉中。刘备听闻曹操亲自带军前来，不无得意地说："曹操虽来，无能为也。我必有汉川矣！"

话说曹操大军到了汉中，刘备据险而守，并派人截击曹操的军粮。随着时间的推移，两军相持不下，曹操的军队士气低落，开始不断出现逃兵，到了不得不撤军的地步。

刘备就在这时候开始发兵与曹操决战。他自己立于山头，派手下战将刘封向曹操的军队挑战。刘封力大无穷，骁勇善战，在曹军中左冲右突，杀得曹军连连败退。

曹操在山上气得直喊：你个卖鞋的刘备，只会让你的假儿子来打我吗？等我家那个黄胡子的真儿子（曹彰）来了，再让他来打你们！

> 太祖在汉中，而刘备栖于山头，使刘封下挑战。太祖骂曰："卖履舍儿，长使假子拒汝公乎！待呼我黄须来，令击之。"乃召彰。（《魏略》）

01

这个刘封原来是荆州某刘姓（据说是刘泌）的外甥，本为罗侯寇氏人。

早年刘备力量弱小，官渡之战前再次兵败，不得不前往荆州依附荆州刺史刘表。刘表把刘备安置在荆州北部的小县新野，刘备于是以新野为根据地开始招贤纳士。

刘备北伐攻取数县，下令召开庆功宴，樊城县令刘泌出席了宴会。

刘备见刘泌身后有一器宇轩昂、雄姿英发的少年，便问刘泌这是何人。刘泌告诉刘备，这是他的外甥寇封。

这时候军士上菜，不慎将盘中的肉弄掉了一块，少年随手捡起来就吃，引起了刘备的注意。

刘备问道：见到肉块落地，不责备军士，也不去掉灰尘，就随口吃了，这是何意？

寇封说道：身为士人应该垂怜百姓，一粥一饭来之不易，扔了就太可惜了；军士们征战劳苦，偶有过失，怎可随意责备？

寇封这回答很符合刘备“仁和”的标准，因此他听了心中大为高兴，当即就决定要认寇封为义子，让他改姓刘。

事情很快被做饭的军士听闻，军士们很是感动，觉得这位新晋小主人宅心仁厚，就烹制了一盘带糖的炸肉，席间专门上给刘备和刘封。几经演化，这道炸肉成了有名的襄樊名菜——夹沙甜肉。

小刘封从此成了刘备军中众人关注的对象，因为当时刘备年过四十仍没有子嗣，这个因为一块肉收下的义子，是他目前唯一的儿子。

大概是儿子给他带来了好运，没想到从此刘备的事业竟变得顺风顺水起来。次年，刘备率军北上，连取数县，与曹操手下战将夏侯惇、于禁、李典等交战，竟然还获胜了，但因后续军力不足，最后被迫撤军回到新野。

这次胜利让刘备有了信心。随后他得到了诸葛亮，又联合东吴火烧赤壁，直至占住了荆州，把这里作为自己的大本营。

公元 211 年，刘备应益州牧刘璋的请求，率军前往协助抵御汉中张鲁。

刘备坚守益州边境三年，刘璋竟拒绝向他提供粮草兵器，还在他返回荆州的途中设伏，刘备以此为由出兵伐蜀。

当时刘封二十多岁，一身武艺，力大无穷，带兵跟随诸葛亮、张飞等人西进入蜀，屡立战功，与刘备大军胜利会师。

时封年二十馀，有武艺，气力过人，将兵俱与诸葛亮、张飞等溯流西上，所在战克。(《三国志》)

跟随刘备占领益州之后，刘封又随军出击汉中，这便有了开头那一幕。

02

刘备占领了汉中，刘封获得了大展宏图的机会。

建安二十四年，刘备命令大将孟达率军攻占房陵郡，房陵太守蒯祺被孟达军杀害。随后孟达率军进攻上庸郡，刘备担心他杀戮过多失去民心，于是派遣刘封率军前往支援。在刘封的支援下，他们成功夺取上庸郡，并收服了原上庸太守申耽，将申耽的家族和子女全部送往成都。

刘封智勇双全的表现让刘备非常满意，于是晋封他为副军将军。

此时，刘备手下的大将关羽自荆州进攻襄樊，多次催促孟达、刘封派兵援助。不久关羽进攻襄樊失败，又被东吴吕蒙偷袭，只能节节撤退最终败走麦城。这个过程中，他一直去信要求孟达、刘封派兵相助。

刘封得信立即要孟达出兵，但孟达认为他们才刚刚占领上庸三郡，郡内形势不稳，不宜出兵。

孟达说道：你认关羽为叔父，可是关羽却不认你这个侄子。我听说关羽对当初大王（刘备）收你做义子非常不满，大王立嗣的时候也是关羽劝阻，所以你才被发配到了我这里。

刘封听了不禁有些心寒，最终同意孟达不再出兵，而关羽则在麦城被斩杀。

刘备听闻关羽败亡，又听廖化等人说关羽之前曾经连续催促刘封他们出兵支援，而这两个人却置若罔闻，一时愤恨交加，从此记恨上了刘封。

> 自关羽围樊城、襄阳，连呼封、达，令发兵自助。封、达辞以山郡初附，未可动摇，不承羽命。会羽覆败，先主恨之。(《三国志》)

诸葛亮看出了刘备对刘封的不满，便向他建议，如果直接召孟达、刘封回成都，二人必定会起疑心，有可能还会投降曹魏，不如派刘封讨伐孟达，一石二鸟。

刘备同意了。

刘封接到了刘备讨伐孟达的命令，便开始与孟达周旋，不久之后就率军袭击了孟达。孟达意识到是刘备记恨自己没有支援关羽，便给刘备修书一封，转头投降了曹魏。

03

孟达投降曹魏之后，随即引曹魏的夏侯尚与徐晃攻取了上庸三郡。申耽、申仪两兄弟也暗中串通曹魏，临阵背叛刘封，刘封兵败，退回益州。

这时候，孟达给刘封寄来一封书信，劝说刘封转投曹军：刘备记恨你不救关羽，早已不把你视作儿子了，将军你此次回去必然危险，不如投降。

刘封接到书信大骂孟达背信弃义，当即撕毁书信，拒绝了孟达的建议。

刘封回到成都，刘备果然开始细数刘封的罪责，一是刘封侵占孟达的领土，二是对关羽见死不救。

刘封据实陈奏，诉说孟达不愿出兵救援关羽的实情，同时指出自己进攻孟达是奉命行事，但是刘备根本不听，依旧将他打入监狱。

这时候又是诸葛亮劝谏刘备，说刘封刚毅勇猛，陛下千秋之后太子恐怕难以驾驭，毕竟刘封也是陛下的“儿子”，不如永绝后患为好！

刘备想到自己三个亲生的儿子如今都还未成年，瞬间警铃响起，对刘封提高了警惕，思来想去，终于还是同意了诸葛亮的提议。

刘封得知自己将被处死，禁不住流泪，后悔当初没听孟达的话，之后便饮恨自裁了。

这时候，有人向刘备报告了刘封撕毁孟达书信的事情，刘备大为懊悔，赶紧派人去监狱释放刘封，然而刘封早已惨死狱中。

刘备听闻刘封已死，后悔得痛哭流涕。

> 封既至，先主责封之侵陵达，又不救羽。诸葛亮虑封刚猛，易世之后终难制御，劝先主因此除之。于是赐封死，使自裁。封叹曰：“恨不用孟子度之言！”先主为之流涕。(《三国志》)

傅粉何郎，奈何做贼

01

东汉大将军何进之孙何晏，肤白貌美，容貌俊俏，是当时洛阳有名的美男子，从出生就比别人高出一等。

早前何进被宦官刺杀，何家败落，何晏的父亲也英年早逝，何家母子一时无依无靠。这时候曹操带兵迎接汉献帝于许都，无意之中看到何晏母亲颇有姿色，便将其纳为妾，顺便收养了年幼的何晏。

何晏聪颖过人，远远超过了曹丕、曹植兄弟，所以深得曹操的欢心，还将女儿也就是后来的金乡公主嫁给他为妻。

何晏凭借曹操的宠爱，毫无顾忌，整天穿着和世子一样的衣服，引得曹丕深为记恨。曹丕每次看到何晏就气不打一处来，也从来不称呼他的名字，而是叫他“假子”。

> 晏无所顾惮，服饰拟于太子，故文帝特憎之，每不呼其姓字，尝谓之为“假子”。(《魏略》)

何晏倒是有机会成为曹操“真子”的。

《世说新语》记载:“何晏七岁，明慧若神，魏武奇爱之，以晏在宫内，因欲以为子。晏乃画地令方，自处其中。人问其故，答曰:‘何氏之庐也。’魏武知之，即遣还外。”大意是说，何晏年幼的时候聪明过人，很得曹操喜爱，一度还有意认他做亲儿子，让他改姓曹。何晏听说有这样的事，就在地上画了个方框，然后自己坐到里面。别人看见便问他这是要做什么，何晏就回答道：这是我们何家的房子！

这样窄的心胸和眼界，这样大的野心，也难怪曹操知道这件事后会打消认何晏当儿子的念头，反将何晏送回何家了。

后来曹丕篡汉自立，何晏便开始倒霉，一直得不到重用。后来曹丕的儿子曹睿继位，他对何晏更加厌恶。

何晏容貌俊俏并且酷爱修饰自己，曹睿每次看到他洁白细腻的皮肤，就觉得他肯定是像女人一样擦了粉。思来想去，曹睿决定就在“何晏是小白脸”这个话题上做文章，以“虚浮不实”的罪名罢他的官。

时值盛夏，曹睿召何晏入宫，赏赐他一碗热汤面，还命令他当场吃完。何晏不敢推辞，狼吞虎咽地将汤面吃完，这一下吃得他大汗淋漓，无奈只能用袖子不停地擦汗。

曹睿正等着何晏把脸上的粉擦掉之后将其治罪，兴奋地暗暗伸长脖子看。没想到何晏不停地擦汗，他的脸色却被擦得更加白净，曹睿这才发现原来何晏是天生丽质，而非擦粉的缘故。无法，他只能打消了治何晏罪的念头，但是仍旧抑制着何晏的官位，并不重用他。

> 何平叔美姿仪，面至白。魏明帝疑其傅粉，正夏月，与热汤饼。既啖，大汗出，以朱衣自拭，色转皎然。(《世说新语》)

02

魏明帝曹睿病逝，太子曹芳继位，宗室曹爽辅政，一直以来与曹爽交好的何晏终于时来运转。

他给曹爽出主意，假托少主曹芳的名义，改任德高望重的司马懿为太傅，从而剥夺司马懿的实权，实现曹爽的个人专政。

曹爽掌权之后对何晏投桃报李，先任命他为散骑侍郎，随后将吏部尚书卢毓调为尚书仆射，空缺由何晏替补。就这样，何晏实现了他梦寐以求的飞黄腾达。

凭着曹爽的权势，何晏开始作威作福，巴结他的人都升官，违抗他的都降职，一时之间他的倒行逆施弄得天怒人怨。之后他又凭借权势霸占了洛阳郊外和周围几个县农民的田地，把它们作为自己的庄园，还暗中窃取官府的产业，向州郡的官员勒索财物，官员们敢怒而不敢言。

黄门侍郎傅嘏对曹爽的兄弟曹羲劝谏道：何晏表面上看起来才华横溢，像颗剥了皮的水煮蛋，其实内心非常肮脏卑劣，就是颗臭皮蛋！他将来一定会诱惑得你们兄弟玩物丧志，让有志之士离你们而去，朝政最后会被荒废的！

何晏听说了这件事，便找碴免去了傅嘏的职务。

何晏不只在外面为非作歹，回了家中依旧不安分。他纳了很多美妾，还迷上了五石散，有时候吃多了药就疯疯癫癫、没有人样。他妻子金乡公主实在难以忍受，便跑到母亲沛王太后那里控诉：何晏行为一天比一天恶劣，早晚会惹祸上身的，这可怎么是好？！

沛王太后却笑着说，这样倒省得你起嫉妒心了。

> 公主贤，谓其母沛王太妃曰："晏为恶日甚，将何保身？"母笑曰："汝得无妒晏邪！"（《魏末传》）

03

何晏还向曹爽建议，把郭太后迁居永宁宫软禁起立，这样就可以孤立皇帝，达到彻底独揽朝政的目的。

曹爽深以为然，照搬照做。这下可彻底激怒了朝廷上的反对势力，他们聚集在司马懿周围伺机而动，准备拉曹爽下马。

司马懿知道这时候的自己无法与曹爽抗衡，为躲祸便称病不出。这事儿他在曹操当政的时候就干过，一回生二回熟，这回装病装得更像了，曹爽没有一点怀疑，还以为自己从此就可以高枕无忧了。

何晏又鼓动皇帝曹芳亲近小人，教他终日在后宫饮酒作乐。他还恬不知耻地劝皇帝：陛下，今后我们游园一定要有大臣陪伴，这样既不耽误玩儿，又可以随时商量政务、讨论诗书礼仪。您这样节约时间，一定会成为世世代代效仿的楷模！

正直的大臣闻讯脸色大变，赶忙请求皇帝曹芳不要采纳这个瞎胡闹的意见，可曹芳觉得何晏说得很对，还是一意孤行，听从了何晏的建议。

不久进入冬日腊月，何晏梦到十多只苍蝇落在自己的鼻子上，怎么都无法驱赶。何晏不解，想着这也许是什么预兆，便请著名相士管辂给自己相面，看看自己能否位列三公。

管辂说道：如今您身居高位，但是真正感念您德行的人很少，所以青蝇臭恶都云集其上了。大人如果追思文王的美德，就一定可以位列三公，苍蝇也就可以驱散了！

何晏听了，心中非常不高兴，但对于这些，管辂一点儿都不在乎。

他回家把经过告诉舅舅，舅舅责备他说话太直白，会得罪了何晏，但管辂让舅舅放心：一个死人罢了，跟他说话直白就直白，有什么可怕的！

转年正月，蛰伏待机的司马懿趁着曹爽兄弟带着曹芳拜谒魏明帝的高平陵时，勾结郭太后发动政变，以郭太后的名义封闭了洛阳城，并一举占据曹爽和曹曦的军营，随即列数曹爽的罪状，公布天下。

尚书陈泰劝曹爽投降司马懿。见大势已去，无奈之下曹爽最终交出兵权，被司马懿软禁了起来，而何晏作为曹爽的铁杆粉丝，也一同被罢官软禁了。

高平陵事变以司马懿胜利而告终。原本何晏已不再对未来抱什么希望，可没想到司马懿召见了他，让他审理曹爽谋反案件。何晏受宠若惊，认为自己向司马懿效忠的时候来了，于是全身心投入到了对案件的审理之中。

经过连续加班之后，何晏很快查清了事件真相并上报给司马懿，他奏报说：谋反已经查清楚了，共有七个家族参与。

司马懿听了，淡淡地道：据我所知，谋反的总共有八个家族，你再查查。

何晏将案件复核之后再次奏报，说确实只有七家。可司马懿坚持有八个，让他再去验查。

何晏急了：难道您说的是我吗？！

司马懿笑着答：没错！说的就是你！

说完便下令将何晏逮捕，给他判了个“移三族”。

值得一提的是，何晏被处死之后，司马懿到处抓捕他的儿子，何晏的母亲便将孩子送给金乡公主看护。司马懿听闻公主之前对何晏的评价，对公主的贤明大为感叹，便饶恕了她和她儿子。

何晏是典型的“小时了了，大未必佳”。他确实聪明，但当聪明与舞台不匹配，就会心理变态，一旦得势，就会发狂，这种人的结局注定会很惨。

王敦之死

有一句老话叫"唯大英雄能本色，是真名士自风流"，意思是真正的豪杰不受其他人影响，不被环境所左右，只有他引领潮流，没有潮流会吞没他。

两晋时期琅琊王氏的王敦，就是这样一个人。

他年轻的时候是个有名的乡巴佬。大家一起参加京城大人先生们的聚会，别人进行才艺表演，无不潇洒大方，只有王敦，虽然他长得帅，可一嘴乡下口音，跟"一口伦敦腔"的首都人士相比土得掉渣。他表示我其他才艺没有，就会打鼓！

晋武帝令人给他摆上家伙什。只见小王高高站立，卷起袖子，扬起鼓槌，用力敲鼓，节奏越来越快，鼓声雄壮无比。

他意气风发，神情豪迈，旁若无人，这个气场把见过世面的京中官僚们都镇住了，忘了他的乡下口音，全都赞叹道：真雄壮！真豪爽！

01

琅琊王家，魏晋时已是名公大家，王敦的父兄也早已是晋室要员。

年轻的王敦气质洒脱，长相英俊，清谈水平更是一流，慢慢在京城打开了局面，最后娶了晋武帝的爱女襄城公主为妻，步入仕途，任太子舍人，即太子的卫士侍从，属于太子府的工作人员。

晋惠帝元康九年，擅权朝政的皇后贾南风废黜了太子，把他流放到许昌，下令严禁所有人送行。

身为太子属官的王敦不管她那一套，带头领了一批同事，在路边跪着，对着远去的太子车驾大哭送行。

王敦被朝廷卫士逮捕入狱，幸好朝野上下的舆论倾向都偏向太子，在官场前辈们的营救下，王敦很快就被释放，而他不畏强权、敢于替太子鸣不平的行为赢得了满堂喝彩，不久后就升了官。

贾南风等人的无法无天激起了司马家其他王爷的不满和野心，赵王司马伦篡位，开启了“八王之乱”的序幕。为收买人心，司马伦派王敦到他叔叔兖州刺史王彦处游说。不料王敦见着王彦，却极力劝说他起兵，配合其他司马王公，攻打司马伦。

正在摇摆不定的王彦立即就被说服了，成为打击司马伦的一支生力军。司马伦很快兵败被杀，王敦立下大功，被提拔为左卫将军，渐渐成了朝中的实权派。

永嘉年间，王敦升任青州刺史，时天下大乱，朝廷又征召王敦入京就职。王敦果断地把公主老婆的陪嫁侍女一百几十人全部许配给了军中的将士们，并散尽库府财物，独自赶赴京城洛阳。不久他又被任命为扬州刺史，正式进驻江东。

此时，他和堂弟王导一起，选择全心全意地辅佐琅琊王司马睿，使其在江东威望大增，逐渐取得了江东士族的拥戴，在南方站稳了脚跟。

永嘉之乱，洛阳被北方少数民族攻陷，皇帝被杀。司马睿趁机在江南登基称帝，是为晋元帝，国号仍旧为“晋”，史称东晋。

王敦、王导兄弟拥戴之功巨大。东晋建国后，王导在朝中为相，王敦拥兵在外，为镇东大将军，都督荆州、扬州等六州军事，可自行任命刺史以下的官职，王家子侄也占据了朝中各大机要部位。

王氏一时权倾朝野，名重天下，号称“王与马，共天下”。

02

司马睿刚一来到江东，可谓多灾多难。

江东大员全都不服管束，江州刺史华轶、巴蜀流民首领杜弢、竟陵太守杜曾等先后叛乱，在益州、荆州一带造成大混乱。司马睿派王敦总领晋军，与名将周访、陶侃等勠力同心，征战多年，才把这批人给平定了。

王敦在平叛过程中权力越来越大，开始排除异己，扶植党羽，擅自封降将杜弘、割据势力何钦等为将军，甚至对忠于朝廷的陶侃大起杀心。

他的所作所为渐渐让司马睿感到了威胁，对王家的势力更是忌惮，他开始疏远朝中的王导，防范拥兵自重的王敦，重用大臣刁协、刘隗等，培养敌对势力，抗衡王家力量。

这一切王敦都看在眼里，大为不满，君臣之间产生嫌隙。

王敦早年的忠君为国是有目共睹的，他在江东全力支持司马睿建立东晋王朝，居功至伟。但人的地位越来越高，想法就越来越多，王敦又是桀骜不驯的个性，有统领全局的能力，这就注定了他绝不会有甘于人后的心胸。

早在朝廷任命王敦为扬州刺史时，名士潘滔就说：如今把处仲（王敦的字）送到江东，就是遂了他的英豪之愿，分明是在为朝廷树立一个敌人！

潘滔号称知人，在很早前就曾经对王敦说，你蜂目已露，但豺声未发，今后一定会吃人，也一定会被别人吃掉。所谓“蜂目豺声”，是指眼睛像胡蜂、声音像豺狼，在中国传统的相法中，这是凶残之相。

狠得下心，沉得住气，王敦的这个性格在洛阳时就出了名。

西晋末年奢侈之风大行，权臣石崇的摆阔行为不是现代人可以想象的，用钞票点烟之类的做法，根本入不了他的眼。

王敦、王导兄弟出席石崇的宴会，席间有美女劝酒，石崇放话，谁不喝，就杀了给谁劝酒的美人。

王导心软，即使不会喝酒也次次酒到杯干。

王敦会喝酒，却故意不给石崇面子，看着美女痛哭求情一动不动。石崇连杀三个美人，王敦的那杯酒还是没有喝下。

王导劝他，你就喝一杯又怎么啦？

王敦冷笑道：他杀自己家里人，干我何事？

03

司马睿为防止王敦尾大不掉，积极培植自己的势力，派遣亲信戴渊、刘隗等率军出镇合肥、淮阴等军事要地，名义上是防止北方少数民族南下侵犯边境，实际是为了防范王敦。

太兴四年，晋名将周访、祖逖等先后去世，而大将陶侃远在南方广州。

祖逖就是成语“闻鸡起舞”的主角，一个忠于晋室的狠角色。当年王敦过于跋扈，祖逖说：阿黑（王敦的小名）这老东西，怎敢这般无礼！再这样，我就率我家的三千长矛兵打你了！王敦这才收敛了不少。周访、陶侃两人是儿女亲家，都是战争奇才，王敦对他们也颇有忌惮。

如今这些人死的死，散的散，余子碌碌，不在话下，于是王敦觉得时机到了，终于没人能治得了自己，便放心大胆地顺江而下，准备攻打首都建康，声称要杀了皇帝身边的小人刘隗、刁协。

司马睿发兵与王敦交战。

然而这个时候，门阀士族们的态度相当暧昧，不少人认为王敦这么做是事出有因，其他几个州的长官也在观望。就连司马睿本人也没有对住在建康城内的王家人下狠手，而是饶恕了王导等王敦的亲族。

这个朝廷的抗敌阵线原来是这样的不统一。

王敦是一流的将帅之才，双方交战，司马睿的部众连连败北，王敦一路杀进建康，占领石头城，控制了整个首都的局势。司马睿在皇宫里成了地地道道的孤家寡人，只好派出使者与王敦讲和，宣告天下说王敦无罪，还封他为武昌郡公。

司马睿的亲信刁协被杀、刘隗逃往北方，王敦一朝权势在手，豺声大发，纵兵抢掠建康城，又操纵更换了一批朝臣。

王敦在建康期间自始至终不去朝见司马睿，即便退回武昌，也依然在遥控朝廷。司马睿又气又恼，在忧愤中去世，太子司马绍继位，史称晋明帝。

04

司马绍是司马家少有的英明之主，善断大事，能统领大臣。

面对强大的王敦，他虚与委蛇，先是同意王敦的建议，征召他入朝，并允他“入朝不趋，剑履上殿”，给予王敦最高礼遇。

但王敦身体渐渐不妙，有时日无多之感，决心在干不动之前来个彻底的篡党夺权。不料这事被他的亲侄儿王允之偷听到，转身就密报给了朝廷。从这倒是可以看出，司马绍在朝廷大臣中的威望已树立起来了。

朝廷得知消息，开始全面布置兵力，准备对付王敦。

司马绍亲自到前线，微服去看王敦的营寨。他母亲是鲜卑人，所以长相异常，一把黄胡子，看见他的王敦守卫都觉得这人不一般，不敢贸然上前。

当时王敦正在午睡，突然梦见有太阳照在头顶上，一下子惊醒过来，说：一定是那个黄胡子的鲜卑小子来了！急令精骑去追击。

不过这时候司马绍早已骑马离开了。路上，他碰见路边一个卖零食的老太婆，便把自己常用的“七宝鞭”给她，说后面如果有骑兵到，就把这鞭子给他们看。又见马刚拉的粪有热气，就用水泼上。

追兵赶到，见了这么漂亮的鞭子，大家你传我我传他，欣赏了半天。再见地上马粪冷了，想来目标已经跑远了，就没有再追下去，转而回营去了。

司马绍这一次表现出的胆量和机变相当不凡，王敦是碰上对手了。

王敦的病越来越重，自己上不了战场，只好委托几个手下以重任，可惜他们才不堪托，被朝廷军屡屡打败。

此时司马绍已得到王敦快不行的消息，干脆直接向外散布王敦已死的谣言，这一招果然灵验。王敦部队军心大乱，一战即溃，战线很快就土崩瓦解了。王敦听说这样的战局，恼气交加，竟然真的死了！

这个名噪一时的枭雄人物，就这样走完了自己不凡的一生。他死后，树倒猢狲散，下属降的降死的死，一场叛乱算是让朝廷平定了。

朝局稳定后，王敦被开棺起尸，长跪斩首，当时的人对他深深唾弃，后世的《晋史》也把他当作叛臣写入历史。

只有与他命运相仿、后来和他并在一个传里的大将桓温，对他极为赏识。路过王敦的墓，桓温赞叹说："可儿，可儿。"

真是个称我心意的人儿啊！

大清第一官二代的英年早逝

01

在二十四岁以前，天底下人人都羡慕丰绅殷德。

他老爹是和珅，是皇帝最信重的老哥们，他是他爹的嫡长子，更是独子，连名字都是乾隆皇帝亲自取的。

他老婆是固伦和孝公主，乾隆最宠爱的小女儿，所以他也就成了乾隆最宠爱的女婿。

他家的权势滔天，一人之下，万人之上，皇帝什么事都听他家的。

他家里有万贯家财，几辈子也花不完，真真是“白玉为床金做马，珍珠如铁金如土”，就算把家里的地砖都换成金的，也不过花费九牛一毛。

更重要的是，他长得还好看，又聪明又有才，满京城的女人都把他当梦中情人。

旁人要奋斗几十辈子，祖坟冒上八百八十八年青烟都不一定会碰得上的好事儿，丰绅殷德全占了，顺理成章做了清朝第一官二代。

别看和珅攀上了乾隆这棵大树，连带得一家子鸡犬升天，但人家也是正经从三等侍卫做起，一级一级升上去的。等和珅做到御前侍卫，终于在乾隆面前露了脸的那一年，丰绅殷德出生了。

这小娃娃生来便旺父，从此和珅的官职升得比过山车还快，四年时间就成了军机大臣。

和珅常常抱着儿子来宫里，哄乾隆开心。乾隆是个颜控，见这娃长得好看，果然很开心，第一次见就给取了名字，叫丰绅殷德。

这名字听着怪拗口的，貌似很文艺，但翻译成汉语，其实就是“福禄兴旺”的意思，也就是说，小丰同学的名字大概跟“富贵”“旺财”差不多。

和珅一生的志愿就是要当好御前红人，立刻开开心心搂着儿子跪下谢恩。

乾隆一听，更加心花怒放，便说了一句，干脆把我的小甜心嫁给你吧。乾隆的小甜心，是他的宝贝小女儿，和丰绅殷德同岁的十公主。

那一年，两个娃娃才五岁，便被月老牵了媒。

02

乾隆六十多岁的时候得了这个小女儿，老来女最是珍贵，一天天把她捧在手心里，孩子才五岁，就急着要给她找满京城最好的亲事。丰绅殷德作为占遍了便宜的京城第一官二代，愉快当选。

乾隆五十二年，十公主获封固伦和孝公主。

这可是一件天大的事情，要知道，一般情况下皇后的女儿才能称为固伦公主，嫔妃之女最多封为和硕公主，而十公主是惇妃的女儿，按理说是没有这个资格的。可乾隆实在太溺爱这个女儿了，还曾言之凿凿地说："汝若为皇子，朕必立汝储也。"

清代昭梿的《啸亭续录》不但记载了乾隆想立爱女为储的念头，还写了这么一件事儿：

> 性刚毅，能弯十力弓。少尝男装随上较猎，射鹿丽龟，上大喜，赏赐优渥。

这段话是说，十公主性情刚毅，文武双全，能拉开十力的弓，还常常穿着男装上校场打猎。

看来乾隆是真的把她当男孩子来养的，而且乾隆还说过十公主长得很像他，虽然目前没有任何资料表明她长得像男人，但至少可以证明十公主不那么"女人"。

她被封为固伦和孝公主的那一年，丰绅殷德也被封为了固伦额附，乾隆甚至下旨说他可以穿跟贝子一样服色的衣服。这是真的把他当一家人了，宠爱非常。

两年后，十公主下嫁丰绅殷德，丰绅殷德也因此不断升官。

对于这桩婚姻，不管是公主还是官二代，都没有任何的选择权，一切都是乾隆圣心独断的。幸好乾隆并没有牵错媒，两人的婚后生活还算甜蜜。

当然了，面对从小被皇帝捧在掌心里的尊贵公主，丰绅殷德赔了一万个小心，说了一万句好话，奉承体贴伏低做小，公主想不甜都难。

他们刚结婚那会儿，都还很年轻，丰绅殷德更是小孩子脾气。一天下了雪，丰绅殷德拿挖土的小铲儿拨拉雪玩，公主就站在门口骂他：你都几岁了，还玩这些小孩才玩的东西？

丰绅殷德连忙回去跪了搓衣板，这事儿才算完。

> 一日积雪，驸马偶弄畚锸作拨雪戏，公主立责之，曰："汝年已逾冠，尚作痴童戏耶？"长跽请罢乃已。

可见娶了公主，也并不是件多好的事儿。一方太强势，一方太弱势，后者难免过得憋屈。

但能有什么办法呢？人家是公主！

03

丰绅殷德在乾隆皇帝的万般宠爱和公主的骄纵淫威下过了好几年的好日子。

他年轻，有才气，肯吃苦，点子多，干啥啥都行，人人见了都喜欢。可乾隆老啦，让他宠宠娃还行，处理政事就有点做不动了。于是，利用不能坐皇位坐得比爷爷康熙久的借口，乾隆把这费神劳心的位子让给了儿子嘉庆，自己做起了太上皇。虽说是太上皇，可乾隆仍不肯放权，一应事务都交给和珅和丰绅殷德父子去代办。

和珅把持朝纲已久，油水早已赚得盆满钵满，现在更是借乾隆之名手揽大权，如此便得罪了几近被架空了的嘉庆帝。没过几年，太上皇驾崩，终于亲政的嘉庆便对和珅下手了。

和珅本人革职下狱，其家被抄。据说从他家里抄出的银子足足有八亿两，相当于最鼎盛时乾隆朝十年间的财政收入。

这哪是富可敌国啊，这是富可敌十国！嘉庆当了这么几年皇帝，还从没见过这么多钱。这就是著名的"和珅跌倒，嘉庆吃饱"。

和珅罪大恶极，原本死不足惜，不但要判凌迟，还要诛九族，是十公主救了公公和自己的丈夫。她在嘉庆面前哭得梨花带雨，最终，和珅被判在狱中自尽，而丰绅殷德因为跟皇家沾了亲，免于连坐，仍给其伯爵的地位待遇。

但对这位北京城曾经最风光的官二代来说，一切都已经随风飘散了。从此以后，他只能从意气风发的大少爷，变成夹着尾巴做人的软饭男。

悲惨的生活才刚刚开始。

04

对于现在发生的一切，睿智的十公主早有预见。她早就跟丰绅殷德说过，他家再这样蛮横骄纵下去，总有一天要身家不保，甚至连累到她。

> 时驸马恃和相势颇骄纵，公主曰："汝翁受皇父厚德，毫无报称，唯贿日彰，吾代为汝忧。他日恐身家不保，吾必遭汝累矣！"

但当时他们一家如鲜花着锦，正是好时候，这样的话他哪里肯听。终于，和珅攒下的万贯家财被一朝抄没，没过多久，丰绅殷德连最后的爵位也丢了。

人到了倒霉的时候，喝凉水都塞牙。嘉庆八年，丰绅殷德因为辞退了公主府长史奎福，遭到了奎福的诬告，被历数出三大罪状：

一、丰绅殷德写的诗稿影射朝政；二、他日日习武，是要为父报仇；三、国丧期间，竟然跟妾室生了个女儿！

嘉庆也不是那么随便的人，不会别人说什么就信什么，而是派人认认真真地去核查了。结果发现前两桩都是胡说八道，第三件事倒是真的。

原本，跟小妾生个娃也不是多大的事儿，但偏偏是在国丧期间，而且嘉庆一向疼爱妹妹，一看驸马宠爱妾室，那就是给妹妹委屈受了，一定要好好惩治一番！

于是丰绅殷德被革去所有官职，罚在家圈禁，闭门思过，直到三年后才放出来，重新升为头等侍卫。可这个时候的丰绅殷德早已彻底丧失了进取心，他变得颓废、庸碌，遇事畏缩，就连当年迷倒万千少女少妇的帅气脸蛋上，都多了一丝颓唐落魄的气息。

皇帝派他离京，去乌里雅苏台任职，他不声不响地去了，没过半年就被北方的大风闪了腰，只好又回京养病。

嘉庆看他病得厉害，也不再为难他，重新加恩赏给他个公爵衔，但到了这个时候，高官厚禄还有什么用呢？

丰绅殷德的病一天比一天严重，养了一个多月，却越养越坏，终于油尽灯枯撒手西去，年仅三十六岁。

从小到大，丰绅殷德什么都有。他的父亲给了他全天下除皇家外最好的吃穿用度，让他受最好的教育，当天底下最体面的官儿，娶天底下最尊贵的公主。家境的优渥，把他骄纵成了不知天高地厚的纨绔，也一点一点磨平了他的棱角。

其实，就像我们所有人都无法选择自己的出身一样，丰绅殷德也无法选择。

但除此之外，他同时也无法选择自己的职业，无法选择自己要过的人生，连妻子都是由皇帝一手包办了塞进来的，从来没有人问他一句你喜不喜欢。

而当家逢大难，父亲身败名裂而死后，所有人却都要对他说一句：该！

他投到了一个人人羡慕的娘胎里，过了半辈子人人羡慕的生活，死的时候不知道有没有领悟到自己其实就是个道具。

叁

古今多少人物，风流最属文人

人生不幸
诗家幸

李白：眼高手低世间罕有一“蠢人”

01

开元六年夏，蜀地连日下暴雨，江水暴涨，淹死沿岸许多村民。

这日，彰明县的县令正带着人巡视河堤，远远看见一具漂浮的尸体。他连忙叫人打捞上来，定睛一看，竟然是一具美貌女尸。那县令是个附庸风雅的人物，见此情景，忍不住赋诗一首：

二八谁家女，漂来依岸芦。
鸟窥眉上翠，鱼弄口旁朱。

话音才落，围观百姓纷纷咋舌：洪水成灾，百姓受苦，县令老爷竟然只关心女尸的朱唇翠眉！什么二八少女倚在芦苇上，风流卖俏吗？太不尊重死者了！县老爷浑然不觉，还在扬扬得意地欣赏自己的打油诗。

这时，人群中有一白衣秀士愤而振声道：

绿发随波散，红颜逐浪无。
何因逢伍相？应是怨秋胡。

县令听了，大呼：好诗！好诗！等他回过味来，才发现是在讽刺自己，气得直跳脚，而那出言讥讽的狂生，早已拂袖而去。

诗中“秋胡”的典故来自《烈女传》，是说有个人刚结婚就出了远门，五年方归，路上调戏良家妇女，到家了才发现那人就是自己老婆秋胡，秋胡愤而投河自尽，后人就用此典故讽刺轻薄好色的男子。

不消说，写诗讽刺县令之人，正是我们今天的主人公——李白。

人人都在阿谀奉承县老爷诗写得好，只有李白敢站出来替死者鸣不平。江湖上无人不知，无人不晓，他连李隆基和杨玉环都敢顶撞，还怕得罪一个九品芝麻官？

02

李白是个疯子。

年轻的时候，他提着把剑满世界乱跑，看谁不爽就捅一刀，然后把“光辉事迹”写进诗里：

> 十步杀一人，千里不留行。
> 事了拂衣去，深藏身与名。

那个时候，李白还年轻，看见世间不平事，就忍不住行侠仗义，今天得罪了县太爷，明天得罪了土财主，把西南蜀地有权有势的人物差不多得罪光了。

可是他一点儿也不怕，因为他武功高强，谁也打不过，还因为他才华横溢，坐拥大票粉丝，杜甫说他“笔落惊风雨，诗成泣鬼神”，随便写首诗，都能震撼全国。

当大侠的日子过得很威风，但是他一点儿也不开心。他是个读书人，身在江湖，心在庙堂。

> 我本楚狂人，凤歌笑孔丘。

这个典故出自《论语》，楚狂接舆高唱：“凤兮凤兮！何德之衰？往者不可谏，来者犹可追。已而，已而！今之从政者殆而！”

李白说，他就是那个楚国的疯子，连孔圣人都敢嘲笑。可在另一首诗里，他却写道：

> 君看我才能，何似鲁仲尼。

你看我的才华，是不是很像孔子呢？可见他虽然自称狂人，心里却想做圣人。

人如果没有梦想，跟不会翻身的咸鱼有什么区别？史书里讲，李白的理想是

"谋事一国"，做一个像苏秦、张仪那样的人，挂不了六国相印，也要有一番大作为。

二十四岁那年，他满怀雄心壮志，拿着手中宝剑离开家乡，闯荡江湖。

> 大丈夫必有四方之志，乃仗剑去国，辞亲远游。

他去过成都，游过峨眉山，也到过烟花三月的扬州，可在家乡混得如鱼得水的他，出门在外却四处碰壁。

首先，他不是士族出身，所以按着当时的规定没有资格参加科举，若想当官，就只能走后门。但李白家中世代经商，根本不认识什么达官显贵，怎么办呢？一个天才的想法在他脑中涌现——攀亲戚。

别忘了，李白姓李，和唐朝皇帝一个姓。凭借这个国姓，他到处认亲戚，这个王公是他堂兄，那个贵人是他表姑……攀来攀去，自己也搅浑了，辈分乱得一塌糊涂。据后人考证，如果按照李白自己说的家谱，那唐玄宗应该是他的曾孙子。

不过大诗人的胡话那是一般的胡话吗？所以有人对他的话深信不疑，比如说安陆许家。

许家虽不算世家大族，却出过一个前朝宰相许圉师，算是半个官宦世家。为了实现喝大酒做大官的理想，在婚姻大事上，李白毫无心理障碍地做了倒插门女婿，在老婆娘家住了下来。

可惜，他打错主意了。

许圉师死后，许家早已败落，根本没法在仕途上帮他什么忙，李白只好到处写诗送人，希望能碰到自己的贵人。

他去京城，拜谒了当时的宰相张说，向他献了诗文，希望得到赏识，拜帖却如石沉大海，杳无音讯。

他去荆州，写了"生不用封万户侯，但愿一识韩荆州"这样的马屁诗，跟荆州刺史韩朝宗套近乎，却被泼了冷水。

他为了找个工作，甚至跑去拍一位县令夫人的马屁，用"素面倚栏钩，娇声出外头。若非是织女，何得问牵牛"这样的诗来夸赞那个貌丑无盐的中年妇女，成了街头笑柄。

李白流传于世的有上千首诗，其中有七百多首都是写来送人的。但是也不晓得是这些马屁诗不够精辟呢，还是他得罪的人实在太多，总之，撒下去那么多张网却没有捕来一条鱼，这些诗都石沉大海了。

李白一直觉得自己是千里马，但跑遍全国各地都没有遇见自己的伯乐。几年之后，他自己也灰心丧气了，于是乖乖回了老家，过起柴米油盐的小日子。

03

据不完全统计，生命中的考验永远要比生命中的桃花运来得频繁迅速。公元737年，李白的老婆许氏死了。

他开始天天喝大酒，烂醉如泥，一半是妻子死了伤心，一半却是因为解脱。

他已经快四十岁了，一般男人到这个年纪，早就创业成功、家庭美满、走上了人生巅峰，而他呢，却做了十年的倒插门女婿，在老婆娘家吃着软饭，天天喝酒闲逛，一事无成。

他并非毫无志向之人，倒插门也不是真的心安理得。之所以会结这个婚，还不是看上了许家的门楣?

那过世的老婆，是老宰相许圉师的孙女。结婚时，多少人嘲笑他一个大老爷们做了上门女婿，但他一点儿也不在乎，他从来活得任性潇洒，儒家那一套理论拘不住他，然而这段婚姻却绑缚住了他。“酒稳安陆，蹉跎十年”，他自诩有经天纬地之才，可十年里，除了生下两个奶娃，他啥事也没做成。

难道自己的一生就这样结束了吗？不！绝不！他把两个孩子扔给亲戚照顾，收拾行装，准备出门。

走，我要去京城!

04

这不是李白第一次来京城长安。

上一回来，他穷愁潦倒，无人赏识，自暴自弃，天天跟长安街里的小混混喝大酒耍酒疯。但是这一回，他遇见一个知己。

贺知章，武则天证圣年间的状元，现任礼部侍郎，人称诗狂。没错，就是写“少小离家老大回，乡音无改鬓毛衰”的那位。

李白摸摸鼻子笑了，他再狂，能有老子狂？一首《蜀道难》从笔端倾泻而出：

噫吁嚱，危乎高哉！蜀道之难，难于上青天！蚕丛及鱼凫，开国何茫然。尔来四万八千岁，不与秦塞通人烟。西当太白有鸟道，可以横绝峨眉巅。地崩山摧壮士死，然后天梯石栈相钩连……

西山紫极宫中，贺知章睁大了眼睛看着眼前的诗人。《唐摭言》载:“知章览《蜀道难》一篇，扬眉谓之曰:‘公非人世之人，可不是太白星精耶！’”

贺知章在当时的文坛还是很有地位的，此话一出,《蜀道难》立刻在长安的大街小巷间流传开来，李白“谪仙人”的名号也叫响了。

不久，在贺知章和玉真公主的联合举荐下，当今圣上唐玄宗李隆基读到了李白的诗。皇帝也是个附风庸雅之人，大手一挥，宣李白觐见。

李白高兴坏了，赶紧沐浴焚香，为了防止自己紧张怯场，还不忘灌两口酒。

就是这两口酒坏了事儿，他干了一桩轰动京城、至今还被热议的大事儿：力士脱靴、贵妃捧砚。

别看李白平时狂傲的样子，好像天底下就他一个聪明人，其实这么多年他只长了年纪，情商一点儿也没长，丝毫不懂人情世故。

进了皇宫后，酒劲上来，皇帝让他写诗，他二郎腿一跷，来呀，给爷脱靴子！磨墨!

小太监上来伺候，他还不干，硬要高力士来脱鞋，杨贵妃给他捧砚台。

高力士是太监大总管，皇帝身边的大红人，朝中一品大员碰见他，也只有阿谀奉承的份儿，杨贵妃更是被皇帝捧在心尖上的女人，李白却将他们当成了酒楼里倒茶的店小二、勾栏中弹琵琶的卖唱女。

唐玄宗脸上笑嘻嘻，心里怒火生。行，你是大名士大网红，你名满天下粉丝千千万，朕不跟你计较，等你写完这首诗，朕就让你滚蛋!

李白不知道唐玄宗心里的这番计较，他写诗向来不含糊，大笔一挥，就是三首《清平调》。

“云想衣裳花想容，春风拂槛露华浓”，开篇第一句，就流芳千古。“名花倾国两相欢，长得君王带笑看”，末尾一句，顺便把君王的马屁也拍了进去。

李白写诗送人写了几十年，按理说早该熟悉套路了。可是如果李白拍马屁的本事真的这么强，他也不会这么多年到处奔波却换不来一官半职。

写诗的时候，李白又犯了老毛病——太爱说实话。他在这组词的第二首里，写了一句“借问汉宫谁得似，可怜飞燕倚新妆”，直接把杨玉环比作了赵飞燕。

赵飞燕何人？大名鼎鼎的一代妖后，和妹妹赵合德两人秽乱宫闱，不仅害得皇嗣死绝，还害得汉成帝死在了赵合德床上。李白将杨贵妃比作赵飞燕，那李隆基是谁？汉成帝吗？

这一句诗同时骂了贵妃与皇帝，李隆基没把他当场拉出午门斩首已经很仁慈了。幸好，为了显示朝廷礼贤下士，皇帝忍着没有把李白咔嚓掉，而是给了他一坨金子，让他哪儿凉快哪儿待着去，这就是史书上所谓的“赐金放还”。

李白一看，皇帝也不赏识自己，扭头就走，还放歌曰：“安能摧眉折腰事权贵，使我不得开心颜！”

唐玄宗望着李白的背影，却跟高力士说：别看别人说他像神仙，其实登不得大雅之堂，这个人就是个得了意会忘形的小人。

（李）白遂展足与高力士曰：去靴。力士失势，遽为脱之。及出，（皇上）上指白谓力士曰：“此人固穷相。”（《酉阳杂俎》）

05

我们都以为李白是个天才，其实他很蠢，不仅蠢在瞎得罪人、乱拍马屁，还蠢在政治觉悟低下。

杜甫一生给他写了很多很多首诗，其中一首说：

不见李生久，佯狂真可哀。
世人皆欲杀，吾意独怜才。
敏捷诗千首，飘零酒一杯。
匡山读书处，头白好归来。

意思是说，人人都想杀李白，只有杜甫爱其才。

这是怎么回事？原来，李白后来犯了个“政治不正确”的大错，活生生让自己成了反贼。

安史之乱爆发后，他跑到了永王李璘的阵营中，尽心尽力地为其摇旗呐喊，写下了长长的组诗《永王东巡歌》。

当时长安沦陷，唐玄宗仓皇往四川跑，太子李亨在大后方组织人手抵抗叛军，后来即位于灵武。而永王李璘坐镇南京，借此机会力量迅速壮大。当时长江以北正打得不可开交，长江以南仍然太平富庶，所以永王就想趁此机会割据江南，南北分治，就像当年的东晋一样。

其实只要有点政治头脑的人，都看得出来永王这种不想着驱除反贼，先往东占据地盘的做法愚不可及，所以天下名士应者寥寥。

只有李白举双手赞成，他觉得自己的机会来了。

> 三川北虏乱如麻，四海南奔似永嘉。
> 但用东山谢安石，为君谈笑静胡沙。

他自比谢安，要在谈笑间平定安史之乱。今天看这组诗，我们顶多觉得李白又说大话了，可在当时，这些诗就显得非常大逆不道。

谢安在打赢淝水之战后，收复了中原故土吗？并没有，他只是保全了东晋王朝。李白引用这种典故，不摆明了为国家分裂、政权割据摇旗呐喊吗？

他那个时候已经年过花甲，住在永王李璘的幕府，以为自己是即将出山的诸葛亮，要出门去一统天下。一想到这里他就心潮澎湃，写诗“龌龊东篱下，渊明不足群”，说明自己跟隐居的陶渊明不一样，陶渊明是个龌龊避世的人，而他心系天下。

李白的另一项“政治不正确”，是入永王幕府前，在溧阳和张旭一起喝大酒吹牛，写了一首《猛虎行》。诗里写安史之乱爆发，北方打仗打得很凶：“颇似楚汉时，翻覆无定止。”还把自己比作韩信、张良，说国家的存亡以后就靠自己了：“张良未遇韩信贫，刘项存亡在两臣。”

这诗属于酒后吹牛，李白写得爽了，却触了唐室的逆鳞！

典故引用得很押韵，可是把这场战争比作楚汉之争？官军和叛军打仗，怎么能是楚汉之争呢？谁是楚，谁是汉？谁做了流氓刘邦，谁成了悲摧项羽？简直大逆不道！

所以后来叛乱平定，永王被杀，朝廷清算前账，李白顺理成章地成了“乱臣贼子”，被流放夜郎。

流放的路上，李白还不忘写诗，给王昌龄寄去了一首“我寄愁心与明月，随风直到夜郎西”。

这可了不得，吓得王昌龄差点晕过去：李太白啊李太白，我跟你关系没那么好吧？你个乱臣贼子没事给我写啥诗！大家伙都想杀了你，你别跟我攀关系！

06

杜甫写那首“人人都想杀李白”的诗时，说“不见李生久，佯狂真可哀”。

杜甫把李白这个人看得比李白自己还透彻，他知道，李白的“狂”是“佯狂”，但李白的“傻”是真傻。

现在我们总以为自己很了解李白，上至鹤发垂髫老人，下至三岁黄口小儿，都能说上两句李白的诗，知道几个他的故事。小时候背唐诗，最先背的一首就是“床前明月光，疑是地上霜”。

然而事实上，我们可能一点儿也不了解李白。我们连他家乡在哪里都不确定，有人说他是四川人，有人说他是甘肃人，有人说他是西域人，还有人说他是外星人……从他出生到二十四五岁的那段生平，史书上是完全的空白，因此，我们也不知道他的家庭出身如何，是胡人还是汉人，也不知道究竟是什么样的文化熏染才孕育出了这样的世间大才。

不过可以肯定，李白读过很多很多的书，对于古人的那些典故，他信手拈来，是真的“袖有匕首剑，怀中茂林书”。但他虽读过万卷书，行过万里路，却依然活在书里，一切都是纸上谈兵。对于在他面前发生的鲜血淋漓的现实，他都十分淡漠。

我们每每谈起李白，都说他最幸运是生在大唐鼎盛之时，那时候物华天宝、人杰地灵，只有这样的时代土壤才能培养出一个飘逸绝尘的“谪仙人”，叫他用最狂放的文字写诗，用最不羁的灵魂周游世界。

可事实上，李白的诗篇里却甚少有赞颂大唐盛世的，反倒是有无数首《蜀道难》《早发白帝城》。我们可以合理地推测，李白本身并没有过多地享受到大唐盛世的光芒。

他不是盛世里的幸运儿。

对于盛唐，李白是充满怨气的，他说：“大道如青天，我独不得出。”这盛世再繁华，却无他施展才华之所。

若在乱世，寒微者能凭借真本事上位，这样的机会很多，可在盛世，机会早就被世家大族堵住了。所以遇见安史之乱，天下动荡，人民哀哭，他却兴奋异常，踌躇满志。即使最后被当作乱臣贼子，晚年过得相当悲惨，不得不去投奔远方表叔李阳冰，最后饮酒过度醉死宣城，他也从不后悔。

一直以来，我们都误会他是一个很浪漫的人，或者说误会他是一个潇洒疏阔、放浪形骸之人，毕竟他自己写过“仰天大笑出门去，我辈岂是蓬蒿人”。

他确实很浪漫很天真，觉得这个世界只要有才华就能实现理想。但他也很愚蠢，觉得拍两句马屁就能得到重用，却又不懂得官场里那些弯弯绕，常常马屁拍到马腿上，叫马尥了蹶子。

贺知章第一次看见李白，就说他是“谪仙人”，除了有对他风神俊朗外貌的恭维，恐怕也是在说他与这个世界格格不入。

他至死都没明白这个社会，到处说错话，做错事，惹人讨厌，最后人人都想杀了他。

写《大唐李白》的张大春这样概括李白：

> 一个街头艺人，一个酒馆狂生，一个以他那样的阶级不该拥有的写作能力而闻名遐迩的道者，一个曾经那样接近过权力核心而仍只被以“倡优之徒”对待的浪子，以及——到了生命的最后阶段——一个国人皆曰可杀的叛国者。

几十年过去了，大唐盛世变成了安史乱世，人心早已不古，只有李白还守着年少时的那份天真。

这份天真对李白来说是不幸，他一生的抑郁不得志都来源于此，但对后人来说却是幸运的，因为它让我们得以看见一个“诗仙”李白。

这个世界从来不缺少圆滑世故的李林甫，却再没有出现一个有赤子之心的李白。

且乐生前一杯酒，何须身后千载名？

李商隐：最冤枉的“品行无端者”

01

有一个诗人的名号人人熟悉。

他叫李商隐，字义山，生于晚唐。他的诗总是朦胧的，诗人的情愫无人能知，世人莫晓其意。

锦瑟无端五十弦，一弦一柱思华年。
庄生晓梦迷蝴蝶，望帝春心托杜鹃。
沧海月明珠有泪，蓝田日暖玉生烟。
此情可待成追忆，只是当时已惘然。

这首诗的名字叫《无题》，事实上，他还有无数的无题诗。

旁人写诗，不但要起个明确的标题，还要写个小序，讲明白这首诗是在何时何地写的，为啥要写，是写给谁的，啰唆点的可能还要注明天气、心情。

譬如杜甫写《赠李白》，李白写《赠汪伦》，王维写《九月九日忆山东兄弟》，白居易的《琵琶行》前面先写了一百三十八字的小序。四十一位文人雅士所作诗集《兰亭集》的名气，甚至还远远不如那篇《兰亭集序》。

但李商隐与众不同，他那些传世名作的名字，大多是《无题》，后人既不知他这些诗是何时何地写的，也不知他为谁而写，更不知他写诗时怀抱着怎样的心情。

所以李商隐的诗是个谜。

有人说，他的诗是写给初恋的，甚至煞有介事地考证出来，他的初恋名唤荷花；也有人说，他的诗是写给妻子、写给续弦、写给知己、写给情妇……

而更多的人说，他写的哪里是情诗，分明字字泣血，是写给那再无往昔荣耀的破碎山河。

而我想说，这些诗哪里是写给旁人看的，他只是在写他自己。

02

李商隐这位大才子有这么多的传世名篇，至今为人称颂不休，按理说史书应该对他大加褒赞，可事实上，无论是《旧唐书》还是《新唐书》，对他的评价都不好。

《旧唐书·卷一百九十下·列传第一百四十·文苑下》，李商隐恩人的儿子说："以商隐背恩，尤恶其无行。"

忘恩负义，没有德行，这是史书对他的"盖棺定论"。

一个大诗人被这般评价究竟是为何？或许，我们要重新去看看他的一生，才能窥见端倪。

孟子说得好，"天将降大任于斯人也，必先苦其心志，劳其筋骨，饿其体肤"。李商隐早年就十分困苦。他父亲是个县令小官，为官清廉，家中清贫，但李商隐自幼聪颖，"五岁诵经书，七岁弄笔砚"，父亲对他很是重视。不幸的是，父亲在李商隐九岁左右便去世了，只留下一家孤儿寡母。

母亲身子不好，弟妹尚在襁褓，作为家中长子，李商隐不得不过早地背负起家族的重担。

他后来曾在文章中描述，说自己的年少生活是在"佣书贩舂"的昼夜工作中度过的，白天给人舂米当苦力，晚上挑灯给人抄书，以此贴补家用。

他年纪小，体力差，更兼营养不良，舂米的苦力当得一般般，倒是靠抄书练就了一手好书法，写得一手好文章。

十六岁那年，为了改善家境，李商隐决定去参加道经考试，求取功名。

唐代皇帝姓李，奉道家始祖老子李耳为祖先，因此崇奉道教，曾专设"道科"，与一般儒家五经科举考试不同，专考道家经典。

李商隐为了准备道科考试，特地上玉阳山学道。没花多少时间，他几乎熟读了全部道家经典。

传说中，李商隐一生共有四个女人。古代的文人，似乎总要有点风流韵事才能进入"大才子"的行列。

在玉阳山时，他认识了生命中的第一个重要女子，宋华阳。宋华阳原来是公主的侍女，随公主修道出家。她聪颖美丽、蕙质兰心，李商隐虽打扮贫寒，却不掩才气，英姿挺拔，正是郎才女貌，两人很快坠入爱河。

> 应共三英同夜赏，玉楼仍是水晶帘。

他们偷偷私会，夜赏月华，从诗词歌赋谈到人生哲学，情意越来越浓。

然而这段感情却不为清规礼教所允许，宋华阳乃是公主随侍，早已出家，不得自由身，随着李商隐学成下山，两人就此分离。

或许一个个辗转难眠的深夜里，他都曾暗自神伤：为何古今痴男女，都得要离别？

> 不因杖屦逢周史，徐甲何曾有此身。

唐代那么多大诗人里，李商隐的诗最为晦涩难懂，或许正是因为这段情这份心不为礼教所容，所以他就算想寄托于纸端，也怕人问询，只能将心意深深埋藏在朦胧难明的诗句间。

李商隐后来写下过许多诗篇寄予宋华阳：《月夜重寄宋华阳姊妹》《赠华阳宋真人兼寄清都刘先生》《碧城三首》……

或许这首《无题》诗，也是写给这段刻骨相思的：

> 昨夜星辰昨夜风，画楼西畔桂堂东。
> 身无彩凤双飞翼，心有灵犀一点通。

03

学成下山后，李商隐举家迁往洛阳，在这座繁华神都，他得以结识白居易、令狐楚等文坛前辈。

贫苦的出身和过小的年纪，都不能掩盖这位诗人的才华。李商隐十六岁就写出《才论》《圣论》两篇文章，因此名震江湖，洛阳的文坛翘楚都对他的诗作称羡不已。白居易甚至在读了他的诗以后，感慨此人乃是文曲星下凡，还说要去投胎当他儿子。要知道，那会儿白居易已经是七八十高龄的老人了，在晚唐诗坛是绝对的执牛耳者，如今却要给一个初出茅庐的毛头小子当儿子，街头巷尾都将此事传为笑谈。

李商隐听说后，连呼“当不起”。不过多年后白居易去世，李商隐的大儿子出生，他倒是半点不客气，给自己的儿子取名“白老”。可惜这儿子十分蠢笨，实在当不起这么高的赞誉。直到小儿子出生，聪慧伶俐，大家都笑说如果白居易真的投胎了，也该是这个小子。这是后话了。

李商隐真正的伯乐是令狐楚，他是朝堂高官，三朝元老，更是晚唐时著名的文学家。在看了李商隐的文章以后，他对这个年轻人十分欣赏，请他来长安令狐家，还出钱让他养活老母姐弟，并让他和自己的儿子一起读书。

李商隐成为令狐楚幕僚之后，令狐楚对他指点颇多。原本李商隐受中唐时韩愈古文运动的影响，轻视骈文而喜好古文，但令狐楚劝他说，古文虽好，却不是当今社会的主流，如若你想在科举乃至仕途上有所作为的话，还得重视骈文，如果你愿意学，我就教你。

令狐楚是当朝骈体文大家，几乎可以说是同时代骈文第一人，在他的指导下，李商隐的写作水平突飞猛进，没多长时间，他的骈文水平就达到了比之令狐楚也几乎毫不逊色的地步。

令狐楚拿着这个年轻人写就的文章，如获至宝，几乎走到哪就把李商隐带到哪，逢人便讲李商隐的大才。据有关史料记载，令狐楚听到有人夸奖李商隐就会欣喜若狂，若是有人诋毁李商隐就会大发雷霆。从令狐楚近乎孩子般的行为里，倒是可见其对李商隐的偏爱。他对李商隐的指点和偏爱，甚至远远超过对自己的亲生儿子令狐绹。

这话不是浮夸。令狐楚在临终之前留下两个遗愿，一是给皇帝看的谢恩表一定要让李商隐给写，二是他的墓志铭也一定要让李商隐写。

从这段故事可以看出，在骈文老大令狐楚那里，能够入他法眼的仅李商隐一人而已。

可虽然得到了文坛大佬的光环加持，李商隐的从政之路却一点儿也不顺畅。从唐文宗大和四年开始，他连考四次科举，均以失败告终，而与他同年赶考的令狐绹却一次就中。

晚唐的朝堂并不清明，科举考试水分极多，世族大家的子弟只要识字就能考上进士，像李商隐这等寒门庶子，朝中没有背景，手里没有现银，就只有被踢下来的份儿了。

李商隐曾经给令狐绹写过一信，言说“尔来足下仕益达，仆固不动”，可见其失落之情。

第五次考试，李商隐终于考中了进士，但这次考上，还是多亏了令狐楚的儿子令狐绹多方呼吁。

这位令狐绹可不简单，看似只是一个借着父亲的光环一路平步青云的官二代，但事实上，他在宦海沉浮多年，后来父亲去世，他再无恩荫可以庇佑，依然凭借自己的本事成为牛党后期的领袖人物。

且说李商隐终于高中进士，这本该是个美丽的开始，让他春风得意马蹄疾，一朝看尽长安花。如果令狐父子再帮他在官场中谋个职位，李商隐从此或许就可以平步青云，踏上一条康庄大道。

可命运总爱给人开玩笑，它偏偏让噩运在这个时候降落到这位当世大才的身边。这无异于给了李商隐一记惊雷，而惊雷后面埋藏着悲剧。

就在他考上进士的这年冬天，令狐楚去世了！伯乐一死，本可以在官场一展拳脚的李商隐失去了靠山。

那是个贪墨成风的社会，无人引荐，几乎不可能在官场立足。

04

开成三年（837 年），料理完令狐楚的丧事后，李商隐去参加博学宏词科考试，果然没有入选。他十分懊丧地回了在洛阳的家，几乎要对做官失去一切希望。

俗话说，官场失意，情场得意。在洛阳的时候，李商隐似乎又一次陷入了恋爱，虽然它十分短暂，短暂到可能只有几秒钟。

姑娘的名字叫柳枝，不知道是不是真名，反正李商隐是这样称呼她的。

“柳枝”这个名字第一次出现，是在李商隐的五首《柳枝》中，一向连题目都不爱取的他竟破天荒地为这组诗写了个长长的序：

> 柳枝，洛中里娘也。父饶好贾，风波死于湖上。其母不念他儿子，独念柳枝。

可以猜测，柳枝是洛阳本地人，乃是商人的女儿，虽然年轻丧父，但她是在母亲的精心呵护下成长的，必定出落得出水芙蓉一般。

在序里，李商隐又用细碎的笔触描绘了他们相遇的场景。

李商隐的堂兄让山是柳枝的邻居。这年春天，李让山在树下念李商隐写的《燕台诗》，柳枝恰巧路过听见了，便问:“谁人有此？谁人为是？”

李让山说这是我堂弟，柳枝当下扯断了衣带，请求让山把它交给李商隐，求一首诗。

第二天，李商隐来堂兄家，看见柳枝梳着双髻，双手环抱立在门前，笑容灿灿，面若桃花，指着他说:你就是那写诗的人吗？三天以后我们有一个在水边祓禊的节日，我会焚香静等你来。

李商隐欣然答应，但没想到后来碰上一些事情，他负了与柳枝的约会。等到来年冬天，漫天飞雪，李让山冒雪而来，告诉他，柳枝已经被东诸侯娶为小妾了。

> 刘郎已恨蓬山远，更隔蓬山一万重。

李商隐懊悔自责不已，一连写下五首《柳枝》诗:

> 花房与蜜脾，蜂雄蛱蝶雌。
> 同时不同类，那复更相思。
>
> 本是丁香树，春条结始生。
> 玉作弹棋局，中心亦不平。
>
> 嘉瓜引蔓长，碧玉冰寒浆。
> 东陵虽五色，不忍值牙香。
>
> 柳枝井上蟠，莲叶浦中干。
> 锦鳞与绣羽，水陆有伤残。
>
> 画屏绣步障，物物自成双。
> 如何湖上望，只是见鸳鸯。

这篇小序的最后，李商隐送堂兄东归洛阳，一路从长安走来，两人虽是风尘仆仆，却是说不尽的柳枝，聊不完的旧日时光。

可惜时光一去永不回，往事只能回味，佳人一入侯门深似海，从此“李郎”是路人了。

这场短暂的春心萌动，终因错过，再一次无疾而终。

05

好像李商隐的一生，事业也好，爱情也罢，都逃不过“错过”一词。

在唐代，取得了进士资格的人一般不会被立即授予官职，还需要再通过由吏部举办的考试。

在正式考试之前，李商隐没官可做，自然就没有薪水可以领，但他家中还有老娘幼弟要养，怎么办呢？

李商隐又一次干起了为人做幕僚的活计。

有才华的人到哪里都能被人赏识，这一次，他跑到了泾州（今甘肃泾川县北），做了泾源节度使王茂元的幕僚。虽然王茂元并没有像令狐楚那样将李商隐奉为至宝，可李商隐还是得到了一个实实在在的好处——王茂元看好李商隐的才华，将自己的掌上明珠嫁给了他。

这本来是一件皆大欢喜的事情，李商隐受到岳父的接济，他与王氏也算夫妻和睦举案齐眉，可是谁也没有想到，一场没有硝烟的战争也即将因此上演。

唐朝中晚期，朋党之争逐渐剧烈，以牛僧孺、李宗闵等为领袖的牛党和与李德裕、郑覃等为领袖的李党之间针尖对麦芒，斗得风生水起。朝中乌烟瘴气，再清明正直的官员也必须要站队，否则根本没有活路。

“牛李党争”持续了至少四十年，而李商隐考中进士前后正是两派斗得最欢的时候。

令狐楚属于牛党。前文说过，他儿子令狐绹到后期成为牛党的领袖之一。然而不幸的是，李商隐的岳父王茂元却属于李党，

两党水火不相容，成了李党女婿的李商隐自然而然地被令狐绹视作背叛恩人的不忠不义之徒。毕竟，当年李商隐在洛阳、长安两地没少受令狐家的照拂，连他这个进士的名头都是令狐绹替他讨来的，而且若无令狐楚，恐怕李商隐的老娘此刻早已饿死了。可令狐楚一死，李商隐却头也不回地跑到了对面李党人士的官员家里当幕僚，甚至成了人家的女婿，谁知道这小子会不会出卖牛党的一些机密？

唐代风气开化，多少风流浪子照样被奉为一代文豪，可忘恩负义这事儿却不得了，所以《新唐书》《旧唐书》都给他记了一笔，给他扣上了“无行”的帽子。

被认为品行不端、道德作风有问题的李商隐并没有意识到朋党之争会带来什么后果，也无意参与朋党之争。为人幕僚只是养家糊口的方式而已，工作的间隙居然还讨到了一个老婆，他乐呵呵地觉得这是捡了个便宜。

可是世人眼中李商隐就是背叛恩主，他很快就付出了代价，

开成三年（838 年）春天，他参加授官考试，结果在复审中被除名。这件事对李商隐最直接的影响是使得他获得朝廷正式官职的时间推迟了一年。

一年后，他再次参加授官考试，顺利通过，得到了秘书省校书郎的职位，不久调任弘农（今河南灵宝）县尉。

县尉是个芝麻大的小官，而且远离权力中心，这显然和李商隐的政治抱负有很大的出入，他对这份工作十分失望，但依然兢兢业业地去就职了。在职期间，他为了替死囚喊冤得罪了上司，处处受到责难，这令他感到十分屈辱，不久就请了长假，心想干脆不干了，为此还写了首诗，名为《任弘农尉献州刺史乞假还京》:

> 黄昏封印点刑徒，愧负荆山入座隅。
> 却羡卞和双刖足，一生无复没阶趋。

李商隐的诗一向喜用典故。这首诗简单解读一下，就是说黄昏时散衙封印，清点在押的囚徒，惭愧自己负了荆山，空占了这个位置。只羡慕那个发现了和氏璧的卞和，他虽被砍去双足，却免于每日在官府趋奉奔走的屈辱。

他写下了这张“请假条”，以为自己可以走得潇洒，却不想正好这时那个刁难他的上司孙简被调走了，新来的上司极力劝说他留下来工作，他勉为其难地答应了。

然而这个县衙的小官并不能装下诗人的胸怀抱负，一年后，他再次辞职。

06

辞去了弘农县尉，李商隐又入秘书省，虽然这次的官衔比县尉高不了多少，但到底回到了京城，如果稳扎稳打，再加上妻子娘家的助力，升迁也不是没有可能。

只是这个时候，噩耗传来，李商隐的老母亲去世了。按照惯例，他得离职回家守孝三年，这意味着年届而立的李商隐不得不放弃跻身权力阶层的最好机会。

这次变故对李商隐政治生涯的打击是致命的，他闲居在家的三年，是李德裕集团最辉煌的时期。错过了这个时期，随着不久之后唐武宗的驾崩，李党骤然失势，李商隐此时回朝，面对的就只有虎视眈眈将他视为敌人的牛党官员了。

这股朝堂上的党争暗流终究影响到了他的家庭。李商隐的岳父王茂元在代表政府讨伐刘稹叛乱时病故，失去顶梁柱的王家很快家道中落。作为女婿的李商隐日子越发难过了，为了养家糊口，他甚至不得不丢下脸面去求已经成为牛党党魁之一的令狐绹，请他看在往日的情分上给他一个官职。

他甚至专门前去拜访令狐绹，只是令狐绹不在，于是他在墙壁上题下一首诗：

> 不学汉臣栽苜蓿，空教楚客咏江蓠。
> 郎君官贵施行马，东阁无因再得窥。

这诗本意是在委婉地提醒令狐绹莫忘旧日友谊，没想到却让令狐绹大怒。他想铲除题诗的墙壁，但由于这首诗里出现了他父亲的名字（“楚”），按照当时的习俗，他无法毁掉诗作，就只好锁上门不看。

最终，令狐绹给了李商隐一个盩厔县尉的小职位。十年之前，李商隐仕途生涯的起点也正是一个县尉的小官，宦海沉浮多年，他依然在原地踏步。

他沉沦下僚，官不挂“朝籍”，辗转于幕府替人捉刀代笔，只能勉强糊口。好在，他的妻子王氏依然不离不弃地跟随在他的身边。虽然为了生计，李商隐不得不四处奔波，夫妻聚少离多，但他们二人的心却始终在一处，恩爱如初。

可是幸运之神似乎觉得已给了李商隐足够的天赋才华，就不需要再对他的人生负责，于是听凭这位诗人生活困苦，磨难重重。

宣宗大中五年（851 年），妻子王氏病逝，李商隐在这世间的最后一抹温情也离他而去了。

收到噩耗时，他尚在汴徐幕府任职，急匆匆地赶回家，妻子已经逝去两日。他伤心不已，陆陆续续写下了无数的悼亡诗。

> 忆得前年春，未语含悲辛。
> 归来已不见，锦瑟长于人。
> 今日涧底松，明日山头檗。

愁到天地翻，相看不相识。

07

妻子已逝，为他留下了一儿一女。李商隐不由得想起了九岁那年，父亲去世，家中人人哭号，仿佛从此再不能活，他在寒风雪夜里一本一本地抄书，换来一文一文的钱，就这么养活了一家人。而今，为了养活八岁的女儿和四岁的儿子，李商隐不得不再次离开长安，将儿女寄养在连襟家，自己一个人孤零零到了四川梓州，给东川节度使柳仲郢当秘书。

在他离家赴蜀地宦游途中，他写下了《悼伤后赴东蜀辟至散关遇雪》：

剑外从军远，无家与寄衣。
散关三尺雪，回梦旧鸳机。

妻子死了，这个家也就散了，所以在诗中，他称自己是“无家”之人。

大散关的皑皑白雪足足下了三尺厚，天地之宽阔，孑然而独立。他要从剑阁一直走到东川，凛冽的寒冬里，只有他孤独的背影，再也没有人可以为他缝补衣裳，在这样的雪天里送上棉衣。巴蜀之地苦寒，独身在异乡漂泊，这一回却再没有人等着他回家了。

南方的雨季真长啊，这场雨下了半个月，仍不见有停的迹象，是否上天也懂得他此刻心中的苦涩?

君问归期未有期，巴山夜雨涨秋池。
何当共剪西窗烛，却话巴山夜雨时。

遥想当年新婚时，岁月静好，日日晴天，月光皎洁，烛火通明……这缠绵的情景，今生再不可得了。

他无时无刻不在思念着妻子，悔意甚至远远大过了爱意。他懊恼自己没能给妻子安稳的生活，让她跟着自己吃了那么多年的苦，还要常常忍受分离之苦，甚至在临终之时，也没能见到自己回来。

此情可待成追忆，只是当时已惘然。

夕阳无限好，只是近黄昏。

相见时难别亦难，东风无力百花残。

春蚕到死丝方尽，蜡炬成灰泪始干。

若将这些《无题》诗都当作悼亡诗来解读，那毫无疑问，每一首都是写给他的妻子的。

主公柳仲郢看李商隐中年丧妻，十分同情，就选了军中歌女张懿仙赐予李商隐，替他缝补衣裳，照料他的生活起居。然而此时的李商隐早已断绝了男女之心，更不忍让九泉下的妻子伤心，婉言谢绝了柳仲郢的好意，言明不再成家，遂将张懿仙姑娘退回。

在四川梓州，他整日郁郁寡欢，一度对佛教产生了兴趣，与当地的僧人交往，捐钱刊印佛经，甚至想过出家为僧。

08

唐宣宗大中末年（约858年），李商隐在郑州病故，病中孤苦，穷困潦倒，竟无一人吊唁。待子女赶到时，他早已在凄清的等待中闭上了双眼，年仅四十五岁。

这个一生勤奋的寒门子弟，最终不过是官场中失败的小人物，一个甚至都无法看清党争势力的政治小白。

从小读的是圣贤书，学的是经世致用，李商隐必然也有一颗想要出将入相的心，可惜一生踯躅无所获。他骨子里是位浪漫诗人，对于朝堂上的暗流涌动并不能洞悉分辨，虽有报国之心，却无报国之路可走。

他在诗词中多次表明自己的皇族宗室身份，却没有任何证据可以依凭，从来没有人买他的账。

那一年李商隐才二十出头，正是大展宏图的好年华，他的伯乐令狐楚虽然十分提携，可却早早去世；

那一年他被认作李党，却在李党势力最盛的三年里丁忧回家，错过了晋升机会；

那一年他终于看清了宦海沉浮，写下了一首《蝉》：

> 本以高难饱，徒劳恨费声。
> 五更疏欲断，一树碧无情。
> 薄宦梗犹泛，故园芜已平。
> 烦君最相警，我亦举家清。

与其说是释然，不如说是无奈。

“虚负凌云万丈才，一生襟抱未曾开。”他的好友崔珏在这首《哭李商隐》中，如此扼腕叹息他的怀才不遇。

官场失意，连情场也是失意，妻子离他而去，后半生只剩自己一人孤独寂寥。

唐朝的大诗人里，我曾一度以为元稹很深情，因为他在悼念妻子时说：“曾经沧海难为水，除却巫山不是云。”好一个弱水三千只取一瓢饮的痴情人！可他竟是《西厢记》里那个对崔莺莺始乱终弃的书生原型，得意扬扬地跟人吹牛说幸好是我夺走了崔莺莺的初夜，不然不知道被哪个俗人糟蹋了。

我也曾以为那个写“心忧炭贱愿天寒”的白居易是真正忧国忧民的诗人，可事实上他却在七十岁那年写道：“十载春啼变莺舌，三嫌老丑换蛾眉。”家里养着家妓数百，每过三年就嫌弃她们老了丑了，专挑十六岁的小姑娘玩乐。

相较之下，李商隐虽算不得专情之人，好歹的确深情，他会为了年少时的遗憾彻夜辗转，会因辜负了一面之缘的柳枝而懊丧不已，会为了已经死去的妻子婉拒旁人。

有人说，写爱情诗的人，一定都被爱情深深地伤过；也有人说，没读过李商隐，你便不懂世间情为何物。

后人解读李商隐，总在恣意揣测他的诗是写给谁的、为谁而写，但或许他的无题诗并没有叙事对象。那些诗像极了他一个人在自言自语，里面的悲悲戚戚，孤独离愁，都与他人无关。

钱惟演：亡国之后，人生只剩如履薄冰

01

公元 978 年，宋太宗太平兴国三年。

在皇城附近一个别墅的二楼里面，吴越王钱俶愁眉不展，望着南方，仿佛望见了自己在杭州的宫殿。

来到东京汴梁城已经三个月了，宋太宗赵光义还是没有放他归国的意思。

前几天，多年隐居华山的神仙丁少微来到开封，赵光义特意安排钱俶和他见了面。丁少微赠了几粒丸药给钱俶，说是可以延年益寿。

可是，延年益寿又有什么用？钱俶这时候只想死，不想活。

正所谓“君王死社稷”，身为一国之君，眼看国破家亡，却不能拼出一命去死，这很可悲。

但钱俶又是一个怕死鬼。

三年前，那时候的皇帝还是宋太祖赵匡胤，钱俶就在东京开封住过一段时间。有一次酒后，借着酒劲，他假装出一副难舍难分的样子说，从此我就住在这东京不走了。

赵匡胤凌厉的眼神看向钱俶，半晌才答，放心吧，我不会扣住你的，只要你不负我，我就不会负你。

没几天，赵匡胤就放钱俶归国了，还赠给他一个镶着金边的箱子。

这让钱俶感动不已。他激动地许愿，三年之后会再来朝贡。

离开了东京，在车上，钱俶迫不及待地打开了箱子，那里面满满地全是大臣们的书信和奏折，反复说的都是一件事：扣押钱俶，吞并吴越国。

从此，钱俶死心塌地跟了赵匡胤。只是想不到，皇帝轮流做，三年之后他再来东京，遇上的却是赵家的老二，赵光义。这赵光义每天只是殷勤接待，却只字不提让钱

俶回家。

中午的时候，心腹大臣崔仁冀来了，钱俶懊丧地对他说，咱们这怎么办呢，赵光义这是怎么个意思?

崔仁冀说，事到如今，已经很明显了，赵光义这是要咱们纳土归降，看来咱们这吴越国要送给老赵家了。

钱俶说，不会吧，我一直都小心侍奉大宋朝，他们没有理由要收了我的国家。

崔仁冀说，就在刚刚，清源军节度使陈洪进已经将他的漳州、泉州全部贡献了，漳泉二州十四县、十五万户百姓、一万多名士兵的户籍本册已经交到了赵光义手中，现在，他们正在摆宴庆祝呢。

忽然，皇宫那边传来阵阵礼炮声，那应该是欢庆的礼炮吧。

钱俶心如刀割。他的家业，那可是历经了几十年沧桑，在五代人的努力下才挣得的。三千里锦绣河山，十万名披甲战士，难道就这样轻易送给赵光义?

他思来想去，决定给赵光义写一个奏折，请求罢黜宋王朝封给他的吴越国王称号，并解除他天下兵马大元帅的职衔，他会停止书诏不名之制，归还兵甲。

钱俶什么都不要了，只求回家，但赵光义的回复仍旧只有两个字：不许。

意思是你要继续担任吴越国王，兼职天下兵马大元帅，我大宋朝军队的大元帅就是你。你要继续享受你的特权，可以带武器上殿，给我写信不用写自己的名字。

干什么都行，但是，不准回家。

钱俶心凉了，什么都说不出来。

> 五月，钱俶献其两浙诸州，凡得州十三、军一、县八十六、户五十五万六百八十、兵一十一万五千三十六。丁亥，封钱俶为淮海国王，其子惟濬徙淮南军节度使，惟治徙镇国军节度使。(《宋史》卷四)

这一年的五月，钱家全族带着家产、亲眷来到了开封，从此成为大宋朝的百姓，吴越国也被大宋吞并。

在这一行队伍里，有一个小孩子，年十六岁，名叫钱惟演。

02

钱俶献出了自己的国家，赵光义自然大大有赏。他封钱俶为淮海国王，其子钱惟浚任淮南军节度使，钱惟治任镇国军节度使，当时钱惟演虽然才十六岁，也被封为右屯卫将军。虽然身居高位，但钱惟演越来越深刻地知道，自己的国家已经覆灭了。

那时的钱惟演是一个文艺青年，爱好文学创作，颇有才名。他的才气大到连宋太宗赵光义都听说了，还专门出题考他，他临场迅速写了一篇文章，如此急智让赵光义大加赞赏。

到了宋真宗时期，钱惟演的文学才能得到了更大的发挥。当时，北宋政府准备编写一套包含历代君臣事迹在内的百科全书式巨作，名为《册府元龟》，为此召集了一批文人学者，领头的是一个曾经的神童——杨亿。

在被召集起来的这班人里面，钱惟演算是佼佼者。

因为要写书，而且是奉皇帝之命，这帮人又是一群高官，自然生活优渥，意境闲暇。他们在皇家藏书阁里整日聚会，编写条目，无聊的时候就写诗。随着时间的流逝，这些皇家藏书阁里面的诗句慢慢地流传出来，立即成为当时最热门的流行歌曲。

眼看知名度越来越高，杨亿干脆将这些诗歌编辑在一起，印刷出版，命之曰《西昆酬唱集》。诗集名字的出处是西周典籍《穆天子传》中的一句话："天子升昆仑之丘，以观黄帝之宫，至于群玉之山，先王之所谓册府。"皇家藏书阁是帝王藏书之地，就像是西方昆仑群玉之山为藏书之府，所以杨亿简称藏书阁为"西昆"。

《西昆酬唱集》主要收集了杨亿、刘筠、钱惟演三个人的诗歌，此书一出，热销全国，流行海外，在当时还形成了一个新的诗歌风格——西昆体。西昆体影响了北宋文坛三十年，一直到苏轼、欧阳修等人出现，文风才再次得到突破。虽然后人对《西昆酬唱集》总体评价不高，但在当时，这些人确实开创了一个时代。

《西昆酬唱集》统共收录两百四十七首诗，其中杨、刘、钱三人的就有两百多首。另外一个在诗集里面偶尔出现的，还有钱惟演的好友丁谓。

没错，就是那个历史上有名的奸相，为中国人民贡献了"溜须拍马"一词的丁谓，不过这时候他还没有赶跑寇准，接任宰相之职。

《西昆酬唱集》里面有好多命题诗，比如《始皇》。仔细体会钱惟演的身世，会觉得《始皇》里面的意味非常曲折：

天极周环百二都，六王钟锯接流苏。
金椎漫筑甘泉道，匕首还随督亢图。
已觉副车惊博浪，更携连弩望蓬壶。

不将寸土封诸子，刘项由来是匹夫。

还有一首他作的《荷花》：

水阔雨萧萧，风微影自摇。
徐娘羞半面，楚女妒纤腰。
别恨抛深浦，遗香逐画桡。
华灯连雾夕，钿合映霞朝。
泪有鲛人见，魂须宋玉招。
凌波终未渡，疑待鹊为桥。

有意思的是，杨亿还收录了两首钱惟演的《泪》，其中一首这样写道：

家在河阳路入秦，楼头相望衹酸辛。
江南满目新亭宴，旗鼓伤心故国春。
仙掌倚天频滴露，方诸待月自涵津。
荆王未辨连城价，肠断南州抱璧人。

其中“江南”一句，实在不能不让人有所联想。父亲已逝，故国难回，钱惟演的那种伤感已跃然纸上。

钱惟演在故国伤痛中苦闷挣扎，丁谓却野心勃勃地越爬越高，最终自己做了宰相。钱惟演慢慢和丁谓套上了关系，他让自己的儿子钱暧娶了丁谓的女儿，两人成了儿女亲家。

03

可是，钱惟演还是担心自己亡国之君的后裔身份，唯恐某日被赐毒酒。

当时权倾朝野的是皇后刘娥一家。

刘娥原来是街头的杂耍艺人，丈夫龚美是一个银匠。她在走街串巷的时候被一个叫赵恒的皇子看中了，偷偷娶回家做了小妾，后来赵恒变成了宋真宗，刘娥历经磨难终成了皇后，前夫龚美则摇身一变成了刘娥的哥哥，改名刘美，官至虎捷都指挥使，领嘉州刺史之职。

为了让自己的命更有保障，钱惟演再次攀上高枝，将自己的妹妹嫁给了刘美。

这一段时间，是他生命中最顺利的时期，虽然有很多大臣极力打压他，但是有刘娥当靠山，他总体上是在步步高升。

打压他最狠的就是寇准，寇准说得很直白："丁谓、钱惟演，佞人也。"还有宰相李迪，他向真宗告状，说丁谓欺上瞒下，玩弄权术，拉拢包庇林特、钱惟演，打击忠臣寇准。林特的儿子在任上未经审理滥用刑罚致人死亡，却至今逍遥法外，寇准无罪而遭贬斥。奸臣钱惟演是丁谓的姻亲，曹利用、冯拯结党营私，祸根都在丁谓身上。

但他们的弹劾都没有起作用。到了后来，真宗去世，刘娥把持朝政，钱惟演继续往上爬，一直做到枢密使，距离宰相之位仅一步之遥。

这时，他春风得意，著作颇丰，写有《逢辰录》《金坡遗事录》《典懿集》等文集。

又过了几年，宋仁宗亲政，刘娥逐渐退居幕后，丁谓首先遭了殃，被贬广东崖州。

紧接着就是钱惟演，所幸他的裙带作用又救了他——他儿子这次娶了仁宗郭皇后的妹妹，加上钱家毕竟是当时的几大世家之一，最终他去了洛阳，当了西京留守。

洛阳是旧都，被称为西京，经济上的繁华不亚于东京开封，却远离政治的烦扰。在这里，钱惟演终于逃离了政治倾轧，与一帮刚刚参加工作的年轻人交上了朋友。

这些年轻人都是刚刚经过科举考试选拔的精英，正是朝气蓬勃的时候。比如其中有个人叫欧阳修，在当年的广文馆试、国学解试中均获第一名，最终的殿试因为锐气太盛被仁宗皇帝唱十四名，位列二甲进士及第。另外还有梅尧臣、尹洙、谢绛，皆是当世才子。

钱惟演和这些人天天在一起饮酒作诗，游山玩水。有时候政务繁忙，他就会说，你们去玩吧，只是回来后写些好诗让我看看。

钱惟演还和这些年轻人一起切磋交流学问。他们都是酷爱读书的人，每日翻阅古籍，引经据典，乐此不疲。欧阳修惊讶于钱惟演读书的劲头，后来回忆说："钱思公生长富贵，而平生唯好读书，坐则读经史，卧则读小说，上厕则阅小辞。"

钱惟演作为前辈，对这些后生很是照顾。一天，洛阳城大雪，欧阳修和谢绛相约去嵩山龙门游玩，走到半山上雪越下越大，两个年轻人都有点惊惧，怕时间一长坚持不住，正犹豫的时候，忽然看到远远的山道上，皑皑白雪之中一队人骑马踏雪而行。等那队人马走近了，他们才知道，原来是钱惟演派来的厨子、歌姬带着食物和美酒来侍奉他俩。

好日子过了没两年，钱惟演再次遭到弹劾，免去西京留守，被贬随州，年迈的他不得不离开洛阳。

临行前，欧阳修、梅尧臣、尹洙、谢绛等人为他送行。酒宴之上，钱惟演心情低落，写下了他一生中最著名的一首《玉楼春》：

城上风光莺语乱，城下烟波春拍岸。
绿杨芳草几时休，泪眼愁肠先已断。
情怀渐觉成衰晚，鸾镜朱颜惊暗换。
昔年多病厌芳尊，今日芳尊惟恐浅。

据说，当时有一个年迈的歌姬在附近伺候，听到钱惟演让歌姬开始唱这首新作《玉楼春》，那年老的歌姬非常惊恐，说：当年，你父亲吴越王（钱俶）临近去世，曾做过一首《木兰花》，和这个曲调几乎一样啊！

她说的没错，《玉楼春》就是《木兰花》，两个词牌除了名字不同，曲调节拍全都一样。

也许这就是个预兆。一年之后，钱惟演去世。

04

钱惟演死后，许多大臣认为他是奸臣，且有贪污行为，因此根据《谥法》"敏而好学称为文，贪而被撤职称为墨"这一条，向皇帝请赠谥号"文墨"。

钱氏家属上诉，仁宗命人重新议定。后来查清钱惟演没有贪污等劣迹，根据《谥法》"追悔前过曰思"这一条，改谥"文思"。1045 年，钱惟演之子钱暧再次上诉，又改谥为"文僖"。"僖"也不是好词，是混吃等死无所建树，但也没有大错的意思。

钱惟演出身帝王之家，却一生命运多舛，令欧阳修、梅尧臣等人追念不已。欧阳修后来非常喜欢用《玉楼春》来表达朋友之间的离别之苦，比如他的名篇《玉楼春·尊前拟把归期说》。

尊前拟把归期说，欲语春容先惨咽。
人生自是有情痴，此恨不关风与月。

离歌且莫翻新阕，一曲能教肠寸结。
直须看尽洛城花，始共春风容易别。

不知道他在写到“洛城花”的时候，有没有想起曾经的老朋友。

梅尧臣：人生不称意，幸得几知己

梅尧臣，字圣俞，宣城人。宣城古称“宛陵”，所以人们又称他为“梅宛陵”。

《围城》中有个诗人董斜川，他说唐以后的诗人当属“三陵、二谷、四山、一原”。所谓三陵，就是杜少陵、王广陵、梅宛陵。有人问能否加上个“坡”？诗人说：“苏东坡？他差一点！”

这写诗要好到什么程度才能与梅宛陵看齐！

但好诗不是白来的。中国古人有句箴言，叫作“诗必穷而后工”，换句话说就是“国家不幸诗家幸，赋到沧桑句便工”。经过人间千万磨难的诗人，才写得出传诵千年的佳句。

这个逻辑用在宋初大诗人梅尧臣身上，简直像是为他量身定做的。

01

梅尧臣五十来岁时，被任命为尚书都官员外郎，参与修撰《新唐书》。

老梅回到家，和第二任妻子刁氏玩笑道：我这去修史，真是猢狲入布袋喽！意指自己被束缚住手脚。

刁氏很有趣，答道：官人你的仕途，那是鲇鱼上竹竿。意思是说这是难事一件。

后来人都笑说，这两句话是个千古绝对。

梅尧臣年轻时在仕途上确实连连失败。

小梅的诗名在这个阶段已经很响亮了，许多有名望的人都看好他，可以说他离进入庙堂，差的就是一本“进士证书”。

小梅发奋读书，早早就参加科举，可不管他诗才多高，科举的命题作文却总是写不成，屡屡名落孙山。岁月蹉跎，光阴如箭，他估计是死了科举取士的心，于是跟着叔父到河南洛阳一带，在桐城、河阳等地当了个小吏，算是加入公务员队伍，虽在底层，好歹也是国家编制，权且够他养家糊口。

在洛阳，他被文坛大佬钱惟演相中。老钱是原吴越王钱俶的第七子，归宋后待遇很高，典型的钟鸣鼎食之家养出来的贵公子，人品不咋的，但喜欢文艺。老钱被外派到洛阳，在当地召集了一大批有声望的文学青年，一起吟诗作赋，游山玩水。他读了梅尧臣几首诗，大为赞叹，引其为嘉宾。从此梅尧臣和欧阳修、尹洙等都成了老钱的座中客，几个年轻人也都赞叹小梅的诗才，尤其是欧阳修，他大赞梅尧臣是诗中凤凰，其他人在他身边如同凡鸟，现在得以共翔，真是荣幸。

说是这样说，可欧阳修、尹洙这些人的官命可比梅尧臣强得多，他们早早就中了进士，一路轻车肥马步入仕途，欧阳修当过宰相，尹洙当过兵部尚书，都是高官。当然，他们没有忘了曾经的小伙伴，一有机会就积极推荐梅尧臣。

宋仁宗也听过梅诗人的作品。皇祐三年，他终于召见了五十岁的梅尧臣，“赐同进士出身”。后来，在欧阳修这些文人诗友的鼎力相助下，梅尧臣在京城慢慢熬到尚书都官员外郎。

梅尧臣进阶至都官，欧阳修摆了个宴会庆祝，把好朋友都叫来了。酒酣耳热，刘敞估计是喝大了，什么话都往外说：依我看哪，圣俞兄的官运到此为止喽！

大家吃了一惊，你这家伙发神经？

没料到老刘振振有词：以前有个郑谷“郑鹧鸪”，当到都官就停了，人称“郑都官”。现在咱们圣俞“梅河豚”，以后人们肯定叫他“梅都官”！

梅尧臣气得脸臭臭的，老半天不说话。

不料刘敞一语成谶，这确实就是他的仕途之顶了。没多久，汴梁大瘟疫，梅尧臣得病去世，年五十九岁，后人果然称他为“梅都官”。

一生仕途不顺，梅尧臣的家庭生活则更是不幸。上天为了他的诗好，真是想尽办法让他受人世的磨难。

四十三岁时，妻子谢氏去世，接着一儿一女也先后夭折，梅尧臣为此肝肠寸断。

好在后来继娶的刁氏和谢氏一样贤惠体贴，都是愿为名士婢的有才女子，算是老梅不幸生活中的一个小幸运。

02

梅尧臣在当时的文人士大夫中享有很高的声誉。老一辈宰相级的人物王曙读过他的诗后，大为赞叹，直说两百年没出过这样的大作了！尹洙、欧阳修、王安石、刘敞等对梅大诗人也都很钦佩。

最赞许他的当然是他的好朋友欧阳修。有人统计，在欧阳修的诗集里，十有四五都提到了“梅圣俞”。

欧、梅两人经常把他们的关系比作唐时的韩愈和孟郊。不过梅尧臣曾带着玩笑发过牢骚：都是永叔（欧阳修）自己要做韩愈，硬拉我去当孟郊。

欧阳修为朝廷重用，却不以权贵自居，从不摆架子，有好东西就和落魄的梅诗人分享。

南唐的李煜治国不行，文艺范却是超一流。他当年造了一种纸，叫“澄心堂纸”，细薄光润，是书画界的珍宝。这种纸到宋初时已经所余不多，价值不菲，欧阳修得到了一些，就给梅尧臣寄去两幅。

老梅惊喜万分，写道：

> 滑如春冰密如茧，把玩惊喜心徘徊。

高兴之余又满心犹豫：这纸放在哪儿好？会不会让小孩给撕破了？

穷人得到宝贝，是有够操心费神的。

欧阳修本人是宋初文坛的执牛耳者，时人将欧阳修的文章、蔡襄的书法、梅尧臣的诗共称为“三绝”。有一回欧阳修当科举考试的主考官，举荐文采出众的梅诗人担任阅卷考官，老梅一眼看出《刑赏忠厚之至论》这篇文章的不凡，极力向欧阳修推荐。这文章的作者就是苏轼。

这篇文章里，苏天才杜撰了个上古故事：皋陶要杀一个人，三次下令杀，尧帝三次赦免此人。

欧阳修问老梅：圣俞，这个典故出自哪儿？

老梅道：文章写得这样好，何必要出处？

等到苏轼中举和欧阳修见了面，他同样是这样回答：何必要出处？

欧阳修大为叹服，大概天才都是这样豪迈不拘小节的。

03

当时的知名士大夫，都喜欢和梅尧臣交往。

范仲淹下放到州县为地方官，梅诗人曾经参加过他办的宴会。那时正是暮春，河豚鲜美，大家喝酒吃河豚，还不过瘾，干脆就在席上来了个“咏河豚”大赛。梅尧臣出手不凡，起首破题句就道尽河豚好处，一首《范饶州坐中客语食河豚鱼》下来，把大家都镇住了。

> 春洲生荻芽，春岸飞杨花。河豚当是时，贵不数鱼虾。
> 其状已可怪，其毒亦莫加。忿腹若封豕，怒目犹吴蛙。
> 庖煎苟失所，入喉为镆铘。若此丧躯体，何须资齿牙。
> 持问南方人，党護复矜夸。皆言美无度，谁谓死如麻。
> 我语不能屈，自思空咄嗟。退之来潮阳，始惮餐笼蛇。
> 子厚居柳州，而甘食虾蟆。二物虽可憎，性命无舛差。
> 斯味曾不比，中藏祸无涯。甚美恶亦称，此言诚可嘉。

这种临场发挥，最见本事。

老梅平常走路吃饭都在吟诗，有好句好词，就当即记下来放口袋里，正是有这样的积累，才能多得佳句。

这回当场开笔，依旧不同凡品，人人羡慕。唐末诗人郑谷善写鹧鸪诗，人称“郑鹧鸪”，这首河豚诗传遍天下，他的好朋友刘敞就说，以后咱们就叫他“梅河豚”！

苏东坡也非常喜欢梅尧臣，他说：梅圣俞这个人，身材高大，脸色红润，大耳朵，细眉毛。每每喝上百来盏酒，半醉半醒间，坐得更端正，话也更多。

后来苏学士被贬到海南岛，碰上桂林的第一个进士欧阳辟。这个人曾经向梅诗人学过诗，得到老梅的表扬，说他是凤凰。他骄傲地把梅尧臣赞扬他的诗拿来给苏东坡看，老苏不改诙谐本性，呵呵笑道：梅圣俞笔下的凤凰，就像我们这样的老头，又穷又老。世上的人都说圣俞因为写诗穷苦，可咱们俩现在比圣俞还穷，世上还有比这更可笑的事吗?

“千里马常有，而伯乐不常有”，这话真是高见。

文坛领袖晏殊也非常喜欢梅尧臣的诗，时常把他的一联“寒鱼犹着底，白鹭已飞前”挂在嘴边念叨。欧阳修在梅家见过晏殊手写的这联诗，就问老梅：圣俞兄，你怎么看？梅尧臣说，其实这不是我最满意的句子，也许是晏大人刚好有感，触景生情，才特别喜欢这句。欧阳修为此大为感慨。

梅尧臣曾经说，写诗的最高境界，叫作“必能状难写之景如在目前，含不尽之意见于言外”。

这个一辈子为诗而生的人，提出的这个标杆，许许多多号称诗人者都达不到。

没点儿个性，
别说自己是文化人

陈子昂：会炒作的人都能出名

这是一个人人都渴望成名的时代，因为成名真的是一件很玄妙的事情，可以享受万众瞩目，可以得到鲜花和掌声。

只不过成名可真不是一件容易的事儿，要么你得有才华，要么你得有颜值。什么都没有，你凭什么让别人关注你?

不过，普通人就永远没有成名的办法了吗?

有，当然有！那就是炒作。

一口气喝下十斤酒啊，一顿饭吃下一三轮车的泡面啊，只要能吸引住别人的眼球，就有成名的可能。

不过要说炒作，还真不是现代人才会的。在一千多年前的大唐，就有一个人将这样的套路运用得炉火纯青。

01

他叫陈子昂，四川射洪人，据说祖上曾经当过官，不过到了他爷爷和他父亲这儿，家中已经都是白身了。

家里没人当官不是个丢人的事儿，况且陈家还有钱。有钱当然也不是什么丢人的事儿，反而很光荣。

丢人的是那些为富不仁的，陈家可不是。陈子昂的爷爷和父亲都非常豪爽仗义，看不得穷人遭罪，要是知道谁家日子过得太辛苦，还会直接送粮食过去，然后“事了拂衣去”，连天边的一片云彩都不带走。

在这样的家庭出生的富二代，是不需要操心吃喝的，只要专心学习就好了。

可陈子昂虽然很聪明，但就是不爱读书。聪明而不爱读书的孩子都有一个毛病——贪玩而且会玩，陈子昂因此成了他们班上的孩子头，经常带着一帮小兄弟掏个鸟窝偷个萝卜，反正就是大错不犯，经常捣蛋。

他无忧无虑地长到了成年，十七八岁了，不掏鸟窝了，没意思，喝酒打架抽烟烫头，这才是刺激的人生。念书？那是别人家孩子的事儿，我的目标是星辰大海，是遥远的江湖。

可是俗话说得好，“常在河边走，哪有不湿鞋”，终于有一次，陈子昂在跟别人发生口角时，失手用剑将对方刺伤了。好在陈家有钱，在当地口碑也不错，所以陈子昂只是被县长教训了一顿就放了出来。

放是放出来了，他爹可不干了：娃儿呀，你这样折腾下去，早晚有一天会把自己害死！他强制性地没收了陈子昂随身携带的剑，并命令他好好读书。

02

一个野惯了的纨绔子弟，你突然让他坐着读书，那比杀了他还叫他难受。

这一天，陈子昂又逃课了，漫无目标地四下乱逛，心里也是一片茫然。在走过一间私塾的时候，陈子昂突然听到里面的老先生在念：“少壮不努力，老大徒伤悲。”陈子昂猛地一震，好像触电了一样。

呀，我都十八九岁了，居然还大字不识几个，难道我这一辈子就这样了吗？不，绝不！我再也不能这样过，我再也不能这样活。

就在那一瞬间，陈子昂确定了自己这一生的目标：我要好好读书，我要做一个对社会对人民有用的人！

第二天，陈子昂谢绝了来找他玩儿的小伙伴。对不起，以后我不能跟你们玩儿了，朋友再见吧。

陈子昂是一个聪明人，只不过以前的聪明没有用到正经地方，现在既然要发奋读书，那小宇宙爆发出来也是非常可怕的，很快就已“经史百家，罔不赅览，尤善属文，雅有相如、子云之风骨”。短短两三年时间，在射洪当地赫赫有名的黑社会小混混陈子昂成了个大才子。

这一年，二十三岁的陈子昂踏上了去长安的路，他要去参加科考。实际上，这已经是他第二次参加考试了。第一次落榜陈子昂并不在意，他知道当初他落下了太多，但是这一次陈子昂是信心满满的，他相信以自己这两年的刻苦，金榜题名应该没问题。

然而现实还是跟他开了一个玩笑，他又一次落榜了。

从一个小混混转型成知识分子的陈子昂不会知道，其实在唐朝要想走上仕途，光是学习好是没用的，还要有推荐人，这个人最好还是在朝中为官的。

李白那么牛，刚开始不照样没人理他？

然而，陈家虽然祖上也曾当过官，但那都过去多少年了，现在家中虽然有钱，但还真不认识当官的，有钱花不出去啊。

这可怎么办？陈子昂为这事儿脑袋都快想炸了。

天无绝人之路，机会来了。

03

这一天，陈子昂带着书童在长安街头漫无目的地遛着弯儿，突然就看到前面聚集了一群人，似乎是有什么热闹可看。反正也没事儿，就去当一次围观群众吧。

陈子昂走上前去，原来是有个来自西域的商人在卖一把胡琴，售价一百万钱。

乖乖，什么琴，要一百万？

百万钱是啥概念？在当时可以买到两万石粮食。要知道，唐朝时候一个正一品的官员一年的俸禄才是七百石粮食，也就是说一个当朝一品大员不吃不喝三十年才能买得起这把琴。

买是买不起的，但是不妨碍围观群众看热闹，这是我华夏民族自古至今的优良传统，人们都想看看到底谁能将这把琴买走。

人的一生其实是有很多机会的，不过一般人都抓不住，所以人们才会安慰自己机会稍纵即逝，没抓住才是理所应当。

但陈子昂不是一般人，他立刻就明白了，这是个天大的机会。他出手了。

陈子昂分开人群，径直走到西域商人面前。不就是一百万吗？这琴，我买了。

周围等着看热闹的群众都傻了，交头接耳：这是哪里来的人，这么有钱？

就在人们疑惑的时候，陈子昂又说话了：明天中午，我要在长安最有名的宣阳楼开一个演唱会，就用这把琴伴奏，请大家前往捧场，我会备着热茶点心等候各位。

疯了，这人是疯了，不仅钱多，而且人傻！可是不管怎样，有便宜还是要占的，何况还能听一听这把一百万的琴会发出怎样的天籁之音。

第二天，在现场几百双眼睛的注视下，陈子昂一袭白衣华丽登场了。他环视四周，看见人们那期盼的眼神，微微一笑。就在这时，谁也没想到的事情发生了：陈子昂高高举起那一把昨天花一百万买到的胡琴，把它狠狠地摔在了地上。

人群中传来一片惊呼，大家都不明白这个小青年到底是要干什么。这时陈子昂缓缓说道：一百万一把的胡琴你们就觉得是宝贝了？眼界放开一点儿，我今天让你们看看比这胡琴更值钱的东西。

一招手，书童手捧着厚厚一沓诗稿走过来，给在场的每个人都发了一份。

人们满腹狐疑，这是什么？很快，人群中又发出一片惊叹：这谁写的诗？写得太好了！

人们都抬起头盯着陈子昂，他们知道这个年轻人一定会给出一个答案。果然，陈子昂朗声道：这些诗就是我写的，我是四川陈子昂。

04

陈子昂引起了长安文化圈的注意，一些大佬们开始频频向他抛出橄榄枝——都说文人相轻，其实真正有水平的文化人儿还是比较欣赏也愿意提携后辈的。

用今天的眼光来看，陈子昂的这一场摔琴秀无疑是非常成功的，而且比那些喝酒吃泡面的人不知道高明了多少倍。深谙心理学的他迅速地抓住了热点利用了热点，让自己戴上了流量的王冠，登上了大唐热搜榜。

凭借着这一次的成功炒作，陈子昂打出了名气，进入到大唐最主流的文化圈，并且顺利在第二年金榜题名，还和当时的名士卢藏用、杜审言（杜甫他爷爷）成了好朋友。

就在很多人用艳羡的眼光仰视着他的时候，谁能想到他后来的人生会是如此孤独和寂寞？

进士及第，大好的前程在向他招手，可是陈子昂还没收到官位 Offer（录取通知），高宗李治就在洛阳驾崩了。皇帝的老婆武则天准备把老公运回长安安葬，本来这也不算啥事，人家皇帝家里的事儿，就算路途遥远，劳民伤财又怎样？就算正值春耕，影响农民播种又如何？

普天之下莫非王土，率土之滨莫非王臣，一般人看不惯也得憋着。

但前面就说过，陈子昂还真就不是一般人。还是个平头百姓的他洋洋洒洒地写了一封《谏灵驾入京书》发到了武则天的邮箱里：洛阳也很不错嘛，干吗非要劳民伤财运去长安呢？何况如今朝廷并不富裕，老百姓还面临着天灾人祸。

武则天看了陈子昂的邮件，什么也没说，依旧按照原计划将老公葬在了长安，然后给陈子昂安排了一个右拾遗的小官。

还没当官的陈子昂就上疏直谏了，现在当官了，还是专职给皇帝提意见的官儿，那更得尽职尽责。于是，凡是女皇武则天做得不对的，或者他自己看不惯的，陈子昂都会勇敢地提出来——虽然很多时候并没有人把他说的话当成一回事儿。

不仅是怼女皇，女皇的侄子他也怼。

三十六岁那年，陈子昂跟着武则天的侄子武攸宜北征契丹。

武攸宜是个草包，一连吃了几个败仗。陈子昂忧心似焚，给武攸宜提交了好几份建议，但统统被武攸宜否决了。为了不让陈子昂再有提意见的机会，小肚鸡肠的武攸宜将陈子昂降级成普通士兵。

终于，在一次无比苦闷的痛哭之后，陈子昂登上了幽州台，写下了那篇千古绝唱——《登幽州台歌》：

> 前不见古人，后不见来者。
> 念天地之悠悠，独怆然而涕下。

他的孤独，无人能懂！

三十八岁，心灰意冷的陈子昂借口回家照料老父亲，辞官回到了射洪。然而武攸宜这个混蛋还是没有放过他，指使当地县令将陈子昂打入大牢。

在狱中，陈子昂给自己算了一卦，卦象为凶。他仰天长叹：看来连老天也不放过我。

四十一岁，陈子昂冤死在狱中。

05

人生有太多的意外，谁也想不到陈子昂的出场那么精彩，结局却是如此凄凉。

只不过，后来的人们并没有忘记他，诗坛也从未辜负他，由他开始，一个陈腐病态、无病呻吟的文学时代终结，盛唐诗歌的辉煌拉开了序幕。

金代元好问在其《论诗绝句》中点评道：

> 沈宋横驰翰墨场，风流初不废齐梁。
> 论功若准平吴例，合著黄金铸子昂。

后人谈起唐诗时，绝不能避开他。虽然他一生留下的诗篇不多，但是后世还是尊他为“诗骨”，这不仅是对他文学修为的肯定，更是对他敢于直谏的尊重。

在他的眼里，黑和白是有着明确界限的，既然来到这个世上，那就应该将自己的生命活到极致，绝不苟且地活着，只有这样，死去的时候才不会有一丝遗憾。

陈子昂，这个一身侠气的诗人，他来过，也红过，他没有对不起这个世界，所以这个世界让我们直到都现在还记着他。

段成式：诗人是他们做，我只想当个八卦记者

01

先来看一段故事：

秦汉时期，百越地域（现广西、云南一带）有一位洞主，早年丧妻，后续弦。原配给他留下一女名叫叶限，这姑娘聪明能干，很得父亲欢心。

洞主死后，继母及异母妹妹对叶限百般虐待，她唯有与自己偶然间捡到的一条鱼为伴，劳作之余，每天用剩饭精心喂养它。

这鱼起先被装在一个木盆里，后来长成了一个巨无霸，叶限只得将它放养到门前的池塘里。一天趁叶限外出，继母将鱼打捞上岸，煮来吃了。叶限得知后痛哭不已，就在此时一位神仙从天而降，告诉她将鱼骨藏于屋中，如有什么心愿便对着它诚心祈祷，心愿就会灵验。

一次叶限瞒过继母，向鱼骨祈祷，果真得了一套漂亮衣服。她“衣翠纺上衣，蹑金履”，去参加附近部落的集体舞会，不料这事被继母察觉，遂仓皇逃离，一只金鞋被遗落在现场。

这只金鞋被邻近海岛的陀汗国国主拾到，他派人到遗失地附近让所有的女子试穿，唯有叶限能够穿得上，最终国主“载鱼骨与叶限俱还国，以叶限为上妇，而其母及女即为飞石击死”。

看到这儿，或许读者会一脸疑惑。将鱼骨头换成仙女教母，这情节和《灰姑娘》有什么不同？确定不是抄袭？

《灰姑娘》一文出自《格林童话》，是19世纪德国著名的历史学家、语言学家雅格布·格林和威廉·格林两人共同收集整理的民间故事之一。《格林童话》问世至今两百年，引入到中国的时间则更短。

再看叶限的故事，则要追溯到大约一千二百年前的唐代笔记小说《酉阳杂俎》，是个老掉牙的中国本土故事。

《酉阳杂俎》的作者段成式，平生喜欢采访社会上的各色人等，然后把采访记录汇编成文，叶限的故事就是源自其家庭医生李士元讲述的广西民间传说。除此之外，我们现在看到的武则天因为一篇檄文赏识骆宾王、李白醉酒后令高力士脱靴等情节，都是出自他的笔下，就连“新闻”这个词，都源于他的作品《锦里新闻》。

如果放现在，段成式绝对会成为普策利新闻奖的摘冠者，他要是在今日头条、微博上发篇文章，引发的关注量大概也会叫人不敢想象。

02

史上第一记者段成式，堪称大唐的文学奇葩。

段成式的出身很显赫，他祖上段志玄是唐太宗时期凌烟阁的二十四功臣之一，老爹是唐穆宗时期的宰相段文昌，外公是唐宪宗时期的铁腕宰相武元衡，家族中其他达官显贵更是不可胜数。

长大后的段成式和李商隐、温庭筠并称“三才子”，又称“三十六”，因为三人在家族中的排行都是第十六。在创作方面，李商隐擅长朦胧诗，温庭筠擅长花间词，而段成式则展现出了他的另类才华：八卦文学。

承蒙祖上余荫，段成式历任校书郎、尚书郎、吉州刺史、江州刺史等职，《全唐诗》收录了他三十余首诗，但多为平庸之作。在他的所有作品中，真正具有文学价值的，是他用自己几十年游历见闻编著成的一部《酉阳杂俎》。该书包罗万象，涉及草木鱼虫、文化典籍、物产资源、中外奇闻等，洋洋洒洒几十卷，堪称唐朝百科全书。

游览名山大川是流行于唐代上层社会的活动，段成式作为一名酷爱野游的“驴友”，每到一处，就对当地人进行实地采访并记录，积累了众多可写的素材。

03

段成式骨子里就透着八卦记者的气质，他从读者猎奇的心理入手，专门收集各地的诡异秘事。比如一次他路过蔡州，发现一种草叶里藏着老鼠，凭着敏锐的新闻触觉，他这样记录：“异蒿，田在实，布之子也，大和中，尝过蔡州北，路侧有草如蒿，茎大如指，其端聚叶……拆视之，叶中有小鼠数十，才若皂荚子，目犹未开，啾啾有声……”

作为一名有着强烈职业精神的新闻工作者，段成式不避尊卑，经常亲自下乡采访当事人，对象包括朋友、同事、下属、使节、商人、厨师、仆人等，甚至还有不少来京城长安做生意的波斯人。段成式通过与这些外国人的交流，挖掘了不少当时西方国家的风土人情。正是因为他的记录，后人才得以窥见一千多年前大洋彼岸人们的生存状态。

譬如他描述的孝亿国，据推测可能是现在的埃及："在平川中，以木为栅，周十余里，大栅五百余所。气候常暖，冬不凋落。有羊、马，无驼、牛。俗性质真，好客旅，躯貌长大，褰鼻黄发，绿眼赤髭，披发，面如血色……"类似的还有关于北非、苏丹、索马里等国家的逸闻记录，具有较高的史学价值。

04

为国人打开了解世界窗口的同时，段成式还为中国传统文化的传播做出了巨大的贡献。

我们现在耳熟能详的广寒宫里的吴刚砍伐桂花树的故事，就源自他在《酉阳杂俎·天咫卷》中的记述：

> 旧言月中有桂，有蟾蜍，故异书言月桂高五百丈，下有一人常斫之，树创随合。人姓吴名刚，西河人，学仙有过，谪令伐树。

还有我们熟知的八仙之中的韩湘子，原型本是著名文学家韩愈的侄孙韩湘，经过段成式天马行空的想象，他得道成了神仙。

在书中，段成式一本正经地胡说八道：韩湘生性放荡，不喜读书，终日修道。韩愈为此忧心忡忡，问韩湘以后可有一技安身。当时正值寒冬时节，韩湘便在众人面前露了一手，用土覆盖牡丹枯枝，随后顺手一指，盆里的牡丹花瞬时绽放，而且还在一枝之上开出了几种颜色。

这当然是无稽之谈。段成式长大成人后，当事人韩愈和韩湘都还活着，他们和段成式约略是同一时代的人。且不说这变戏法一样的开花手法有没有可能实现，就算真的可以，以当时人们遇事即作诗的性格，自家亲戚有这样拉风的本领，为何在韩愈的作品中没有留下只言片语？

最大的可能是，段成式无中生有编了个故事出来，不过因为他在文中寓意韩湘得道成仙，有意美化，韩家人也就不与他计较了，否则肯定会扯上名誉侵权之类的官司，至少也会打打嘴仗。

除了这些脑洞清奇的段子，段成式还为后世的小学生们创造了一批成语。

例如“体无完肤”：听闻荆州有一位文身奇人葛清，自称是白居易的忠实粉丝，全身文满了白居易的诗，段成式当即前去采访，还要当场验证。为了出名，这葛清给段成式表演了一场脱衣秀，只见他全身上下的文身图文并茂——有一人端着酒杯站在菊花从中，旁边文着“不是此花偏爱菊”；一棵树上挂着有花纹的丝织袋子，旁边文着“黄夹缬林寒有叶”……一个一个数下来，共有三十多首。段成式一边欣赏，一边感叹：你这真是体无完肤啊！

看来在追星的道路上，古往今来的粉丝都是一样疯狂。所幸白居易还写了大量的五言诗和七言诗，不然要都是《长恨歌》那样的篇幅，葛清身上都纹不下。

还有“狼狈为奸”：狼的前腿长，后腿短；狈则相反，前腿短，后腿长。狼的战斗力强，狈则脑诡计多端，因此它们每次干坏事总是在一起行动，故称狼狈为奸。原文这样记载：“狈前足绝短，每行常驾于狼腿上，狈失狼则不能动，故世言事乖者称狼狈。”

05

大多数唐朝人都奔向了成为诗人的阳关道，段成式偏偏选择另辟蹊径，走他的独木桥。

据统计，段成式所在的唐代，诗作可谓汗牛充栋，《全唐诗》共收录了九百卷共四万八千余首，时至今日，我们所能熟知的不足百分之一。

然而段成式在《酉阳杂俎》中这些有趣的描述，却随着时光的流逝成了人人熟知的经典，无论是在史学界还是文学界，都备受后人推崇。书里不拘一格的叙事风格、奇特怪诞的文学想象开创了志怪小说的先河，我们所熟知的《西游记》《聊斋志异》《镜花缘》都从中汲取了营养，这才得以问世。

《四库全书》这样评价这本书：“其书多诡怪不经之谈、荒渺无稽之物，而遗文秘籍，亦往往错出其中。故论者虽病其浮夸，而不能不相征引。自唐以来，推为小说之翘楚，莫或废也。”

鲁迅《中国小说史略》评《酉阳杂俎》：“此书或录秘书，或叙异事，仙佛人鬼，以致动植，弥不毕载，以类相聚，有如类书。虽源或出于张华《博物志》，而在唐时，则犹独创之作。”

大多数时候，通向成功的道路是孤独的，譬如段成式。

如果没有在做诗人的主流风气里坚持完成这本《酉阳杂俎》，仅凭他留下的诗作，段成式的名字可能会泯然于大唐灿若星辰的诗人群里，历史中若能偶见记载，也无非是又一个无足轻重的官二代。

如今有了这本书，即便有人不记得他的名字，也会记得他的故事。

杜牧：是真诗人自风流

盛唐诗歌有三个主要产地：“事了拂衣去，深藏功与名”的江湖，“大漠孤烟直，长河落日圆”的边塞，以及“一觉十年扬州梦”的青楼。

能如李白一般仗剑走江湖的文人很少，而像王维那样去过塞外当官的文人更是稀罕物，百分之九十九的诗人，都只好醉在三月扬州的烟花里，沽酒赋诗。

盛唐时候尚且如此，晚唐的诗坛气象则更溺于青楼。晚唐诗歌的代表人物杜牧便有诗云：

> 一觉十年扬州梦，赢得青楼薄幸名。

所以他的外号，便叫作“风流诗人”。

01

杜牧出身高门显贵之家。

在唐朝，门阀士族间也是有朋友圈的。华北的崔、卢、郑、李、王号称“五姓七家”，关中的裴、韦、柳、薛称为“四姓”，山东是兰陵萧氏一家独大，而在长安城内，却是“城南韦杜，去天尺五”。“韦杜”两家中的杜家出过贞观名臣杜如晦，文坛上还有一个杜甫撑门面，因而更显风光无两。

杜牧就是在这个书香仕宦之家长大的公子，家中排行十三，爷爷杜佑官至宰相，是一位留名千古的名臣。

对于自己的家庭背景，少年得意的杜牧曾自己作诗曰：

> 我家公相家，剑佩尝丁当。

旧第开朱门，长安城中央。

他出身好，有才气，眼界高，一出道便是一篇《阿房宫赋》，引得文坛震惊，至今仍是高中语文课本中的经典。

作赋的那一年，杜牧刚刚二十三岁，书香蜜罐里泡大的孩子，未必就对战国时的六国之祸和秦二世而亡有多大感触，他写这一篇赋文，十有八九倒是为了功名。

当时崔郾奉命到东都洛阳主持进士科考试，名士吴武陵亲自上门拜见，给他推荐了一篇文章。

崔郾是主考官，本应当奉公无私，可这位吴教授是个大V，粉丝千千万，不能不见，当下摆酒听曲，想着席上顾左右而言他，把他搪塞过去就算了。

吴教授怎能看不出小崔这点心思？但他受杜家所托，非得给杜小公子挣个状元回来不可，于是他一边喝着小酒，一边把文章摊开，一板一眼念了出来。

崔郾一开始还捂住耳朵，坚决表示“我不听我不听”，可才听了四句，他就忍不住大呼：实在好文笔！再往后听到“长桥卧波，未云何龙？复道行空，不霁何虹”，哪里还忍得住？一把抢过文章，如饥似渴地读了下去。

全文读完，意犹未尽，崔郾当下决定给杜牧一个进士名额。

可吴武陵还不肯，杜家小公子凭这篇文，合该要当状元的。无奈状元早已内定，崔郾也无计可施，吴武陵只能作罢。

次日与友人吃火锅，崔郾提起这篇《阿房宫赋》，忍不住称赞，友人却说杜十三这人，才气是有的，只是品行不大好。

崔郾细细问来，才晓得原来这位公子爷是烟花风月所里出了名的“状元郎”，当下就想反悔，可已经答应了的事，那杜家岂肯容他出尔反尔？

02

杜牧是个大大的风流才子，不光自己想考状元，连交往的姑娘也要是“状元”。

在他的主持下，长安召开了京城杯第一届青楼选美大赛，花魁可得“女状元”称号，奖品是独拥杜公子一夜。后来他去湖州做官，还将这法子发扬光大，命地方官将全城的歌姬舞伎都叫来，在江边上举行选美活动，让老百姓投票选出最美的姑娘，奖品不变。

举国上下，提起这位杜十三公子，都只有一句话：胡闹！

可只有杜牧自己知道，他玩世不恭的笑脸下其实藏着深深的悲哀。

杜牧出生的时候已是晚唐，藩镇割据、皇权危殆、贪官横行、太监当权，整个大唐岌岌可危。为此，他从小就立下志向，要“为大唐之崛起而读书”，不仅熟读儒家经典，更对《孙子兵法》有一番研究，还注解了十三篇《孙子兵法》，都颇有见地。

虽未上过战场，但杜牧却是难得的军事天才。他给当时的宰相李德裕写信，向他献上打仗良策，李德裕照办，果然大获全胜。

可也就胜了这一次。朝中党争剧烈，无人关心打仗的事儿，尽管杜牧一遍遍地给新上台的牛僧孺党官员写信，却都无回音。杜牧本以为，自己出身世家、文武双全，生来就是要干大事的，却不料如今一桩事都没有干成。

朝中牛、李二党势成水火，他家与李德裕家是世交，怎么看都是与李党一伙。可杜牧偏偏不甘心，又向牛僧孺抛出了橄榄枝——他要脚踏两条船，在纷乱的朝局中做个不倒翁。然而理想很美好，现实很骨感，最后的结果自然是两边不是人。

牛僧孺背地里就说，杜十三这个公子哥，才气是有的，只是我实在不敢重用他啊。

杜牧生气了：好嘛，此处不留爷，自有留爷处！

可是他走遍天下去当官，也没找到“留爷处”，最终还是回了青楼。

03

盛唐气象早已一去不返，而勾栏瓦舍的淫词艳曲中，仍旧咿咿呀呀地传唱着文人骚客的万般情怀，正是自古才子爱青楼，风流倜傥惹人愁。

那时的中国，上有扬州，下有杭州，都是以秦楼楚馆出名的地方。杜牧以京官俸禄低为理由，请求外放杭州刺史，没被批准。不过没关系，去扬州也不错。

江南好啊，江南美女多，扬州夜店小王子，除了我杜牧还有谁？

> 青山隐隐水迢迢，秋尽江南草未凋。
>
> 二十四桥明月夜，玉人何处教吹箫？

夜不归家的放纵，让他赢得了“风流诗人”的称号，也让他一旦离开温柔乡，便萎靡不振、神不守舍。

他的顶头上司非常不满，屡次想要弹劾他，又觉得这些事情实在太污糟了，不能放到台面上来说，何况满扬州官衙里谁不喜欢去喝几杯呢？杜牧又是个有家世有名气的，说不得骂不得，连小鞋也穿不得。

放荡数年后，京城里一道圣旨，召他回去做京官。

虽是升迁，杜牧却很不满意，他舍不得离开这座城，舍不得这些如花似玉的小姑娘们。兴之所至，他写下两首《赠别》，其中一首道：

娉娉袅袅十三余，豆蔻梢头二月初。

春风十里扬州路，卷上珠帘总不如。

从此以后，人们便用“豆蔻”二字来形容十二三岁的少女。

明明是首狎妓诗，倒说得清新脱俗，只是这诗中的女主角，却不知是何人了！

04

在杜牧的故事里，有一位女主角却不能不提。她叫张好好，初识杜牧时，也是个豆蔻年华的美丽少女。

那一年，杜牧在江西给观察使沈传师当幕僚，酒宴之上，一眼便爱上了十三岁的歌女张好好。

可那么明艳漂亮的姑娘，不止他一个人爱，他的顶头上司沈传师也看上了张好好。总算杜牧懂些人情世故，放下了就要搭上张好好的贼手，叫了一声嫂子。

于是张好好入沈府为妾。

数年之后，杜牧从扬州回京，却在街上偶遇张好好。当年的青春少女，如今惨被抛弃，沦落为街头卖酒女。她仍旧年轻，仍旧美貌，只是眉眼间多了些许风霜。

杜牧感慨万分，与她互诉衷肠，写下一首长诗，就叫作《张好好诗》：

君为豫章姝，十三才有余。翠茁凤生尾，丹脸莲含跗。

高阁倚天半，晴江联碧虚。此地试君唱，特使华筵铺。

…………

洛城重相见，婥婥为当垆。怪我苦何事，少年垂白须。

朋游今在否，落拓更能无？门馆恸哭后，水云愁景初。

斜日挂衰柳，凉风生座隅。洒尽满襟泪，短歌聊一书。

张好好与杜牧相遇时只有十三岁，被主人家抛弃时也不过十八九，仍然年轻。容颜未老，便已如此悲惨，那些红颜老去的女子呢？

在沈传师处当差时，杜牧见过一个名叫杜秋娘的女子。

那女子曾经是有名的才女，一曲《劝君莫惜金缕衣》传唱至今，不过她年纪比杜牧还大上几岁，当时已是半老徐娘，孤苦无依。杜牧与她长谈一番，喟叹良久，写下《杜秋娘诗》，其序曰：

> 杜秋，金陵女也。年十五，为李锜妾。后锜叛灭，籍之入宫，有宠于景陵。穆宗即位，命秋为皇子傅姆。皇子壮，封漳王。郑注用事，诬丞相欲去已者，指王为根。王被罪废削，秋因赐归故乡。予过金陵，感其穷且老，为之赋诗。

诗中还有这样一句慨叹："己身不自晓，此外何思惟？"

杜牧用张好好和杜秋娘的凄苦遭遇，表达了个人才情在时代洪流下的无可奈何。原来天地苍茫，个人的命运在上天的作弄下不值一提。

05

杜牧这一辈子，除了勾搭姑娘，基本没干成什么事儿。

要说最大的成就，倒不是诗词歌赋，而是他成了古往今来唯一一个被写进《资治通鉴》的诗人（那种官途得意副业写诗的不算）。

司马光编纂的这本《资治通鉴》，往往被后人拿来与《史记》并列，是千古难得的史学名著。书中包罗万象，却偏偏除了杜牧以外，没有记载别的诗人，什么李白杜甫白居易，统统不能拥有姓名。

原来司马光著史，目的只有一个：选择军政大事，以史为镜，汲取政治经验。依照这种标准，李白杜甫这些文人的"酸诗"自然就入不了司马光的法眼了，而杜牧的《罪言》等文章却赫然在列：

> 国家自天宝盗起，河北百余城不得尺寸，人望之若回鹘、吐蕃者。今上策莫如先自治，中策莫如取魏，下策为浪战……

这是杜牧见河朔三镇威胁中央，因此要求从军事上整治、消除中央与地方矛盾的一篇政论文章。司马光阅遍古籍里多少政治家睿智精明的言论，却对杜牧这篇策论青眼有加，看来杜牧的确是颇有政治军事头脑的。

比起不少文人面对家国乱象，除了写诗文抱怨一下怀才不遇、骂一骂贪官污吏之外啥都干不了，杜牧至少提出了改革府兵制度等一系列措施。而唐末五代的周世宗等提出的改革方案，正与杜牧在《原十六卫》《战论》《守论》等一系列文章中提出的改革措施同出一脉。

只可惜时不我待，乱局之中能力挽狂澜的人，注定不会是杜牧了。历史车轮滚滚而下，他一个区区文人，除了醉生梦死在温柔乡里，还能怎么样呢?

寒山和尚：嬉皮士的鼻祖在中国

一些朋友可能看到过这样一则消息:“苏州寒山寺招聘和尚，实习期每月津贴一万八，转正后每月二到五万……”

我也深深地相信当你看到这则消息的时候，会忍不住在心里惊叹一声，当个和尚工资这么高?

在那一刻是不是有一种削发为僧的冲动?

不过先不要激动，因为寒山寺的招聘消息是货真价实的假新闻。虽然招聘是假的，寒山寺倒是真真切切地存在，相信你在小学的时候就已经背诵过这首诗:

月落乌啼霜满天，江枫渔火对愁眠。
姑苏城外寒山寺，夜半钟声到客船。

01

寒山寺，是因为曾经有一位叫寒山的和尚在这里居住而得名，但是千年来人们只知道和尚叫作寒山，他的真名是什么，没有人知道。当时和他一样出名的另一个和尚是他的好友，叫作拾得，民间传说这两个人后来成了菩萨，合称“和合二仙”。

很少有人知道，其实知名和尚寒山还是一位大诗人。

我曾经在一本杂志上看到一位著名的汉语学家，美国人布瑞士，他曾经编过一本《中国文学选集》，里面就收录了寒山和尚的二十四首诗，而身为大唐文学领军人物的李白在这本书里被收录的作品只有十二首。

两倍，整整两倍。

一位如今几乎没人知道的和尚诗人居然比诗仙李白还厉害?

最关键的是这本书可不是民间的手抄本，而是流行一时的畅销书，当年几乎在每一所大学里都拥有一大批读者。这就有点意思了。

寒山究竟是怎样的一个大和尚？他又有着怎样的传奇经历呢？

02

要论起来，大唐真是一个盛世，不仅诗人能意气风发，狂放不羁，就是和尚也如此有性格。

公元 726 年，寒山出生在大唐帝都长安的一个地主官宦家庭（严振飞在《寒山子身世考》中更指出寒山实是隋朝皇室后裔杨瓒之子杨温），家中财力相当雄厚。按着小说里的故事走向，他应该还是个玉树临风、丰神俊朗的一米八帅小伙，可是寒山身材矮小，长得一点儿都不好看，就连寒山自己也曾经在诗中无奈自嘲：

书判全非弱，嫌身不得官。

意思是我的文章和书法都很厉害啊，就是因为长得不太能对得起观众，所以一直当不了官。

是的，寒山在青年时期有跟大多数人一样的理想——多读书，读好书，当大官。没办法，古往今来皆是如此，就算是有钱也不行，追求政治进步、当官当大官才能成为人生赢家。

在那时候，要当官唯一的正规途径就是参加科举考试。

唐朝的莘莘学子要想参加公务员选拔，需要考三场：经史，诗赋，政论。寒山从小就是远近公认的聪慧神童，读过很多书，又擅长写诗，自信心满满的他不到二十岁就参加了科举考试。

考试的那天，他下笔如有神，在别的同学还在咬着笔头苦苦思索的时候，他已经轻轻地吹干了试卷上的墨，率先交卷走出了考场。甚至没有人看清楚他长什么样子，只能看见一个故作潇洒的背影。

就算不能考第一，弄个前几名应该没问题吧？他在心里默默地盘算着。

03

然而，一个晴天大霹雳震晕了端着小酒杯正准备和家人庆祝的寒山，他得到了一个让他意想不到的消息：继续努力，欢迎参加下一届国考。

寒山彻底懵了，怎么可能，我的试卷答得不错啊！

他四处托人打听消息，才知道原来是在自己一向引以为傲的诗赋上翻船了——考官只给了他四个字做评语：不合典雅！

什么是“不合典雅”？通俗一点儿说，就是不符合写诗的基本规律。

我们都知道，古代写诗是有严格要求的，什么格律啊，押韵啊，对仗啊，甚至于怎样用典故那都是有套路的，偏偏这寒山却反其道而行，用了近乎大白话的语言，平仄格律啥都没有。这样的诗要想过关，不是开国际玩笑？

那些考官都是喝咖啡的，一看他的诗：什么玩意儿，一股子大蒜味儿，还是哪凉快哪待着去吧！

寒山的第一次国考就这样灰头土脸地结束了。后来他在诗中这样自嘲：

有人笑我诗，我诗合典雅。
不烦郑氏笺，岂用毛公解？
不会恨人稀，只为知音寡。
若遣趁宫商，余病莫能罢。
忽遇明眼人，即自流天下。

这个考官眼瞎了，看不出我这潜力股，没事儿，反正还年轻，还有大把的资本，这次不行，下一次再来。

每一个年轻气盛的人都会遇到这样的事儿：我是人才啊，为什么你们就看不出来？年轻的寒山也是这样，在他的那个年代，没有一个“明眼人”慧眼识英才。他屡败屡战屡战屡败，一晃过去很多年，寒山三十岁了。

这可怎么办？

寒山也是富家子弟，打小众星捧月，潇洒恣意，过的是“联翩骑白马，喝兔放苍鹰”的日子，怎能想到会在科举这条道上栽得头破血流鼻青脸肿呢？

浪行朱雀街，踏破皮鞋底。

以前所有对他青眼有加的人再看到他，都忍不住从鼻子里发出一声“嗤”。在这世间，他求不到前程，又绝了人情，整个世界都好像要坍塌了，人生陷入绝境。

前度是富儿，今度成贫士。

罢罢罢，什么功名利禄，还不都是过眼云烟？想我也是清新脱俗翩翩一公子，咋能在这件事儿上执迷不悟呢？

04

一个草长莺飞的春天，一个阳光明媚的早上，三十五岁的寒山做了一个决定：上山下乡到农村去，农村是一个广阔天地，知识青年到了那里还是可以大有作为的嘛。

就这样，寒山逃离了帝都，隐居到山里当了一个种地的农民。

这一当，就是三十年。

远离尘嚣的日子里，寒山继续读书作诗，与青山绿水相伴，活得那是相当潇洒。后来在当地村民的撮合下，他还和村里的一个姑娘成了亲，没有多久就生下一个儿子（寒山只是他当和尚时候的法号，因为不知其俗家姓名，本文为了叙述方便一直采用这个称呼）。

后来他专门写了一首诗形容这个时期的惬意生活：

茅栋野人居，门前车马疏。
林幽偏聚鸟，溪阔本藏鱼。
山果携儿摘，皋田共妇锄。
家中何所有，唯有一床书。

有田有林、有鱼有诗、有酒有书，还有老婆有孩子，这是多少文艺青年向往的美好生活，他过上了。

然而，这样的好日子终究没有过太久。六十五岁的时候，他的妻子和儿子双双染病，没过多久又都撒手人寰，寒山再次成了孤家寡人。

六十五岁，放到现在也算是个老年人了，在那个没有社保也没有商业保险的年代，人们盼的就是老了有个伴儿，能有子孙绕膝下，享一享天伦之乐。可偏偏他白发人送黑发人，这一辈子还有什么指望呢？

05

有，当然有。

寒山再一次起身，离开了这个他居住了三十年的地方，动身前往远方。

在比对了多家房产中介的推荐，综合了环境、户型、交通等各方面条件之后，寒山选中了一个山洞，大地为席，青天做被，山石为枕，渴饮山泉，饿食野果，靠着大自然的馈赠，过上了纯天然无公害的绿色生活。

他不修边幅，面容憔悴，穿着破衣烂衫，趿拉着一双破鞋，就像是一个唐朝“犀利哥”。有时候他会独自一人站在山上大声读诗，有时候又没来由地突然放声大笑，附近的山民都在心里嘀咕：这老头莫不是疯了吧？

但是他不管，也不在乎别人的目光。

不过他还是遇到了一个知己，一个叫拾得的和尚。这个和尚看起来也是个非主流，两人相见恨晚，在彼此对视的眼神中摩擦出了激情的火花。

两人之间经常会有些很有趣的对话，而且字字珠玑，充满了禅意。

一天，寒山问：“世间有人谤我，欺我，辱我，轻我，贱我，恶我，骗我，该如何处之乎？”

拾得答：“只需忍他，让他，由他，避他，耐他，敬他，不要理他，再待几年，你且看他。”

真是精辟！

就这样，寒山在山洞里又住了四十年，直到一百零五岁的时候才告别了这个世界。他一辈子没有放弃过写诗，但是直到他去世后，他的这种大白话一样的诗仍然得不到主流文化的认可。在当时的文人看来，寒山写的是什么玩意儿，这也配叫诗？

06

然而，寒山的诗喝咖啡的不认可，吃大蒜的老百姓却在口口相传。所谓金杯银杯比不上老百姓的口碑，谁也想不到，寒山的这些诗在口口相传中，居然漂洋过海到了日本。

这些诗在日本受到了排山倒海般的欢迎，日本的青年们争相抢购寒山的诗集，几乎人手一册。如果要是没有读过寒山的诗，根本都不好意思说自己热爱文学。甚至要是你的微信朋友圈里没有发过寒山的诗，你身边的朋友都能立马把你拉黑。

在很多日本人的心里，寒山就是文学之神。

日本的诗人模仿着他的风格写作，还有很多日本的画家为他作画（也不知道他们是根据什么来画的）。

20 世纪中期，日本的禅宗思想传到美国，寒山的诗也跟着流入了美国。

1953 年，美国的一个大诗人加里·斯奈德在一个画展上看到了一幅来自日本的画，加里·斯奈德被这个手握卷轴、衣衫破烂却仰着头逆风大笑的颓废诗人震撼了，立即找到了寒山的诗，一口气读完，还翻译了其中的二十四首。

翻译之后的寒山诗又在美国引起了轰动，加里·斯奈德的好朋友、著名的小说家凯鲁亚克也立即被这位中国古代的和尚诗人迷倒了，写了一本向厌俗弃世的寒山致敬的小说——《达摩流浪者》。

不知道已经作古千年的寒山泉下有知，是该哭还是该笑?

世事是如此讽刺，活着的时候人们把他的诗作看得一文不值，想不到却在千年后的大洋彼岸大放异彩。

在加里·斯奈德和凯鲁亚克的推动和传播之下，这个来自古代中国的诗人渐渐被美国人熟知。

20 世纪 50 年代，由于受到冷战、越战的影响，越来越多的美国年轻人对国际制度和社会道德准则提出了质疑并且开始反抗，他们特立独行，极度标榜自我，被称为“垮掉的一代”，而寒山那些游离于一切社会陈规陋习之外的诗，处处体现着自然的纯朴，正好完美契合了当时美国年轻人的心态。

美国“垮掉的一代”纷纷效仿起这位中国古代的诗人，他们穿上破烂的衣服，不理发不剃须，远离主流社会，有意识地向传统道德说“不”，以此来表达他们的叛逆。这群人被称之为“嬉皮士”，由嬉皮士参加的，以文化的反叛和生活的反叛为主要内容的这场反叛运动，就是著名的“嬉皮士运动”。

寒山，这位被称之为和尚诗人的中国古代叛逆者，估计从没想过自己在某一天会成为“嬉皮士运动”效仿的对象。

耶稣说，先知在家乡总是不受欢迎的。

解缙：天下第一等恃才傲物

明永乐十三年正月，屋外大雪纷飞，京城的大狱里，锦衣卫特务头子纪纲正在宴请在押犯人解缙。

在狱中待了五年没人理睬，今天这顿饭，解缙大体也明白是什么意思。他不再多言，大口吃菜，大碗喝酒，没多久就醉成了烂泥。纪纲打个手势，几个衙役过来，把解缙拉了出去。

他们在白茫茫的大雪世界里挖了个浅坑，人往里一丢，再堆上雪。明代出了名的大才子，《永乐大典》的总编，就这么在醉乡中进入了冰寒彻骨的地狱。

一个才华超众，曾得到好几任皇帝青睐的文史大家，是怎么走到这种绝境的？

01

解缙是江西吉水人，出生在书香门第，打小就是一个超级神童。

尚在襁褓中，母亲就在地上写字教他，五岁背诗，小小年纪就能记得无数诗文章句，而且终身不忘。七岁会写文章，十八岁参加江西省的乡试，高中榜首，成为“解元”。这一年是明洪武二十年（1387年），解缙一路走得顺顺当当，是个地地道道的学霸中的战斗机。

第二年，解缙上京城参加会试，高中第七名进士，他的哥哥解纶、妹夫黄金华也同时中举。

看过《范进中举》的都会记得，中了举人的范进高兴得都疯了，可见中举这种事，千年等一回或许还等不上，要有中大彩的运气才行。如今解家却一口气中了三个进士，这在家乡乃至全国都出了名，产生的轰动效果不亚于人类登上月球。

据说解缙的答卷气势磅礴、文笔犀利，让考官拍案叫绝，本想推他为第一，但又觉得锐气太甚，怕搅动口舌，所以才把名次往后推了几名。虽然没得上状元，不过倒更为这大才子增加了一些神秘之处。

解缙有一联非常有名：

> 墙上芦苇，头重脚轻根底浅；
> 山间竹笋，嘴尖皮厚腹中空。

简短一联，笑尽世间无真才实学又皮厚嘴酸的小人。正因为有这份机智，所以后来好事者就把很多巧对妙语都安在才子解缙的头上，讲他怎么斗假道学，怎么斗真财迷，各种故事花样百出，恨不能给“解解元”戴上“解状元”的帽子。

其中最有名的一个故事，是说解缙和明成祖朱棣一道游后花园，朱棣上桥之后问，这叫什么？解缙答，这叫一步高一步。朱棣呵呵笑，下桥又问，这个呢？解缙答，这个叫后边高过前边。

朱棣不死心，又出了个题目：“昨晚宫中有喜，你写首诗。”

“君王昨夜降金龙。”

“是女儿。”

“化作嫦娥下九重。”

“可惜死了！”

“料是世间留不住。”

“丢水里去啦！”

“翻身跳入水晶宫。”

明成祖哈哈大笑，惊叹于他的敏捷思路。

不过这类故事可能大多来源于三家村私塾老先生，把这种群众喜闻乐见的故事加在解缙这类才子的身上，是人民大众最好的娱乐节目，去网上搜能出来一箩筐。不管是什么对联，只要加上“解缙说”这三个字，就显得很牛了。

02

解缙智商高，特别聪明，但太聪明的人常常会觉得别人笨，跟不上自己的节奏，忍不住对大事小事指指点点。《明史》对解缙的点评是“表里通透”，就是想什么就说什么，一条肠子通到底，不会拐弯。这种直接的作风，在错综复杂的大明官场里，注定不会吃到好果子。况且那些官场中的大佬什么风浪没有见过，即使智商比解缙低，也差不到哪去，更别说这些老油条还完全懂得如何明哲保身。

朱元璋很欣赏解缙的才气，对他说，咱们是君臣，但我觉得更是父子，你应该把肚子里的东西都讲出来。

大领导这么一夸，小解激动得一夜没睡，第二天立马上交一篇万言书，上至天文，下至地理，滔滔不绝论述一通。

朱元璋鼓励一句：不错，很有见地。小解再接再厉，回家再来一篇《太平十策》，文章长得连《明史》都嫌，没收录。估计朱元璋也要被逗乐了，这个瓜娃子，开个玩笑还当真了。

初入宦海的解缙就是这样，愣头愣脑，到处指点江山，还要品评人物。

明初大功臣李善长被杀头抄家，是朱元璋亲自定的案子，可小解敢替人执笔上书，说李善长冤枉，甚至直接向兵部开炮，说整个兵部作风不正，效率低下，然后又点名痛批御史袁泰贪赃枉法，陷害忠良。

兵部尚书气得吐血，轮得上你这黄口小儿说话吗？

后来皇帝把袁泰降了级，解缙得偿所愿，但也给自己结下了一个大仇人。

解缙没工作几年，倒把机关里的人得罪个遍。朱元璋对他是真好，也真能看透这个人，他把解缙的老爸叫来：老解啊，你把儿子领回去再读几年书吧！他是个大器晚成的人，再过十年，我还要重用他！

聪明过头的小解被领回家乡去了。

朱皇帝是要磨炼解缙的性子，希望他会明白过来，圆润点，缓和点，可惜才子心比天高，依旧脾气不改。

多年后解缙重新出山，为大明的第三任皇帝朱棣服务，朱棣表扬他说：天下一天也不能没有我，我一天也少不了解缙！

有了这句话，解缙更加嘚瑟，对朝中大臣进行了逐一评论，而且有一说一，有二说二，有优点就表扬，有缺点也要公开于天下：大李是个稳重的人，但缺少主见；老王算是个君子，但才能不行；张老三嘛，能力强，但太会钻营，品行不够端正，如此等等。朝中的大佬在解缙眼里，都是残缺不全的。

就你姓解的了不起！

这个高智商的人根本不注重团结同事，情商低到如此境界，也算得上是大明官场中的一朵奇葩了。

多少人侧目而待，等着看他的好戏。

03

解缙的人生巅峰是在明成祖朱棣手下实现的。

前面说到他被明太祖朱元璋打发回家修身养性，一晃八年过去，老朱去世，耐不住寂寞的解缙心热如火，匆匆到京城奔丧。这番举动马上被仇家袁泰敲打了一下：解缙老母亲还没下葬，老父亲九十高龄，就这样跑到京城来，这是不忠又不孝！

继位的建文帝朱允炆把解缙远远地发配到甘肃去当“卫吏”，一个小文书。幸好还有人帮着说话，解缙费了一通周折还是回到京城任职。

几年后，明成祖朱棣发动“靖难之役”。在站队这个问题上，解缙毫不犹豫地倒向了朱棣，飞奔而去投入朱棣怀抱。朱棣对此很是满意，大力提拔，解缙成为新贵中的第一号人物，和另外六个人组成了内阁，任右春坊大学士，内阁首辅，步入了仕途之巅。

朱棣常赐给他们金绮衣等高级物品，荣宠之至，还经常鼓励说，你们七人工作辛苦，成绩突出，最关键还是要善始善终。

这其间，解缙主持编修了伟大的《永乐大典》，这部皇皇巨著是我国古代最全面的百科全书，单单参与工作的就有两万多人，解大才子因此足以不朽。

04

皇帝如此重用信任，解缙更加卖力工作，积极参与政事。

在家天下的帝王时代，继承人的问题是个要命的所在，多少英才名臣都在这上面栽了跟斗，解缙这个大嘴巴也在劫难逃。

朱棣在长子朱高炽与次子朱高煦之间犹豫不定。朱高炽宽厚仁慈，朱高煦英武勇猛，朱棣有意立更像自己的老二为接班人。

他问解缙，老解说自古都是立长子，皇长子是个仁人，很合适。

朱棣不语，解缙跪下磕头说了三个字：好圣孙！

他知道朱棣喜欢朱高炽的儿子，现在把这个砝码也搬了出来。朱棣点点头，终于下定决心立朱高炽为太子，朱高煦为汉王。

朱高煦那是恨透了解缙，解缙却还不知收敛，明目张胆地为朱高炽站台。见朱棣还是不满意太子的表现，对老二特别优待，解缙又去说话：皇上，这样不是挑起争端吗？千万使不得啊！

老是这么和朱棣唱对台戏，这个朱皇帝可不比前两个，是个有大脾气的人。表面上和你说有话尽管讲，你还真的怎么想就怎么说？你这是离间我家骨肉！

于是在给内阁大臣们发纱罗衣时，别人都有，单单解缙没有。可怜这事还没让解缙警醒，他又提出皇帝征安南是不对的。这时朱高煦正好在朱棣面前大讲他的坏话，朱棣终于发了火，把解缙打发到安南去任地方官。

永乐八年，解缙进京汇报工作，成祖朱棣征北未还，他就去拜见了留守的皇太子，之后才回返地方。

这下可捅了大娄子。

太子的位置最为敏感，皇帝还在，就应该乖乖地待着别吭声，稍微自作主张，都可能被解读为对皇权的挑战。

解缙与太子的这次见面，老二朱高煦马上告诉了他老爸：解缙这家伙趁着皇上外出，偷偷去拜访太子，拜访完又立刻跑回去！他想干什么？一点儿臣子的礼节也没有！

朱棣大怒。

平常老解就总是以高人一等的面孔示人，早得罪了很多人，告黑状的人本来也不少，朱高煦这一状更是火上浇油。不得了的是，解缙在回地方路上还给皇帝上了一本，提了要疏通赣江等建议。

朱棣本来就正在火气上，奏折上来，更是气得火冒三丈，立即下令锦衣卫把他逮捕，关进大牢。

这一年是永乐八年（1410 年）。

老解被丢在监狱里一关五年，特务头子纪纲给朱棣看囚犯名单，皇帝看到解缙的名字，意味深长地说了一句：解缙还在？

纪纲心领神会，于是就有了本文开头的一幕。解缙被丢在冰天雪地里冻死了，接着还被抄家，妻儿也被流放。

他力保的明仁宗朱高炽没有给他平反就过世了，好圣孙明宣宗也没有赦免他。直到成化元年（1465 年），明宪宗朱见深才给解缙平反，给了他个“文毅”的谥号。

聪明与野心搅和在一起，实在是很危险。

李贽：不自由，毋宁死

01

这世上，有才的人都很狂。

在古代，敢狂的人挺多，狂到敢骂孔子的，却掰着手指头也数不出十个来。在这仅有的几个狂人里骂得最狠的，一个是庄子，还有一个是李贽。

李贽骂孔子，直截了当就说“虽孔夫子亦庸众人类也”，他还说大家本来就都是圣人，没必要去学那个假的，学孔子的都是“丑妇之贱态”。他读过私塾，学过孔孟朱子之道，却坚决不肯信孔夫子说的话，还把人骂了个狗血喷头。他觉得，圣人之言都是错的，什么孔子孟子，不如自立门户当“李子”。

这可不是一时的哗众取宠。他打小就喜欢骂孔子，十二岁就写出了轰动乡里的《老农老圃论》，把孔子视种田人为“小人”的言论大大挖苦了一番。

李贽有这样惊世骇俗的想法，大概与他的家庭背景有关。他祖上就没有学儒的传统，也不是啥书香世家，而是做着当时人们瞧不起的商人行当。

李贽爷爷的爷爷的爷爷是泉州巨商。明朝的泉州可是个通五洋揽四海的商业大都会，李家扎根此处，专门跟霍尔木兹，也就是今天的伊朗做生意，他家六世祖还娶了个浓眉大眼的伊朗姑娘做老婆。

李贽是个离经叛道的家伙。他不尊孔子，也不肯信其他什么教派，誓要做一个无信仰的自由人。

02

当时明朝已有了海禁政策，李家没法像祖上那样去海外做生意，家道逐渐中落，只好谋一条读书取仕的道路。

李贽考上科举当上官后，家里人都很欣慰，觉得他迈上了一条康庄大道，李家能够从此复兴。然而他这人当官没什么本事，却有两大特点，一曰傲慢，二曰两袖清风。

明朝科举取士，旁人中了举要先烧两炷高香，再大宴亲朋，然后发奋图强，再考进士。可李贽呢，却当着大家的面儿说以后再也不考啦，举人也挺好的。

一个人有了北大硕博连读的资质，偏偏要读完本科就打住，那就怪不得这一辈子只能当个十三线城市的小公务员了。

当了小公务员，李贽还不愿意往上升官，一概人情往来都不做，升职考试也不去考，每天闭门研究学问，美其名曰不为五斗米折腰。

明朝的俸禄是很低的，基层小官的俸禄更是微乎其微，养家糊口都难。长期的傲慢让李贽的工资单难以跟上明朝飞速发展的经济形势，这官越当越穷。有一年大旱，田里颗粒无收，他的两个女儿竟然因为买不起米活活饿死了。

有人统计过，他有八个孩子，其中七个都夭折了，还都死于营养不良。

李贽最大的官，做到了姚安知府。俗话说“三年清知府，十万雪花银”，可李贽呢？他写了个楹联，说是：“做官无别物，只此一庭明月，两袖清风。”

当了二十年的官，就攒下了一轮明月。

李贽在姚安知府任上干得很不错，民族工作抓得有声有色，上司十分满意，向朝廷举荐他，要给他升官儿。但没想到，李贽一听这个消息，拔腿就跑，跑进了山里不肯出来。上司无奈接了他的辞职信，他拍拍屁股便走人了。

03

五十五岁的李贽，带着一家老小投奔湖北黄安的好朋友耿定理，在天台书院里谋了一份讲课的活计。因为房租太贵，他们一家直接住到了耿定理家里。

按理说，书院老师也是份很有面儿的工作，工资也还可以。但李贽可不是为了找工作而找工作，他想要一个讲台、一群观众，看他手拿麦克风随心舞动。

李贽在天台书院里发表了许多惊世骇俗的言论，从此在大明第一思想犯的道路上策马狂奔。

他批判“君君，臣臣，父父，子子”那一套伦理纲常，揭露道学家们的伪善面目，反对以孔子的是非观为是非标准，把宋代的理学家周敦颐、程颢、张载、朱熹都骂了个遍。

他崇尚把个人私欲放到首位，痛骂道学家们提倡的无私奉献，批评理学家“高谈性命，清论玄微，把天下百姓痛痒置之不闻，反以说及理财为浊”。

他还说焚书坑儒的秦始皇是千古一帝，而大肆诛杀功臣的朱元璋则比秦始皇更伟大，是万古一帝。

各个中国封建王朝无不重农抑商，李贽却说：“不言理财者，决不能平治天下。”

他要求人类生而平等，要解放妇女天性，歌颂自由恋爱，反对宗教迷信。针对当时盛行的提倡“存天理、灭人欲”的理学，李贽高呼“穿衣吃饭即是人伦物理”，以此作为反抗。

他把自己写的文集取名叫《藏书》《续藏书》《焚书》《续焚书》，意思是孔夫子说的话都没用，不如把它们都烧了吧！

这些思想，即便放到现代来看也是先进且睿智的，所以在那个年代，他不可能为世所容，就连他的好朋友耿定理也不能理解这位千古狂生的所作所为。

于是，李贽干脆从他家里搬了出来，跑到芝佛院里落发为僧了。

从小到大，他没有什么信仰，如今五六十岁了，当然更不可能去信佛祖。

他出家的原因，只是如袁中道在《李温陵传》中所说：“一日，恶头痒，倦于梳栉，遂去其发，独存鬓须。”

李贽只是因为头痒痒就给自己剃了个光头，连胡子都没舍得剃，仍然喝酒吃肉，百无禁忌。他在《焚书》中说：“出家为何？为求出世也。”

04

李贽还公然招收女学生，坚持妇女和男子一样有读书的权利，也有自由决定人生的权利，所以他招女学生，只有一个要求：要足够离经叛道。

但那个年代的女人，谁不是被三从四德绑得死死的？能被称得上离经叛道的女人，大约就只有风月场里的美人儿了。于是李贽招收的很多女弟子，都来自这些世俗人眼中“不正当”的地方，以至于当真有良家女子做了他的徒弟，还要被人攀诬为“僧尼宣淫”。

这说的便是六十多岁的李贽和他一位女弟子梅淡然之间的故事。梅淡然是李贽好友梅国桢的三女儿，小时候跟刘家结下亲事，但还没来得及成婚，小刘就死了。梅淡然心如死灰，不想再嫁人，便给李贽写了信，说要出家。

李贽并不支持小姑娘这么做，可她老爹梅国桢却支持，他在麻城北街为女儿修建了一座绣佛精舍，让她一边念佛一边绣花，两不耽误。

没多久后，梅淡然正式落发为尼。李贽给她写了一首诗，两人也有了半师之谊：

> 闻说淡然此日生，淡然此日却为僧。
> 僧宝世间犹时有，佛宝今看绣佛灯。
> 可笑成男月上女，大惊小怪称奇事。
> 陡然不见舍利佛，男身复隐知谁是。
> 我劝世人莫浪猜，绣佛精舍是天台。
> 天欲散花愁汝著，龙女成佛今又来。

其实，李贽的女弟子远不止梅淡然一个人，梅家的女儿、媳妇都拜了李贽为师，可人们却热衷于八卦他和梅淡然之间的故事，大概是因为淡然长得好看吧。

大家都说，李贽做了假和尚，却给真尼姑写情诗，好不要脸。

05

李贽的离经叛道之举触怒了许多人，他大骂的孔夫子、朱熹、周敦颐这些人，都被当时的读书人奉为至圣先师，更何况李贽公然宣扬那些与朝廷法度背道而驰的言论，早惹怒了朝野上下。

正统思想的卫道士东林党人最先发难，指责他有伤风化，说他“挟妓女”“勾引士人妻女”“与无良辈游庵院挟妓女，白昼同浴”。

著名的东林党领袖顾宪成这么说李贽：“李卓吾大抵是人之非，非人之是……学术到此，真成涂炭，唯有仰屋窃叹而已，如何？如何？”

意思是李贽这家伙，就是世上人都说对的，他偏要说错，世上人都说错的，他偏要说对，这么跟人拧着来，如何能不得罪人？

有人一纸状书递到皇帝面前，用一篇标准的诬陷范文把李贽打成了十恶不赦的思想犯。大臣们声泪俱下地控诉着他的荒唐行径，锦衣卫们则非常高效地把他关进了大牢。

当时，李贽已经是古稀高龄了，路都走不动几步。他主动束手就擒，还对来逮捕他的人说：来人啊，快抬个门板来，让我躺上去。于是，李贽就这么被人用门板抬进了刑部大牢。

在牢狱里，他亦无所畏惧，说："今年不死，明年不死，年年等死，等不来死，反等出祸。"

李贽不畏死，可万历皇帝偏偏不想让他死。

李贽太有名了，举国上下，遍地都有他的粉丝，工部尚书刘东星曾请他写书，文坛巨子袁氏三兄弟为了见他跑去陪住，就连意大利传教士利玛窦都和李贽交往甚密。

放在今天说，李贽就是一大流量明星，粉丝多，黑粉也不少，他若是死了，必是要震动整个网友界！

万历皇帝不打算逆流而行，而是要听别人说一句皇恩浩荡，所以只把李贽关进大牢，一应吃穿都不含糊，还宽容地让他在牢中吟诗作赋写歪文：

> 年年岁岁笑书奴，生世无端同处女。
>
> 世上何人不读书，书奴却以读书死。

李贽不怕死，他只害怕不得自由："我可杀不可去，头可断面身不可辱。"

这样的人如何能忍受牢狱之困？

在万历三十年的一天，李贽嚷嚷着要剃头，等剃头的侍者来到牢中，他一把夺过剃刀，割开了自己的脖子。

他脖颈上鲜血淋漓，却没有立刻死去，还留下了一段经典对话。

> 侍者问他："和尚痛否？"
>
> 答："不痛。"
>
> 侍者又问："和尚为何自割？"
>
> 答："七十老翁何所求？"

两日之后，李贽终于断气，享年七十五岁。

他曾说："我有二十分识，二十分才，二十分胆。"但这世道容不下一个狂狷的胆大妄为者，也容不下一个任性的道德审判者。

李贽天生就是要死的，他已在这世上活了太久。

龚自珍：我劝天公重抖擞，让我由着性子来

龚自珍，清朝后期最出名、作品流传最广的爱国诗人，没有之一。他的作品被南社的发起人柳亚子称为“三百年来第一流”，可谓是极高的赞誉。

但凡念过点儿书的人，谁不会背两句老龚同志的诗？

青山处处埋忠骨，何须马革裹尸还。

落红不是无情物，化作春泥更护花。

一箫一剑平生意，负尽狂名十五年。

龚自珍以才情流芳百世，更以他的一腔报国热血青史留名，被永远地推上了神坛。

但神坛之下真实的他，到底是怎样的？

简直与人们想象中差了十万八千里！

01

乾隆五十七年七月初五，龚自珍出生于浙江杭州。

他家世代都读书仕宦，家族在西子湖畔定居四百余年，在当地颇有威望。他爹、他爷爷、他叔叔舅舅，都是进士出身；他娘、他奶奶、他婶婶表姐，都是当时的才女。

成长于这样的环境里，老龚同志能不好好读书吗？

他八岁读经、史，十岁学《说文》，十三作《知觉辨》，十五岁就能出诗集，是江淮一带很有名气的天才少年。

十八岁那年，老龚考中了顺天乡试，不过名次不高，是监生中式副榜第二十八名。

虽然这个成绩对普通的读书人来说已经很好了，但老龚觉得自己出身书香世家，从小文才武略哪样不是第一，怎么能就考二十八名呢?

对自己要求一百分的人，是绝对不能接受自己只考八十五分的。

老龚回家苦读三年，二十一岁时再去赴顺天乡试，没想到复读的结果更差了，直接榜上无名，名落孙山。

老龚很受打击。

大家不都说他是大才子吗? 不是说他的文章写得好吗?

他在脑海里细细思索自己在考场上写的文章，越想越觉得自己文采横溢，一点儿没毛病。回家又请教了几个知名学者，也都夸他写得好。

但为什么没考上?

《说龚定庵》中记载了这么一个小故事:

> 乙丑，龚卷落王中丞房，阅头场第三篇，以为怪，笑不可遏。隔房温平叔侍郎闻之，索其卷阅，曰:“此浙江卷，必龚定庵也，性喜骂。如不荐，骂必甚，不如荐之。”王荐而得隽。

原来第一次考试时，龚自珍已经才名远播，考官们都听说过他的名气，但这名气却不是啥好名气，是说龚自珍太爱骂人了，嘴太臭。会试的阅卷官们害怕被他骂，只能让他当选了进士。

没想到老龚对这名次不满意，三年后又考了一场，这次的阅卷官可不是三年前那批好说话的了，看过他的卷子后直接就把他划掉了。

经过多番打听，龚自珍才知道，阅卷官之所以看不上他的文章，都是因为他的字写得太丑。

都说字如其人，一个人的风骨往往就浸透在他的字迹里面，纵然你如何广有才名，字丑? 对不起，不能要!

虽然这种评判方式挺不科学的，天底下字丑的人多了，难道一个个都根骨不正吗? 但在明清两朝，考科举也是要算卷面分的。考官非常注重对考生书法的考量，其重视程度甚至往往超过文章内容本身。

资料显示，清朝科考要求考生答卷必须用“馆阁体”，字体要乌、方、光、大，书法越好看，字迹越工整漂亮，就越容易入考官的法眼。

龚自珍的字却潦草逼仄，也没有用规定的字体来书写，主考官们拿着放大镜也看得很吃力。纵然现在给他过了，到了后面殿试上，也过不了皇帝那一关。

正因如此，主考官曹振镛以“楷法不中程”为由，把他的名次排在了最末。

02

老龚也是个一根筋，科举失利以后回到家，对老婆孩子发了好一顿火，当夜就要老婆孩子练书法，说是自己吃过的亏不能再让娃吃。慢慢地，他的夫人何颉云果真就练出了一手好字，在当时的太太小姐圈里很有名。可老龚是典型的对他人严苛对自己放松，老婆的字都练好了，他的字还是那样，丑得一成不变。

后来龚自珍参加内阁中书的职业能力测评时，旁边人就说：

> （龚自珍）不能作小楷，断断不得。如其夫人与考，则可望矣。

清朝一向重视表面功夫，连选拔官员都要挑长得高大挺拔帅气的，书法当然比内涵重要！曾国藩后来就对此向咸丰皇帝提过意见，说“岂可但观其举止便捷、语言圆妙而不深究其真学真识乎”？但并没有得到皇帝回应。

这种朝廷取士的不良风气，积弊已深。

像龚自珍这样有才气又自命清高的名士，虽然有些视功名如粪土的意思，但看到朝廷仅仅因为这种理由就断了自己的进阶之路，心里还是很生气的。他用这样的方式向朝廷挑衅：你们选拔人才只看字好不好，不如让我家夫人入翰林去做大学士吧！

龚自珍曾经憧憬着踏入仕途，用自己的才华来改变现实，却不想自己连门槛都没迈过去。多次失望以后，他便发出了“万马齐喑究可哀”的喟叹。

皇帝和官员因循守旧，看不清世间局势，更不愿做出改变，甚至阻断了真正有才学之人的晋升阶梯，这世道究竟还有没有救？

在考完乡试回家的路上，龚自珍路过了镇江，刚好碰见当地百姓在举办一个祭祀玉皇大帝的大法会。主持祭祀的道士认识龚自珍，大家一听这位青年竟然是誉满江淮的大文豪，便邀请他上台作一首“青词”。

所谓“青词”，就是一种写给神仙看的诗词，不能写得太简单了，越歌功颂德、华丽繁复越好，总之就是要专拣老百姓听不明白的写，言之无物不要紧，你写的别人看不懂，别人就觉得你水平高。

明朝那个大奸臣严嵩的儿子严世藩，青词就写得当世一绝。

龚自珍一听众人要求，寻思我没写过呀，咋写？道士朋友大手一挥，随你的便吧，爱咋写咋写！

老龚脑袋一歪，灵感就来了，当下挥毫，写下了著名的《己亥杂诗》：

> 九州生气恃风雷，万马齐喑究可哀。
>
> 我劝天公重抖擞，不拘一格降人才。

我大清四万万民众，世间岂是无人才？但在这样因循守旧的世道里，人才没有晋升之途，只能望着江水空喊一句怀才不遇，“万马齐喑”，真是家国之哀！

曾经的康乾盛世人人称颂，而龚自珍在此时，已初感这盛世的颓势了。

不久，龚自珍的妻子因为庸医误诊死于徽州，他愈发意志消沉，对朝廷对社会更加失望。但这么多年读过的圣贤书，难道就是让他在这里自怨自艾的吗？

龚自珍没有再消沉下去。一年后，他写下四篇《明良论》，第一次完整地表达了自己的政治见解，对君主专制进行了抨击。

他的外祖父段玉裁阅后又惊又喜，欣然加墨批点，认为他的论述正中当今政治要害，是别具一格的见解。

03

在此后的十几年里，龚自珍从未放弃过科举取士，他坚信自己有匡扶天下之才，却六次考试，六次名落孙山。

直到第六次科举，龚自珍在殿试中效仿王安石的《上仁宗皇帝言事书》，写下《御试安边抚远疏》，讲述平定叛乱后的治国理政之法，阐明他的改革主张，“千余言挥洒殿前，直陈无隐，阅卷诸公皆被其震惊”。

可偏偏主持殿试的太子太师曹振镛是个最顽固不懂变通的老头子，他一生信奉多磕头、少说话，不满龚自珍的改革主张，只给了他一个不咸不淡的名次。

龚自珍依然没有进入翰林的资格，只能当了个小小的内阁中书，做点闲散差事。

他原本是个锦衣玉食的文人公子，偏偏在一次次失败后消磨了棱角，沦为郁郁不得志的江湖客。

道光十九年，龚自珍辞官南归。他辞官的原因无非两点，一来是他屡屡揭露时弊，触动了当时王公贵族的利益，于是受到各方势力的打压；二来，在整个社会从盛世开始走下坡路的时候，他对黑暗官场的失望一天天累积，终于忍无可忍。

> 明知此浦定重过，其奈尊前百感何。
> 亦是今生未曾有，满襟清泪渡黄河。

当初如何雄心壮志地北上，如今便如何灰溜溜地回来。

有人说，就是从这时候开始，龚自珍染上了风流的臭毛病。官场失意，老龚同志开始流连烟花场，彻彻底底地变了一个人。

但实际上，老龚不是从这时候才开始“变坏”的。他生性风流，在京城和家乡都有眠花宿柳的光荣事迹流传坊间，倒是辞官之后的几年安分了许多。

04

道光二十一年，龚自珍的父亲龚丽正去世，他子承父业做了杭州紫阳书院的讲席。

为人师表的龚自珍，很不成体统。

他放弃了当官求功名的事业以后，一度也放弃了写诗的事业，转而投向了赌博大军。

> 定庵（龚自珍）交游最杂，宗室、贵人、名士、缁流、伧侩、博徒，无不往来。出门则日夜不归，到寓则宾朋满座。

他终日与三教九流往来，常常彻夜不归，聚众赌博，什么双陆马吊牌九蛐蛐，都信手拈来。他最喜欢玩的是一种叫作摇摊的赌钱玩法：骰子摇出点数，以四除之，视其有无余数，赌者猜点数下注，以博胜负。

龚自珍考科举的运气不太好，赌博的运气也依然不好，常常揣着大把银子进门，空着衣兜出来。

他在京城做官的时候，收藏了一枚相传是赵飞燕用过的玉印。那可是老龚花了五百金的大价钱弄来的，刚拿到手那会儿天天抱着睡觉，喜欢得不得了。可一到了杭州，一天跟人玩押宝，押一局输一局，不仅输光了身上的银子，还赊了两个月的工资，实在没办法，竟然把他的宝贝玉印拿出来抵债。

就这样，他还不死心，还要玩完一局又开一局。

虽然老龚在心里不断祈求胜利女神的到来，但可能女神刚好在打瞌睡，他依然是输，差点把自己都卖给赌坊。

> 未几，因博丧其资斧，又质之人矣。

但龚自珍不以自己沉迷赌博为耻，还得意扬扬地研究起了赌博学，在他睡觉的帐子顶上画满一二三四的数字，平时没事干就躺在床上，看着帐子顶东算西算，消磨时间。他研究了好久，觉得无师自通了，“自谓能以数学占卢雉赢输之来复”，可一上赌桌，却还是输。

有人嘲笑他逢赌必输，他就回答：“有人才抱马班，学通郑孔，入场不中，其魁星不照应也；如予之精于博，其如财神照应者何？”

有的人才高八斗，可是怎么都考不中科举，是文曲星不照应；像我老龚这般精于赌博，却一天到晚输，不也是财神爷不照应吗？

05

按理说吧，这官场失意，赌场就能得意，赌场失意，情场就能得意。可龚自珍也不知道是哪辈子的祖坟冒了黑烟，如此一个帅气有才的大好青年，竟然连情场都失意得很。

从杭州到扬州，再到京城，沿着京杭大运河北上，一路都能听见龚自珍的花边新闻。

他爱各种美丽的女子，但绝不玩弄她们，每一次都是真心相待，像呵护“人间薄命花”一般地将她们捧在手心。

谈恋爱是很费钱的，而龚自珍基本把自己每个月挣的钱都输光在赌坊里了。幸好龚家是世家大族，龚自珍虽然攒不出多少钱，靠啃老倒也还能喝几杯花酒。可是秦楼楚馆里的爱情从来都不长久，他一度为此很是伤情。

在京城做小官时，他爱上了一个叫顾太清的女人。这女子与他在烟花柳巷中见过的都不同，她高贵清冷，才华横溢，她美丽温婉，明艳动人，她是当世有名的才女，吟诗作赋、琴棋书画无一不通。

龚自珍第一次见到顾太清时，就被她身上与众不同的气质深深折服了，然而很不幸，她是别人的妻子。

顾太清一开始对龚自珍是逃避躲闪的，龚自珍也恪守本分，从无逾矩。可是爱情有时候就是这么不讲道理，这两个人还是相爱了。他们一起看花赏月，闲时幽会，享受着偷情的刺激与快感。

龚自珍常常想，他如此爱她，为什么上天不让他们两个先相遇呢？有时候他也会想，干脆拼着性命不要，与她一起远走天涯吧！

可是他无法做到，因为他的情敌，是他惹不起的人。

那人是荣恪郡王绵亿的儿子奕绘，也就是著名的五阿哥永琪的孙子，真正的皇族贵胄。当时龚自珍在宗人府任主事，是奕绘的下属官员，经常需要去他的府邸汇报差事。

奕绘也是个喜好诗文的，在文学上造诣颇高，因此对这位才华横溢的大诗人很是礼遇，将他奉为座上宾，任由他在府中行走，还常常把侧福晋顾太清叫出来，三人一起吟诗作词。

奕绘公务繁忙，常常不在家，这就给了龚自珍和顾太清幽会的时机。

这两个都是才情绝伦的人，据说他们一起幽会聊天时，喜欢用蒙古语对答，用京片子谈论诗词，用吴侬软语调情，旁边的仆从即便听了他们讲话，也听不明白他们在讲什么。靠着这一手绝活，两个人悄悄谈起了柏拉图式的精神恋爱，并自以为能瞒天过海。

可常在河边走，哪有不湿鞋？

一天下朝，奕绘和仆从走在路上，那仆人便悄悄告了密。再一打听，京城内这桩事情居然已经传得风风雨雨沸沸扬扬，而他这个当事人竟是最后一个知道的。

奕绘勃然大怒，当即发难，于是一对才子佳人，一个落荒而逃，离开了北京城，一个被逐出府，从此流落市井。

> 不携眷属，独雇两车，以一车自载，一车载文集百卷，夷然傲然，愤而离京。

龚自珍将自己的离京之举写得傲骨铮铮，但实际上，他一朝被逐，连路费都凑不出，只好沿途找朋友，到处蹭饭。好在他才名满天下，想与他结交的人颇多，总算没有饿着肚子。

《己亥杂诗》中有一句“侥幸故人仍满眼，猖狂乞食过江淮”，想来他的境遇是十分悲惨的。而在那个时代，女子有了这般遭遇，其结果应该要比龚自珍更凄苦百倍，可泥菩萨过江的龚自珍，已无法再回到京城拯救他的爱人了。

这一段才子与才女的风流韵事有个极有诗意的名目，叫“丁香花公案”。

龚自珍的《己亥杂诗》中还有一句“一骑传笺朱邸晚，临风递与缟衣人”，这“朱邸”就是贝勒府，“缟衣”就是白衣，而顾太清最喜欢穿白衣。在这首诗的篇末，他自注云:“忆玄武门内太平湖之丁香花一首。”太平湖正是奕绘的府邸所在，龚自珍所思念的丁香花一样的姑娘，自然也就是顾太清了。

后来这桩公案越传越夸张，还被人写进了小说《孽海花》当中，作者借龚自珍的遗妾褚爱林之口，将龚、顾之恋描写成一段痴心绝恋。

民间议论往往总把绯闻韵事当作真相，但实际上，龚自珍离京除了感情上的阻隔外，政治上的郁郁不得志也是很大的原因。

当时，龚自珍引导舆论，支持好友林则徐在广东禁烟，得罪了军机大臣穆彰阿。龚自珍惹不起这位大人物，只能远远躲回江南。

他自以为逃得越远越安全，却不知无论是奕绘还是穆彰阿，都不会放过他。

06

道光二十一年秋，龚自珍离奇暴毙。关于他的死因民间传说不一，其中流传最广的，是一出桃色事件。

话说龚自珍在回到家乡之后，认识了一个青楼女子叫灵箫。他对灵箫爱得深沉，竟将她强抢为妾，可灵箫却早已心有所属，在龚府也常与情人幽会。

龚自珍撞破了灵箫与心上人的往来，他万万没想到，当年他在荣王府做过的事，竟原封不动地发生在他自己身上。

龚自珍勒令灵箫再不许与情人往来，没想到几日之后竟又撞见灵箫与情人堂而皇之地约会。他怒不可遏，取来毒药，要灵箫毒死情人，但最后，那份毒药被灵箫悄悄地下在了他自己的饮食之中，龚自珍就这样毒发而亡了。

这个故事过于戏剧性，可信度不高，因此民间还有其他多种传言。有说他是被奕绘派来的刺客杀死的，有说他是被穆彰阿的人给害死的，更有人说，他是一代诗坛巨擘，牡丹花下死，做鬼亦风流。

龚自珍死得离奇，真相难辨，即便是正史中也只好用“暴毙”二字收尾。

梁启超对龚自珍有极高的评价：“晚清思想之解放，自珍确与有功焉。光绪间所谓新学家者，大率人人皆经过崇拜龚氏之一时期。”

那时人人都崇拜龚自珍，是因为他提倡改革、倡议新学，是中国改良主义运动的先驱人物。他提出要改革科举制度，改革中央专制主义集权，起用“通经致用”的人才。在整个清朝都闭关锁国的时候，他坚定地支持林则徐查禁鸦片，并建议林则徐要加强军事措施，随时预备抵抗英国侵略者。

他清醒地看透了清王朝的命运，不断批判着封建专制统治的腐朽，并发出了“我劝天公重抖擞”的呼喊，惊醒了无数正沉浸在虚幻美梦中的世人。

然而这么一位前无古人后无来者的大思想家却壮志难酬，只能生前流连赌场青楼，死后花边新闻缠身，可悲可叹！

07

一生桀骜，却结局苍凉，龚自珍是死不瞑目的。

但他所不甘心的，或许并非是因为后人怎样抹黑他，把他的风流韵事炒得满天飞，而是他生出来一个儿子，毁了他龚家数百年的声名。

龚自珍的儿子名叫龚澄，号曰龚半伦。

这个外号是他自己取的，因为在君臣、父子、夫妻、兄弟、朋友这五伦中，他只认“夫妻”，而这“妻”不过是他的一个小妾，所以连“一伦”都不算，只能算作“半伦”。

比起老爹一身正气，龚半伦是个很邪乎的小子。他虽然也饱读诗书，学问博大，但性格孤僻，寡言少语，好为狎邪游，为人放浪不羁，恃才傲物，除了那个在上海纳的小妾以外，谁都不放在心上。

因为父亲一生仕途不得意，成日里流连烟花柳巷，从不管儿子，而母亲又早逝，龚半伦自幼就没怎么享受过父母之爱，成了典型的有人生没人养的浪荡子。

他不喜欢父亲，觉得父亲窝囊、没本事，就连外界广为传颂的父亲的诗文，他也瞧不上眼。所以父亲死后，他时不时就把那些遗稿拿出来，自己大改一通。每次改稿的时候，他都会预先将其父龚自珍的木主置于案前，每改动一字，就用竹鞭敲击木主道：某句不通，某字不通，因为你是我的父亲，我才为你改正，使你不致欺蒙后人。

龚自珍被称为杰出的爱国主义诗人，龚半伦却觉得爱国都是空谈。

他自幼熟习满、汉、蒙三语，喜欢跟色目人相交为友，连英语都会说上两句。一次偶然的机会，他认识了英国公使威妥玛，英国人吃惊于一个汉人竟然会一口流利英语，对他很是尊敬，将他称为“龚先生”。

俗话说，“老子英雄儿好汉，老子窝囊儿混蛋”，龚半伦却正好相反，成了清代学者赵翼口中“名父之子多败德”的印证。

英国人对龚半伦的这种尊敬，在1900年的中国，注定是要让他受尽千夫所指的。

在曾朴所著、被誉为晚清四大谴责小说之一的《孽海花》中，有一段文字以龚半伦第一人称叙述的方式，入木三分地刻画了其引英军火烧圆明园之事。

据说八国联军侵华战争爆发之后，慈禧太后派出恭亲王奕䜣与八国列强进行谈判。在谈判桌上，龚半伦赫然作为英国代表列席。

恭亲王怒火冲天，指着他的鼻子大骂：你蒙受国恩，如今国家有难，你反倒帮助外国人，你还是个人吗?

龚半伦反唇相讥：我父亲不得入翰林，我穷到靠外国人糊口，朝廷于我龚氏，何恩之有!

奕䜣“瞠目不能言”，不再说一句话。

人人都说，火烧圆明园时，龚半伦也盗取了大量珠宝金器，他将这些宝物变卖所得全部运往上海，花天酒地，滥赌滥嫖，最后发狂而死。

有如此荒唐的传言流传于世，倒也不负他这“半伦”的名号。

龚半伦到底是不是带领八国联军烧毁圆明园的罪魁祸首，我们不得而知，不过他当时的确就在英军当中，而且十有八九是该事件的旁观者。这么看来，至少他的确投降了英军，并且不怎么爱国。

龚半伦毁了龚自珍的一世清名。如果老龚同志泉下有知了，他必定是要起来改一改自己当年写过的诗：

“我劝天公重抖擞，杀了我儿祭先祖！”

赵元任夫妇：近代最朋克夫妻

他是个天才。

五岁就精通北京、保定、常熟、福州四地方言，十五岁时会用十几种语言与人交谈，十八岁时以全国第二的成绩考入美国康奈尔大学。

但他又是个叛逆少年，抽烟、酗酒、赌博样样都沾，不修边幅、满口脏话。小时候他是家里的熊孩子，读书时是班里的小混混。

同时，他还心比天高、没有耐心，一会儿想做电机工程师，一会儿又去学物理，修的是数学专业，偏偏跑去听心理学，还打算当语言学家，在校天天玩音乐，回国后又自称是学哲学的……总之，什么都学，兴趣三天一换，学问都是浮云，逃课才是正经。

读到这里，你以为这是个“伤仲永”的故事？

当然不是！且看他后来的成就：

他二十六岁拿到哈佛博士学位；他与梁启超、王国维、陈寅恪并称清华四大导师；他是中国现代语言学之父，精通三十三种方言和十门外语；他被清华、耶鲁、哈佛等数所名校聘为教授，头顶四校博士光环；他是美国东方学会（AOS）会长，一手创办“科学社”；他开启了中国音乐的新纪元，一曲《教我如何不想她》传唱至今……

这个玩世不恭的天才大师，就是赵元任。

01

1892 年，赵元任出生在天津的一个书香门第。

他祖父和父亲都是清朝举人，先祖是著名诗人赵翼（就是写“江山代有才人出，各领风骚数百年”的那位），母亲冯莱荪是当时著名的才女，尤擅诗词和昆曲。

在这样的家庭环境熏陶下，赵元任想没文化都难。从小他就显露出惊人的语言天赋，除了天津话，他还跟着奶妈学会了北京话和保定话。咱们外地人听这三地方言差不多，可年仅三岁的赵元任却能分辨出其中细微的差别，说得分毫不差。

五岁那年，他跟着父亲来到江苏常州，几天的工夫就跟着私塾先生学会了常州话，后来又从姨妈那儿学会了常熟话，从伯母那儿学会了福州话。

小小年纪，赵元任就精通六地方言了。

据说，他的听觉特别灵敏，只要听过的语言就绝不会忘记。

不过，别看他这么天才，小时候的赵元任可是个不折不扣的熊孩子，明明话说得贼溜，他偏要故作含糊，把“猫吃我的面”说成“毛次我的面”，大人们听不懂，被他耍得团团转，他却暗地里乐不可支。

十五岁时，赵元任考入南京江南高等学堂预科，大概是遇人不淑，他跟着朋友学会了抽烟喝酒，小小年纪成了个混世魔王，堪称街头一霸。不过，少年人的叛逆来得快去得也快，家里人不管他，他自个儿就意识到了错误，默默地戒掉了坏习惯。

此后数年，他开启“学神”模式，三年预科没读完，就考上了清华的官费留学生资格。为了出国，他挑灯夜读好几个晚上，自学了拉丁文，又以第二名的优异成绩获得了庚子赔款留美名额。

同期参加考试的还有胡适和竺可桢，胡适考了第五十五名，竺可桢考了第二十八名，比赵元任低了一百多分。这大概就是学霸和学神的区别吧。

02

1910年8月，赵元任东渡太平洋，来到美国康奈尔大学，主修数学。

即使在国外，这个天才也依然是人群中最闪耀的那一个。在期末考中，赵元任拿了三个一百分、一个九十九分，创下康奈尔建校以来最优秀的成绩。

可他并不是那种一心只读圣贤书的学痴，反而兴趣爱好相当广泛。虽然选的是数学专业，却一会儿想搞物理学，一会儿想学机电，一会儿又对语言学、哲学、逻辑学、心理学等文科学科感兴趣。怎么办呢?

赵元任没有做出抉择，他全都选了，一口气修了六七门副科，还都拿到了好成绩。

有段时间，他忽然不想上学了，想玩音乐，好在他的数学导师拉住了他，告诉他，他刚刚获得了数学和哲学研究生奖学金。看在奖学金的分儿上，他放弃了改修音乐的念头，不然美国音乐圈还有猫王什么事?

1915年，赵元任考上了哈佛研究生，攻读哲学和音乐，三年后就拿了个博士，被母校康奈尔大学聘为物理学讲师。

一般来说，一个人一旦学的科目杂了，就很容易博而不精，可赵元任却是郭靖、杨过那样的人才，博采众长，钻研至深，自成大师。胡适就曾说："每与人评论留美人物，辄常推常州赵君元任为第一。"

就拿他权当课余爱好学的音乐来说，人家都是学个吉他架子鼓，在校园里搞个乐队玩，他却创作了中国第一首独立作词作曲的学堂乐歌，还为厦门大学、东北大学、云南大学等多所高校制作校歌，写出了几百首脍炙人口的作品，被称为 20 世纪最优秀的中国作曲家。

有意思的是，作为一个数学生，我们人人头痛的微积分、线性代数，居然还被他玩出了花儿，拿来写乐谱！除了用数学写音乐，他还会用圆规画哲学思想的半径、用数学公式测吉他的音准、用各国语言解释相对论……

赵元任就是这样一位特立独行的少年，他在留学期间打扮邋遢，经常穿着皱巴巴的西服配着拖鞋就出门了，头发也可以好几个月不理，走在哈佛门口的街上，连小孩子都要对他喊：那家伙的头发该剪剪了！

当然，在哈佛，他还是干了很多正事的，比如创办"科学社"。

赵元任认为，中国之所以孱弱，就是因为科学不够发达。为了提倡科学，他在华人同学当中创办了一本《科学》杂志，成立了中国科学社。这可不是一批学生在校内弄个社团玩玩，科学社在华人中掀起了学习西方先进科学的热潮，社里的很多同学后来都成了中国最早的科学家。1915 年，爱迪生还曾亲笔致信，庆祝《科学》杂志创刊。

03

1920 年，赵元任突然辞职回国，原因不是为了报效祖国，而是要去退婚！

事情是这样的：赵家是书香世家，恪守传统，早在他十四岁那年，就由父母做主与一位陈小姐订了婚。如今年岁大了，两家长辈催着他们结婚，接受了外国自由思想熏陶的赵元任当然不干！于是，他以"陈小姐比我大两岁"为由，回国将婚事退了。

谁料不久之后，他倒是以百分百的热情去追求比他大三岁的杨步伟女士了。

说起杨步伟，她的人生绝对比赵元任更"朋克"。

她出身名门望族，却不像个传统淑女，而是从小打扮得像个男人，不缠足，也不学刺绣，家里人叫她"搅人精"，外头却称她"杨三少爷"。

"杨三少爷"六岁时就敢打民国总统黎元洪的屁股（当时还不是总统），刚上学堂就敢骂孔夫子浪费食物。她小时候也被家里人定了亲，对象是她堂哥，长大之后，她却敢当面给人写退婚书，将家里搅得天翻地覆。十六岁那年，她在参加入学考试时写出“女子者，国民之母也”，要知道，那是1905年的清朝，这句话在男权至上的社会无异于一声惊雷！

杨步伟和赵元任的相识也非常“朋克”。

当时，留洋归来的赵元任在清华大学当教授，学医的杨步伟则在北京开了中国第一家女性医院——森仁医院。

两人第一次相识，是在赵元任表哥家里。她问他：“你是学什么专业的？”

“哲学。”

“学点什么不好，干吗非学哲学？”

两人熟识以后，杨步伟打算把赵元任介绍给自己的闺蜜李贯中，哪晓得那两人没看对眼，赵元任反而对这位媒婆感兴趣了。

杨步伟是真正的“大女人”，脾气暴躁，还是个不折不扣的女权主义者，一般男子都不敢近她的身，到三十二岁还没嫁人，如今对这位比自己小上三岁的追求者，她在最初自然嗤之以鼻。

但爱情有时候就是这样不讲道理，它来得很迟，但这不影响它发展得迅猛又甜蜜。

04

1920年末，英国著名哲学家罗素来到中国讲学，赵元任担任他的翻译。

做罗素的翻译可不是件容易事儿，罗素是个老顽童，说话总爱用双关语，这时候精通英语和中文的语境就相当重要，而且他到全国各地讲学，当时普通话还不盛行，赵元任还得将这些英语翻译成各地的方言，把英国人的段子拿各省的土话歇后语去对应。

这么艰难的工作，除了赵元任基本没人可以担当，可赵元任却不是一位兢兢业业的好翻译，他还要忙着谈恋爱。

一天晚上，他好不容易和女神杨步伟约了次会，哪舍得走？于是便把翻译工作抛诸脑后。等他想起来正事儿，拉着杨步伟的手飞奔到大礼堂时，罗素已经尴尬地在讲台上站了半天了——就算他要说话，也没人懂啊！

当赵元任拉着一个漂亮姑娘冲进礼堂时，全场爆发出热烈的掌声，也不知是为了欢迎这位姗姗来迟的翻译，还是为了这个浪漫的场面。

后来在“全国巡演”期间，罗素病了，行程只能暂缓，赵元任于是抓紧时间和女神升华感情，顺便还翻译了童话经典《阿丽思漫游奇境记》，这本书成了他的翻译代表作。

1921年6月，赵元任终于抱得美人归，和杨步伟喜结连理。两人的婚礼办得相当新潮。他们请胡适和朱征吃了顿饭，算证婚人，然后去公园拍了张照片，做成通知书寄给几百个亲友，上面写着：

> 诸位：
>
> 接到这项消息的时候，我们已在1921年6月1日下午三点钟东经百二十度平均太阳标准时结了婚。
>
> 除了两个例外，贺礼绝对不收，例外一是书信、诗文，或音乐曲谱等，例外二是捐给中国科学社。

胡适在他家吃完饭后，就跑去给《晨报》透了消息，马上，“中国第一对博士夫妻”的号外就传遍了全国各地。

这么新潮又朋克的结婚方式，连罗素都说：“真是够激进的。”

05

两个人结婚以后，日子也过得相当有趣。赵元任是语言大家，杨步伟也会说好几种方言，于是两人就制定了日程表，今天说江西话，明天说湖南话……

赵元任会写歌，曾经给刘半农的《教我如何不想她》谱曲，曲声娓娓道来，像极了他写给妻子的情歌。

他和刘半农是朋友。刘半农曾经为了编一本《中国方言骂人专辑》而在报纸上刊登广告，征集骂人的话。赵元任一看，这不是自己的专长吗？便打了个飞的来到刘半农家，用全国各地的粗话把他骂了个狗血喷头，骂完扬长而去。

玩语言，他是专业的。

除了在方言上做文章，赵元任还喜欢各种文字游戏，比如他曾编过一个极好玩的单音故事，名为《施氏食狮史》：

> 石室诗士施氏，嗜狮，誓食十狮。氏时时适市视狮。十时，适十狮适

市。是时，适施氏适市。施氏视是十狮，恃矢势，使是十狮逝世。氏拾是十狮尸，适石室。石室湿，氏使侍拭石室。石室拭，氏始试食是十狮尸。食时，始识是十狮尸，实十石狮尸。试释是事。

还有一首《季姬击鸡记》也是他写的：

季姬寂，集鸡，鸡即棘鸡。棘鸡饥叽，季姬及箕稷济鸡。鸡既济，跻姬笈，季姬忌，急咭鸡，鸡急，继圾几，季姬急，即籍箕击鸡，箕疾击几伎，伎即齑，鸡叽集几基，季姬急极屐击鸡，鸡既殛，季姬激，即记《季姬击鸡记》。

全文只一个音节，却语意贯通，讲了个完整又有趣的故事。

女儿出生以后，赵元任又有了新的爱好。他非常注重对孩子的音乐熏陶，天天在女儿摇篮边弹钢琴。

有一次，女儿跟着哼歌，忽然不哼了，原来是要上厕所，可是赵元任却置之不理，直到将一首曲子弹完才起身，可怜小娃娃脸憋得通红，没忍住，弄得满床。杨步伟责怪他，他却说："小孩子的音乐基础很重要，怎么能把整段的曲子中断呢？"

当然，最后还是他百般求饶道了歉，这才了事，毕竟，赵元任妻管严是出了名的。

据说，国民政府曾邀请他出任南京中央大学校长，他回电五个字："干不了，谢谢。"而他说这五个字的原因是杨步伟不同意。

胡适曾经问过杨步伟："家里是谁说了算啊？"

杨步伟很给老公面子："小事我决定，大事当然他说了算。不过大事很少就是了。"

最后一句才是重点。

06

生活很平淡，可是赵元任很好玩，再平淡的日子也叫他变得丰富多彩起来。可惜当时时局混乱，平淡的生活最后竟然成为遥不可及的梦想。

抗战爆发后，两人为避战乱来到美国夏威夷大学，后又辗转哈佛、耶鲁，其间加入了美国国籍。

赵元任在欧美各国四处乱跑，担任过美国语言学会会长、美国艺术与科学院院士、中国中央研究院院士、美国东方学会会长……他一生学过无数专业，精通文、史、数、理、音各大学科，直到晚年才找到了自己的终身事业："索性做一个语言学家比任何其他都好。"

他说，他研究学问是因为好玩。

他喜欢把英文倒着发音来读，用磁带录下来倒放，听众听到的竟然是最纯正的英语发音。

他到法国参加会议，用地道的巴黎口音跟车站行李员套话，对方以为他是土生土长的巴黎人，还跟他说："你回来了啊，现在可不如从前了，巴黎穷了。"

他曾在中国举办过"口技"巡演，从北京沿京汉路南下，经河北到山西、陕西，出潼关，由河南入两湖、四川、云贵，再从两广绕江西、福建到江苏、浙江、安徽，由山东过渤海湾入东三省，最后入山海关返京，每到一地，便用当地方言说上一个小时，围观者无不以为他是本地人。

他说，自己一生中最快乐的事情，就是全世界的人都以为他是他们的老乡。

美国语言学界流传着这样一句话："赵先生永远不会错。"他当然会犯错，只不过大多是在妻子和女儿面前。在家里，他犯了错会挨杨步伟的骂，调皮起来要抢女儿的零食，然后继续挨妻子的骂。

1974年，周恩来接见两夫妻时，赵元任这样向总理介绍自己的爱人："她既是我的内务部长，又是我的外交部长。"

八十岁那年，老两口还兴致勃勃，跑到欧洲租了辆车，来了个环欧自驾游，一边写美食日记，一边做旅游攻略、民宿安利。

有人说，民国的奇女子很多，只有杨步伟拥有最美满的爱情。

也有人说，民国的才子大师有很多，但只有赵元任可爱至极。

两个人撞在一起，如天雷勾动了地火、宝塔镇住了河妖，你看他们满脑子稀奇古怪的东西，连研究学问这么正经的事儿都是为了"好玩"，到了八十岁还要学小年轻谈恋爱，这样志同道合的爱情，怎能不让人羡慕?

1981年3月，杨步伟溘然长逝。

爱人的离去，让赵元任悲痛万分，身体状况一日坏似一日，于次年2月24日跟随而去，享年九十岁。

书生气节，
文人风骨

范仲淹：居江湖之远为名士，处庙堂之高是能臣

论起宋朝的名臣士大夫，范仲淹绝对是值得大书特书的一个，单单那句“先天下之忧而忧，后天下之乐而乐”，就激励了后世无数仁人志士为国为民前赴后继。

后人把汉代张良、三国诸葛亮、唐朝狄仁杰、宋朝范仲淹合在一起，赞颂这四个人是千古人杰，无论在什么时间、什么地点，以他们的出身为人，都能成为光照千秋的伟大人物。

01

范仲淹祖上是官宦人家，只是到他这里已然家道中落。父亲亡故后，母亲带着他这个两岁的拖油瓶改嫁朱家，给他取名为朱说。

长大后他知道身世，大丈夫的万丈雄心让他告别母亲，来到宋朝四个京城之一的南京应天府（今河南商丘）读书，立志学不成不归家。

在大儒戚同文的门下，朱说学问长进飞速。在读书期间，虽然家庭贫困，但他性格坚毅，从不叫苦，困了就用冷水洗脸，饿了就用稀粥充饥，终于在宋真宗大中祥符八年成为乙科第九十七名进士，出任广德军司理参军，掌管当地讼狱事宜，官居九品。

当时的应天府书院就像现在的北大清华，毕业生考上科举进入仕途的多如牛毛。那一届，应天府中进士的有六七十人，朱说只是其中很普通的一个。

母亲过世后，朱说改回本姓，这才叫范仲淹，字希文。他为母守丧时居住在应天府，市长晏殊听闻他的大名，便请他回应天府书院任校长。任职期间，范校长提出学子要以天下兴亡为己任，严于律己，修行儒家正能量学术，保持砥砺名节、奋发向上的精神品质。

宋朝士大夫一贯积极向上，讲究修身、齐家、治国、平天下，这样的追求和范校长在应天府里倡导的精神是一致的。

02

地方业绩突出，治学声望日隆，朝野上下都知道了有个叫范仲淹的人了不起。

经宰相王曾、大臣晏殊等大力举荐，天圣八年（1028年），四十岁的范仲淹进入中央工作。其时宋仁宗已十九岁，但垂帘听政的皇太后刘娥依旧把持着朝廷，不许仁宗亲政。

按惯例，每年冬至这一天，皇帝会率领百官到会庆殿去给刘太后祝寿。多少年没有人提出异议，结果第一次到中央工作的范大炮就上书反对此事：皇帝以儿子的身份给太后母亲祝寿，这个可以有，但在家里就行了。和大臣们一起以臣子的身份给太后祝寿，这就乱了尊卑。

见太后和皇帝不回复，范大炮再次上书，这一回也不回避，直接要求太后还政给已成年的皇帝。这种绝对得罪皇太后的话，大大小小的官员都不敢提，老范却大剌剌地讲出来了。

推荐范仲淹入京的晏殊吓了一跳，责备道:希文啊！你太冲动了，难道为了名声，就这样轻率吗？你这样做，连我都给你害了！

范大炮却不客气地反驳：您举荐我，我每每怕自己不称职，会让知己蒙羞，难道今天因为直率就得罪了您？回到家里，他又给晏殊写了一封长信，洋洋洒洒讲了很多大道理，一点儿也不觉得自己有过错，搞得晏殊还得向他道歉：是我的错，行不？

不用想，第二年范仲淹就又到外地去当地方官了。不过离得远不影响他关心朝局，到了地方上，范仲淹依旧不停地给中央上书，对各种问题出谋献策，这让宋仁宗记住了他。明道二年（1033年），刘太后去世，仁宗立即把他重新调入中央工作。

这年冬天，郭皇后和其他后妃打架，一巴掌打在皇帝的脖子上，误伤了仁宗。仁宗大怒，要废掉皇后。宰相吕夷简和皇后有仇，支持仁宗，但范仲淹、孔道辅（孔子的四十五代孙）等大臣坚决反对。大殿上，他一把拉住吕夷简，问：皇帝皇后对臣子来说就是父母，哪有父母吵架子女劝离婚的？吕夷简哑口无言，只得说：你们明天见了陛下自己说。

第二天范仲淹等计划这样那样找皇帝理论，不料才走到待漏院，就有诏书来了，范仲淹外放睦州知州，其他人也都贬到外地。

忠直的范仲淹斗不过会揣摩圣意的吕夷简。

范仲淹就这样一次次进中央，再一次次被贬出来，可他还是大胆提意见，百折不挠。

朋友梅尧臣劝他少说话，老范写了篇《灵乌赋》作答："宁鸣而死，不默而生。"

03

宋仁宗宝元元年（1038 年），党项首领李元昊称帝，建西夏国，公然挑战大宋，在三川口之战大败宋军，天下震动。仁宗命大臣夏竦任总指挥，范仲淹和韩琦为副帅，到西北对付西夏。

范仲淹的战略是"屯田久防"，在战略要冲建起一系列城堡困住西夏人，同时不和西夏进行贸易，用积极防守、步步为营的方针，把经济上弱小的西夏国困死。

但主帅夏竦等人不同意，朝廷也想一口气吃掉李元昊以彰显国威，遂决定直接发起反攻。

宋军气势昂扬地出动了，可结果却是接连在好水川、定川寨两战中被西夏击败，损兵折将，人们这才觉得这位文人出身的范将军说得太正确了。

范仲淹以大顺城为中心，接连建起青涧城、鄜城等一串城堡，切断了西夏军的东进路线，宋军依托这些城堡，非常有效地阻止了西夏的扩张。之后，西北的大小羌族在范将军的招抚下多数都归附宋军，西北的情况逐渐稳定下来，一步步朝有利于大宋的方向发展。

范将军一边巩固城防，一边还慧眼识英雄，大力提拔了中下级军官狄青、种世衡等，这些人后来成为北宋西北军的中坚力量。

范仲淹对狄青说，作为一名将军不懂得历史，那就是匹夫之勇，之后还送给他一本《左氏春秋》。狄青大为感动，潜心研究，成为大宋一代名将。

种世衡创立了名扬天下的"种家军"，自己和种家子孙都成为西北军的栋梁。《水浒传》中讲，鲁达、王进等人在"小种经略相公"和"老种经略相公"手下工作，这两人就是种家将的代表。

有好用的方法，又有称心的兵将，范仲淹的战略方针越来越显出力量，难怪后来西夏军也对他极钦佩，说范老儿胸中有百万兵。很快，西夏经济上撑不下去了，战场上又得不到便宜，终于对大宋称臣，签订了"庆历和议"。

西北边疆平静下来，范仲淹的军事能力举世瞩目。

04

"先天下之忧而忧，后天下之乐而乐"是范仲淹的名句，一千多年来一直是仁人志士的座右铭。

范仲淹是这么说，也是这么做的。不论在哪个州府为领导，他都全身心为人民服务。

举一个例子，当初在泰州当市长时，他征集了四万多民夫，用五年时间，修筑了全长两百多里、跨越三个州的“捍海堤”，使沿海百姓的生活生产得到有效保障。为了纪念他，当地老百姓把这条堤取名叫“范公堤”。

用现代话来说，范仲淹做的是关乎国计民生的大事。

如今西北局面稳定，范仲淹回到中央任副宰相。一回朝中，没有半句虚言，他立刻开始大刀阔斧地淘汰那些不称职的冗余官员。大臣富弼说：您大笔挥一下，可就有一家人要哭喽！范仲淹则答：一家人哭，总比一个县、一个市的人都哭要来的好嘛！

范仲淹虽然看上去直脾气，不会拐弯，其实是个宽厚的人。他和富弼当政时，一伙海盗劫掠到高邮，高邮晁市长料到自己挡不住这些坏蛋，便动员了富户出钱，给海盗送吃送财，有了“慰劳”，海盗高兴地撤退了。

晁市长的做法有投机取巧之处，让朝廷觉得丢尽了脸面。富弼建议要“从重从严”地惩罚，但范仲淹说，如果高邮有兵力可以对付海盗，这样做就该杀，可如果高邮兵力不足，就样做就不能杀。仁宗听了范老的意见，从轻处罚了这位晁姓官员。

宋仁宗不愧是得了“仁”字做庙号的皇帝，处事一向仁和。有一次，仁宗又手软不忍下重罚，富弼对此不满，范仲淹却在和稀泥。

富弼从来都很尊重范老，叫他“六爷”，但这一次却当场发了脾气：六爷你想当佛爷吗？慈悲为怀是不是？

范仲淹却不生气，笑着道：等会再和你说，我有我的道理。

富弼脸臭臭地跟着他下朝，走到无人处人，范仲淹才对他说：现在皇帝很年轻，咱们不能教他轻易杀人。如果现在杀人杀到手滑，以后咱们这些人的脑袋只怕也保不住。

一席话让富弼心服口服，直鞠躬致礼：您太高明了！

范仲淹为国为民，但也食人间烟火。他在饶州任上，看中了官妓中的一名小姑娘。小姑娘年纪太小，回京时他没带上，可心里实在惦记，就给朋友魏介写去一首诗：

年年常有别离恨，已托东风干当来。

老魏是个明白人，看过信后把小姑娘给老范送了过去。

1052 年，六十四岁的范仲淹死于徐州，朝廷赠给他的谥号是“文正”，这是古代的文人士大夫能得到的最高表彰。

后世金元期间，才子元好问经过范仲淹的祠堂，景仰之至，写道：

> 文正范公，以布衣为名士，在州县为能吏，在边境为名将，在朝廷则又孔子所谓大臣者，求之千百年间，盖不一二见。

这话说得半点没夸张，是对“宋朝第一人物”范仲淹的真实评价。

黄道周：不愧一代完人

1644年，吴三桂"冲冠一怒为红颜"，献出了山海关，清兵大举南下。大明王朝许多平时道貌岸然的官员纷纷屈膝跪倒迎接多尔衮，投靠了清朝，中原最后一个由汉族建立的大一统封建王朝就此覆灭。

然而，并不是每一个人的膝盖都是弯曲的。

有一个人，自始至终都是态度坚决的抵抗派，并且最终也用行动诠释了绝不屈服的精神，就连他的敌人也对他赞誉有加。

这个人是一个书生，叫作黄道周。

01

黄道周生于明万历十三年（1585年），福建人，祖上可以追溯到唐朝的桂州刺史黄岸，但是到了黄道周出生的时候，家道已经中落，可以算得上贫寒。

黄道周自幼聪敏好学，十一岁即"善文章"，十四岁游学广东博罗，被称为"闽海才子"，年纪轻轻就名满天下，学问为人敬仰。然而他却不愿意做官，二十五岁的时候带着老母亲迁居到漳浦县城，一直隐居在此教书。

天启二年（1622年），黄道周出山，参加了当年的科考，一举得中，进入翰林院。当时的翰林院工作作风散漫，所有人上班都是无所事事，这让他深恶痛绝，当即写下一篇《矫轻警惰文》。从此之后，翰林院的状况大大好转，黄道周也因此得到了很多人的尊重。

黄道周通晓天文地理，工书善画，曾先后在浙江大涤、漳浦明诚堂、漳州紫阳等书院讲学，世人尊称其为石斋先生。对于他所涉及的领域之广泛、学问之精深，《明史》中有这样一句评价：

学贯古今，所至学者云集。

02

然而，黄道周最令人称道的也许并不是他的学问，而是他的铮铮铁骨！

崇祯年间，因为受到袁崇焕的牵连，大学士钱龙锡被皇上定为死罪，当时朝中大臣没有一个敢站出来为钱龙锡说话，生怕一不小心就惹怒了崇祯，引来杀身之祸。但是黄道周站出来了，直接跟崇祯说：

今杀累辅，徒有损于国。

你动不动就杀一个朝中大臣，知不知道这样对于国家来说伤害有多大？

崇祯本身就是脾气暴躁的人，一听黄道周这话，当时就怒了：你这是什么意思？我是皇上还是你是皇上？我咋治理国家用你教？你给我把话说清楚。

黄道周既然敢站出来，就不怕皇帝降罪，当时就发表了一场现场演讲，强调自己只是凭着一个臣子应该有的良心为国家、为社稷着想。

可是崇祯不管他这一套。

之前杀了那么多都没有人敢吭声，你黄道周算什么啊，敢跟我叫板？给我滚蛋吧，别再让我看见你。

黄道周说，让我滚蛋可以，但是钱龙锡就是不能杀。

最终，在黄道周的再三坚持下，钱龙锡躲过一死，但是黄道周也因此被罢了官。直到四年后，大臣们被杀的杀、关的关，朝中已经没有什么人了，就算暂时还在职的也由于惧怕皇帝喜怒无常的性格，个个噤若寒蝉、明哲保身，黄道周才又被推荐出来，重新回到朝中。

不过这一次的官场起伏，并没有让黄道周学会闭嘴，反倒闹出了更大的动静。

03

当时的天下千疮百孔，外有清军虎视眈眈，内有李自成犯上作乱，大明王朝已是风雨飘摇、疲于应付。

1638 年，时任兵部尚书的杨嗣昌提出了“攘外必先安内”的方针，建议先跟清军议和，把李自成等人收拾了之后再去跟清军死磕。

黄道周一听这个缺德主意就冒火了：这不是卖国吗？这不是丧权辱国吗？我们怎么能去跟外敌议和？我们当前的主要任务是励精图治，内忧外患一同消灭啊！

其实当时崇祯皇帝的心里还真是倾向于杨嗣昌的提议的，因为他已经应付得心力交瘁，只是因为碍于祖训，又顾忌着大明王朝的脸面，这才不敢答应和谈。

现在好不容易杨嗣昌把他的心里话说出来了，谁知道又被黄道周骂了个狗血淋头，崇祯心里那个恼火呀：怎么啥事儿都有你？你这一生的学问，我看就靠的是你那张破嘴吧？

> 一生学问只办的一张佞口。(《明史》)

黄道周一听皇上这样骂他，也发飙了，顾不上什么君臣礼仪，直言崇祯忠邪不分，实在是没有治理天下的能耐，并且说了一句让崇祯无法反驳的话：

> 忠佞二字，臣不敢不辩。臣在君父之前独独敢言为佞，岂在君父之前馋谄面谀者为忠乎？

崇祯哑口无言，但是自此他也算把黄道周给恨透了。黄道周被连贬六级，调到江西去当了个芝麻官。再后来又有人举荐黄道周，崇祯二话不说就将举荐他的人发配充军了。

不过这场辩论之后，朝堂之上也再无人敢提和谈的事。

04

即便崇祯苦苦支撑，大明王朝终究还是没有躲过覆灭的命运。明朝灭亡之后，黄道周在朱由崧的弘光政权里继续服务，只可惜弘光政权只是昙花一现，很快就玩儿完了。

黄道周又进入了南明隆武帝朱聿键的内阁。隆武帝还是比较奋发图强的一个皇帝，也比较信任黄道周，任命他为吏部尚书和兵部尚书。但是很可惜，隆武帝当时内有骄横跋扈的郑芝龙操控，外有鲁王的牵掣，一身抱负施展不开。

黄道周心急如焚，为了尽快打开南明小朝廷的局面，手中无兵又无权的黄道周毅然变卖了自己的所有家产，组织了一支几千人的队伍北上抗击清军，而这支队伍出发时仅仅有十来匹马和一个月的粮草。

出发之前，他的夫人蔡氏长叹：道周死得其所了。

明知是螳臂当车，明知此去必死，还奋然前往，可谓真英雄也。

只是那时候，明朝的正规军尚且抵挡不住清军的铁蹄，节节败退，黄道周组织的这一支队伍又如何能与风头正劲的清军抗衡呢？很快，黄道周的队伍就被击败，黄道周也被俘了。

清军派洪承畴来劝他投降，黄道周一脸蔑视地看着洪承畴，写下这样一副对联：

> 史笔流芳，虽未成功终可法；洪恩浩荡，不能报国反成仇（承畴）。

将史可法和洪承畴相比，让洪承畴羞愧难当。劝降不成，他上疏请求免了黄道周的死刑，清廷不准。

黄道周在狱中坚决不吃清军的食物，绝食十二天，这期间他的妻子蔡氏曾经来信，不提其他，只说了一句：

> 忠臣有国无家，勿内顾。

放心去吧，家里一切都好。

05

隆武二年（1646 年）三月五日，行刑的日子到了，黄道周盥洗更衣，取得纸墨，画了一幅长松怪石，并给家人留下遗言：

> 蹈仁不死，履险若夷；有陨自天，舍命不渝。

跟随他多年的老仆人在旁边痛哭流涕，黄道周安慰他说："吾为正义而死，是为考终，汝何哀？"

没什么好哭的，我是为正义而死，这是在尽忠。

去往刑场的路上，走到东华门的时候，黄道周停下了脚步，跟刽子手说：就让我死在这里吧，这里离高皇帝的寝陵比较近，不用去别的地方了。

接着黄道周向南方跪拜，撕破衣服，咬破手指，留下一封血书给家人：

> 纲常万古，节义千秋；天地知我，家人无忧。

临刑前黄道周大呼："天下岂有畏死黄道周哉！"据说，他的头被砍下来之后，身体仍然久久没有倒下。

消息传到福建，隆武帝"震悼罢朝"，特赐谥号"忠烈"，赠"文明伯"，并且下令在福州为黄道周立闽忠庙，另外在漳浦又立了一个报忠庙。

差不多一百年后，乾隆即位，编纂《贰臣传》，将那些为清兵入关尽心尽力的大明降臣们纷纷录了进去。乾隆对这些人深恶痛绝，却对黄道周赞不绝口，夸他"不愧一代完人"，并且改谥号为"忠端"。

06

也不是所有人都认同黄道周的做法。顾诚在《南明史》中说："黄非栋梁之材，守正而不能达变，敢于犯颜直谏而阔于事理，律己虽严而于世无补。"对于这句评论，我深以为然。

比如1638年（离明朝灭亡只有六年了），杨嗣昌、陈新甲、方一藻有家丧，崇祯帝因形势危急故，"夺情"起用，结果黄道周天天骂这三人不守孝道！

当时李自成、张献忠已经把国家搞空了，明朝无力支撑两边作战，清廷也有议和的想法，但黄道周说议和就是卖国，却又拿不出一点儿行之有效能解决问题的策略。后人常有假设，倘若当初明朝议和或迁都到南京，有崇祯在，也许还有机会。

最后他自己带着家丁殉国，这种精神在封建时代绝对是要提倡的。乾隆夸他，初衷非常简单，就是要弄一个忠君爱国的标杆给大臣学。那时候清廷已入关多年，社会稳定了，需要这些。可夸归夸，谥号却给得非常普通，"忠端"意思就是忠诚端正，换一个角度理解就是除了忠心没啥实际能力，对比乾隆给袁崇焕改谥号为"忠定"就可见了——以虑安民才可称为"定"。

铁铉：逆向而行，孤胆书生

01

公元 1399 年八月六日，朱元璋的第四个儿子朱棣以“清君侧”为名，起兵造了侄儿建文帝朱允炆的反。

所谓“清君侧”，是指建文帝身边有齐泰和黄子澄这两个“谋害皇室亲族”的奸臣，朱棣认为自己不能让他们继续害人，必须从肉体上予以消灭。

满朝文武那么多，朱棣为什么要拿这两个人做借口呢？因为正是这两个人撺掇建文帝削藩的。作为朱元璋亲封的藩王之一，朱棣自然不甘心任人宰割，诸多藩王中他的实力最强，有本钱与朝廷赌一把，于是他决定平定国难（靖难）。

朱棣还把他的这个决定写了一份报告发给了建文帝朱允炆，然后也不管皇帝批复不批复，就开始了行动，发动了“靖难之役”。

早在两天前，朱棣就控制了北平。那天，北平布政使张昺、都指挥使谢贵奉密诏派兵包围了朱棣的燕王府，结果被朱棣用计抓住，和他府内的几个叛徒一起砍了头。之后朱棣当机立断，连夜攻占了北平九门，控制了北平城。

那以后，朱棣的大军势如破竹，仅仅用十二天时间，先后拿下通州（主动归附）、蓟州、遵化（主动归附）、密云（主动归附）、居庸关、怀来、永平府（位于河北卢龙县，也是主动归附）。后来，为了防止大明的军队从松亭关偷袭北平，朱棣又用反间计促使松亭关发生内讧，守将卜万被逮捕下狱。

扫清北平周围后，本来实力就不弱的朱棣兵力又增加了不少。直到这时候，朱允炆才接到朱棣造反的报告，决定镇压。

02

要打仗了，朱允炆这才发现自己无将可用，因为可用的将领基本上被他爷爷杀得差不多了。无奈之下只好赶鸭子上架，六十五岁的老将耿炳文担起了平叛重任。

这个担子太重，起码有两千斤，而这位老将充其量只能担五十斤。耿炳文和他的三十万人马败得一塌糊涂。

耿炳文不行，朱允炆立即换人，这回换的是名将李文忠之子李景隆，朱允炆拜其为大将军，并增兵至五十万。

得知消息，朱棣高兴坏了，因为在他看来，这个所谓的名将之子不过是个只会纸上谈兵的绣花枕头。他料定赵括之失必然重演，燕军必胜，并提出李景隆有五个“必败”：

一、为将政令不修，纪律不整，上下异心，死生离志，必败；

二、今北地早寒，南卒裘褐不足，披冒霜雪，手足皲瘃，甚者堕指，又士无赢粮，马无宿槁，必败；

三、不量险易，深入趋利，必败；

四、贪而不治，智信不足，气盈而愎，仁勇俱无，威令不行，三军易挠，必败；

五、部曲喧哗，金鼓无节，好谀喜佞，专任小人，必败。

朱棣大概就是所谓的“知己知彼”了。

李景隆满怀信心地率军奔赴战场，不料出师不利，当年十一月初五，两军会战于郑村坝（位于今北京东二十里），李景隆丧师十多万，大量物资落入燕军之手。

李景隆打了败仗，退回德州。朱棣先是用反间计把辽东守将吴高弄下台，消除了东北方向的后顾之忧，然后决定打大同，目的是让政府军疲于奔命。

大同是代王封地，而且军事地位极其重要，这就意味着李景隆必须去救，不然就算朱棣弄不死他，朝廷也不会让他活。谁知他的军队刚出紫荆关，朱棣又带兵返回北平去了。李景隆带着军队在冰天雪地里马不停蹄地奔波了一个多月，最终白忙一场，兵力和装备都损失巨大，士气也跌到低谷。

欲哭无泪的李景隆居然写信给朱棣请求暂停：咱们别打了，休息一下行不？

03

此次佯攻大同，朱棣收获不小，一是使李景隆的军队成了疲惫之师，二是收编了从蒙古来投降的军队，三是保定府降燕。

建文二年，李景隆的兵力增至六十万，两军继续对阵。

政府军先是占了便宜，大败燕军，大将郭英还在燕军撤退之路上埋了地雷，导致燕军撤退时再遭重创。但在后来的战斗中，李景隆的帅旗被一阵旋风刮断，军中大乱，朱棣趁机绕到李景隆后方放火，大败政府军。李景隆和其他几股残军分别向西、南两个方向撤退，十多万人投降燕军，所有辎重一件也没带走，全部成了燕军的战利品。

大胜后的燕军不给撤退到德州的李景隆喘息之机，猛攻德州，李景隆不敌，再次逃跑，前往济南。

占领德州后，获得大量粮食补给的燕军紧接着直扑济南。此时的李景隆仅剩十多万残兵败将，人心涣散，战斗力几乎为零。再次吃了个大败仗后，李景隆带着剩余的人马，丢下济南城不顾，继续往南逃跑。朱棣率领燕军，把济南围得铁桶一般。

原以为济南城指日可下的朱棣万万没想到，他在济南遇到了克星，并且打了整整三个月，也未能攻下济南。

这个朱棣的克星名叫铁铉，时任山东参政，负责为李景隆督运粮饷。

李景隆跑了，河北及山东北部各城守军也都望风而溃，铁铉这个文弱书生不但没跑，反而火速赶往济南。此时的济南城中只有都指挥盛庸所部的少量人马，这也是个热血汉子，他接过铁铉递过来的血酒，一口干了，决心要和铁铉一起“以卵击石”，死守济南。

04

铁铉，今河南邓州人，元代色目人后裔，在太学读书时，因为成绩好被选授礼部给事中，后调任都督府断事，工作期间解决了不少悬而未决的案件，深得朱元璋器重，获赐字“鼎石”。

从他的履历上看，这是个货真价实的书生。

朱棣大概也觉得“百无一用是书生”，用不着打，吓也会把他吓跑。可是这个书生不但没被他的大军吓跑，还把溃败的士兵收拢起来，准备和他死磕，这不是笑话吗？朱棣不忍心看他的笑话，就给他写了一封劝降书，命人用箭射进城内。铁铉也给他回了一封信，却是一篇《周公辅成王论》，意思是：亲爱的朱先生，你就别造什么反了，还是效法辅佐侄子治理天下的周公，老老实实辅佐你侄儿吧。

给你面子你不要，就别怪我手下无情了！劝降不成，朱棣下令攻城。没想到几个残兵败将在铁铉的领导下，居然爆发出了惊人的战斗力，比李景隆的六十万大军还难对付，一连攻了三个月，济南城依然纹丝不动。

这太不科学了！

无计可施的朱棣决定玩儿阴的，他打算掘开黄河大堤，引水灌城。如果这招得逞，济南全城百姓都得遭殃，铁铉这才“服软”了。

算了，你别掘堤了，我们投降就是，反正打不过你，最后总归要投降，晚投不如早投。

为了显示投降的诚意，铁铉命人把城防设施全部撤掉，然后从百姓当中选了几位老大爷做使者，派他们到朱棣的大营跪伏请降。那些老大爷的演技不错，按照铁铉的吩咐，一到朱棣大营就跪下了，声泪俱下。

他们对朱棣说：都怪朝中那些该死的奸臣，不然大王您也不会冒着生命危险做这种事情。您是高皇帝的亲生儿子，我们则是高皇帝忠实的臣民，我们是一家人，既然是一家人，何必要搞得像两家人呢？我们都真心向您投降。再说城里大多是老百姓，手无缚鸡之力，也没打过仗，哪里有力量与您为敌呢？见了您的大军，我们都吓坏了，生怕自己死于非命，老百姓嘛，没别的追求，只希望保住这条小命。希望大王您能把大军退后十里，然后您单骑入城，我们一定恭迎您的大驾！

这才像话嘛。朱棣看着哆哆嗦嗦的几个老头，安慰了他们几句，让他们回去，并答应了他们的请求。

苦战几个月，朱棣和他的燕军也累了，不想打了，如果能不战而取济南，那是再好不过的。

待那几位老人走后，朱棣果然命令军队移营后退，他自己则骑着高头大马，像皇帝出巡那样大张黄罗伞盖，仅带了数骑护卫，大摇大摆地走过护城河桥，径自从西门入城受降去了。

05

来到城门前，果见城门大开，守城的士兵都聚集在城墙上往下看，像看稀奇之物一样，见了朱棣一行，都齐声高呼：千岁到！

眼看就要把济南收入囊中，一脸笑意的朱棣朝城墙上的士兵挥了挥手，不料这时从门拱上突然落下千斤铁闸，把朱棣的马脑壳砸得稀烂。朱棣吓得摔下马来，这才明白中了计了，急忙换了一匹马，在众人的护送下落荒而逃，捡了一条命。

暴跳如雷的朱棣集中所有兵力攻城，铁铉不但不怕，还伏在城头大骂朱棣反贼，不得好死，要下十八层地狱。气急败坏的朱棣调来军中所有的大炮，朝城内猛轰。

就在城墙即将被攻破之时，急中生智的铁铉命人拿来朱元璋的画像高高挂在城头，又亲自动手，写了一大批朱元璋的神主灵牌，这个垛口放一个，那个垛口放一个。燕军见状，哪里敢开炮打他们的高皇帝，只好住手。

济南城暂时得以保全，双方处于相持态势。

铁铉自知硬扛下去不是办法，必须另辟蹊径，于是把一些身强体壮的士兵组织起来，出其不意对燕军展开袭击，大破燕军，以至于“燕王愤甚，计无所出”。

这下怎么办？朱棣可怜巴巴地问军师姚广孝。

此时此刻，这个奇才也无计可施了，说：如今我们只好先回北平，然后再做打算。

看来也只好如此。朱棣长叹一声，下令撤军。

06

燕军撤了，铁铉却没想放过他们。他与大将军盛庸一起乘胜追击，收复了德州的几个郡县。朱允炆没想到这个书生如此了得，“遣官赐金慰劳济南守军”，铁铉官升一级，加兵部尚书衔。免于战火的济南百姓对铁铉感激涕零，称他为“城神”。

建文四年（1402年），在北平缓过气来的燕军再次南下进攻山东，却再也不敢碰济南，而是绕过了这块差点要了朱棣小命的硬骨头。他们很快便拿下了东阿、汶上、邹县、沛县、徐州等地，一路势如破竹，直到攻占京师南京。建文帝下落不明，朱棣自立为帝，是为明成祖，大明帝国从此进入了永乐时代。

这时候的济南成了一座“孤城”，称帝后的朱棣自然不会允许它存在，终于挥师复攻济南。济南终因寡不敌众被攻破，逃到淮南的铁铉中计被俘，押到京师后被朱棣凌迟处死。

那一年，铁铉三十七岁。

抓住铁铉后，朱棣曾命令铁铉给他跪下，但铁铉非但打死也不下跪，还骂不绝口。朱棣大怒，新仇旧恨算在一处，对铁铉进行了非人的折磨。朱棣命人割下他的耳朵和鼻子，塞入他嘴里，问他好不好吃，铁铉厉声回答，忠臣孝子的肉当然好吃。

铁铉被凌迟处死后，朱棣仍不解恨，吩咐左右架起油锅，把铁铉的骨架丢进油锅里炸。朱棣咬牙切齿地说：活着的时候你宁死也不屈服，如今你死了，非叫你屈服不可！

太监闻言，急忙用铁棍夹着铁铉的骨架，打算让其转身朝向朱棣，没想到油锅里突然传出一声巨响，爆炸的滚油像子弹一样射向太监们，太监们被烫得杀猪般叫起来。

> 油沸蹙溅起丈余，诸内侍手糜烂弃棒走，尸仍反背如故。

直到被炸得焦黑，铁铉的骨架也没有朝向朱棣。

朱棣称帝后，我该何去何从？

1402 年七月十三日，燕王朱棣扛着一杆“清君侧”的大旗，率领大军攻破金川门，占领了南京城，靖难宣告成功。

新公司要成立了，原来的老板朱允炆跟江南皮革厂的黄鹤一样一去无音讯了，咋办？

跟着新老板朱棣干？这可是个造反派啊，跟着他，村里的小母鸡会怎么看，鸭会怎么看，大鹅会怎么看？以后还要不要在圈里混？

可要是不跟着朱棣干，老东家朱允炆都不知道跑哪去了，一家老小不要吃喝吗？

01

就在朱棣进入南京城的前一晚，有几个人正在深深地焦虑着，其中一个就是解缙。

解缙是明朝有名的大才子，是开国皇帝朱元璋特别器重的一个人，十九岁的时候就已经受到老朱的亲自接见。在胡惟庸案发，老朱大开杀戒，遍地血雨腥风的时候，满朝文武都缩着脖子低着头装鸵鸟，是解缙气势汹汹地跟老朱说：你个当老板的整天没事老是折腾员工，以后谁还敢跟着你干？杀红了眼的朱元璋居然没有生气，并且还微微一笑接受了他的批评。

老朱识人是真有一套的，他明白地看出解缙是个人才，但是老朱也是有手段的。这么一个有才华青年他偏偏没有重用，而是在三年后将解缙赶回了老家，只撂下一句十年后再用。

解缙蒙了，灰溜溜地回到了老家，他不明白为什么会这样。

他不明白老朱的心思，老朱却知道他是个人才，只是觉得他太过年轻气盛，锋芒毕露，想要让他回去沉淀沉淀脾气，打磨打磨性子。老朱不用他，是想把他留给自己的孙子朱允炆。

不到十年，老朱死了，在老家昏天黑地过了七年的解缙觉得机会来了。他赶紧给在朝廷中的朋友写信送礼，终于又重新回到了帝都，在翰林院当上了一个小官。

可是这才干了几年啊，朱棣造了反，皇帝又要换人做了。

现在怎么办呢？是舍弃这好不容易重新得来的一切，留下一个好名声，还是把脸皮扔掉投靠新主？解缙决定找自己的两个好朋友来商量一下，这两个朋友也是他的老乡，一个叫胡广，一个叫王艮。

解缙是第七名进士出身，在我们看来算是相当厉害了，因为这可是全国所有考生里的前十名了，可是与他两个老乡相比，解缙这个进士就显得有点不够看了。

胡广是状元，王艮是榜眼，两人还是同一届的。第三名探花郎叫李贯，也是王艮和胡广的老乡，不过这一天晚上解缙只叫来了王、胡二人，所以李贯并没有出现。

很多人也许不知道，胡广的第一名其实本应该是王艮的。当初胡广和王艮在科举中都脱颖而出，一路过关斩将走到了皇帝面试这一关，也就是殿试。在殿试中，王艮的功力更深厚一些，获得了第一名。真是可喜可贺！十年寒窗终于有了回报，锦绣前程正在向王艮招手，当然也有他身后的胡广。

然而，意外发生了。老板朱允炆一看王艮，心里很不爽，没有别的原因，就因为王艮长得寒碜。于是老板大笔一挥，将本来是王艮的第一名改成了胡广。

可见，“看脸”这个事并不是现在才有啊。

以往，这几位曾经的举子会凑在一起回忆往昔、畅想未来，事到如今，树倒猢狲散，谁也没有心情再去吟风弄月玩文艺了，都在心里默默地思考自己到底该何去何从。

02

他们心里具体是怎么想的，没人知道，但是最起码解缙和胡广的发言都表明了一个观点：誓与反贼朱棣不共戴天，就算是死也不跟造反派同流合污。

这话说得慷慨激昂、大义凛然，真让人动容，只有王艮什么都没说，他只是坐在那里默默地流泪。

这也难怪，当年堂堂正正的状元因为长相不好，头衔就被老板一句话给了别人，王艮的心里不可能不对朱允炆有怨恨。

这一晚上的聚会是在胡广和王艮的邻居吴溥家中举行的，三个人结束聚会之后，在隔壁屋里的吴溥儿子钦佩地对自己的父亲说："胡叔能死，是大佳事。"能够舍生取义以死殉国，真叫人佩服。

吴溥微微一笑，摸了摸儿子的头：儿啊，太天真啦，如果这三个人真的有人会殉国的话，那一定是你王艮叔叔。

吴溥的儿子很不服气，刚想跟父亲理论一下，就听隔壁胡广的家里传来一句吆喝：外面乱得很，到处都是人，你们把门看好啊，别让谁钻进来把咱家猪给偷跑了！

外喧甚，谨视豚。

这声音不是别人，正是胡广。吴溥回头看了一眼儿子，面色沉重地说：想想看，到了这个时候还在关心着一头猪，他会去以死殉国？笑话！

两个人正在沉默，那边王艮的家里传来了哭声，原来王艮已经喝下毒酒，死了。

03

没有人知道，其实在朱棣即将要攻破南京城的时候，王艮就已经给妻子儿女留下了遗言：我的老板是朱允炆，是朱允炆给我发工资的，拿了人家的钱，就要对人家负责任，现在公司破产倒闭了，老板也找不到了，我也不打算活了。

食人之禄者，死人之事。无不可复生矣。

王艮用他的死表示了他对造反者朱棣的蔑视：你可以用武力夺取你想得到的，但是你不可能得到正义之士的心，我用死来告诉你，这个世界上还有一种东西，叫正气。

而曾经红光满面、慷慨激昂演讲的另外两个人呢？

大才子解缙回家之后没有片刻耽误，连夜收拾了东西到城外投靠了朱棣，跑得比兔子还快。史书中说"缙驰谒"，这个"驰"字用得可谓是非常传神。

另一个夸下海口说要殉国的胡广，则在第二天也干脆地投了降。不过胡广还是比解缙稍微硬气一点儿，毕竟是朱棣派人来喊他的，只是一喊就去了。

召至，叩头谢。

不知道他们得意扬扬地站在朱棣面前的时候，可曾想起过昨晚在王艮面前信誓旦旦讲的那些话？

04

顺便再提一下刚才说过的探花李贯。

李贯也投降了，这都可以理解，毕竟都是十年寒窗苦读，好不容易得来的功名，就算不为自己考虑，也得想想自己的老婆孩子。

但是这个李贯实在不太会办事。

朱棣的新公司组建成立，在一次上班的时候，朱棣翻出了以前朱允炆的一些文件，很多都是当时的老员工（现在重新投靠了朱棣）写给朱允炆的，内容大同小异：强烈要求将朱棣的小公司封杀了，因为他想要造反，自立门户。

朱棣开玩笑地问：说说吧，都有谁写过这样的东西？没人敢吭声，因为差不多在场的所有人都写过，但是他们不知道，其实朱棣只是想开个玩笑，用意也不过是要敲打他们一下——你们以前做的那些破事我都知道，以后老实点，咱们还能一起愉快地玩耍。

但是谁也没想到，这时候李贯说话了：我没写过，我从来没写过！语气甚是傲娇，说着还斜眼睥睨了一下周围那些低着头大气都不敢出的同事。

李贯自觉是个聪明人，他深信自己的这份聪明会给自己带来回报。

当然了，回报肯定是有的——老板朱棣走到他跟前，“啪”的一声把所有的文件摔在他的脸上：你觉得骄傲是吧？你还要不要点脸？作为前公司曾经的员工，在公司遇到困难的时候，你不想办法替老板出主意渡过难关，光领工资不干事，你怎么还有脸说出来？来人，把他给我拖下去弄死！

05

解缙在投靠新公司之后确实也被老板朱棣重用，负责修撰了《永乐大典》，然而骨子里喜欢投机的大才子却在自己不该过问的政治事件上犯了错误，被关进了大牢。

最终朱棣还是没能放过他。偶然一次，朱棣看到了监狱服刑人员的名单里居然有解缙的名字，他并没有大发善心将《永乐大典》的主编释放，而是说了一句看似莫名其妙的话：“缙犹在耶？”

这个解缙还在啊？

善解人意的锦衣卫纪纲明白了朱棣的意思——怎么他还没死？于是锦衣卫回到监狱，请解缙美美地喝了一顿大酒，把解缙灌得酩酊大醉，然后把他埋在雪堆里，活活冻死了。

气节是一个虚无缥缈的东西，平常没事的时候，谁都可以把它挂在嘴边，不时拿出来炫耀一下，然而这不是真正的气节。

真正的气节是在关乎自己身家性命的时候才能表现出来的，也只有那些真正的英雄才能把气节演绎得惊天动地。

比如王艮。

肆 让历史记住的女人，都有彪悍的人生

“预言家”许负

公元前221年，秦王嬴政扫荡六国一统天下，自称始皇帝，幻想其皇帝之位能千秋万代流传。

沉浸在喜悦中的秦始皇下令普天同庆，同时要求广泛搜集神异祥瑞之事来粉饰太平盛世。一时间，各地官员纷纷将本地的灵异事上报朝廷，以博取皇帝欢心。

各地上报的奏章中以河内郡所奏之事最为稀奇，奏章中说温城县令许望的妻子生了一个女儿，取名许负，一出生手中便握有玉块，玉上还依稀有八卦图的痕迹，更为稀奇的是该女出生百日便会说话。

秦始皇看过该奏章后非常高兴，认为此事在各地上报的祥瑞中当属最佳。他将此事昭告天下，名曰吉瑞之兆，并下令赏赐许望大量黄金。

许望此前已有了好几个儿子，正盼望得一个闺女，此时天遂人愿，本就心满意足，又意外得到了秦始皇对女儿的赏赐，更是喜出望外。他脸上洋溢着光彩，下决心一定要将女儿培养好，不辜负始皇帝的期望。

01

始皇帝对这个神奇的女孩异常关注，许望也不敢怠慢对女儿的教导和培养。

一晃许负四岁了，到了入学的年龄，许望出重金请来了当地最有学问的老先生做女儿的老师。

这位老先生给许负授课，一上来便一板一眼地背着手，一句句地说教起来。没想到，许负竟有天生过目不忘的本领，只要是老先生讲过的东西，她立刻便可以记住。短短半年，许负就已具备了成人的识字水平，而且所有教授过的文章，她都能倒背如流。

几年时光很快过去了，这一日许负完成了先生的课程，便把玩起那块随她一起降生的玉。

老先生趁女孩出神，将玉拿过来一看，惊奇地发现这玉上竟然刻着周文王的八卦图。老先生一时惊愕，看了许负良久，之后再上课便开始给许负讲《周易》。

老先生一开始还担心许负会听不懂或者不感兴趣，没想到许负竟然听得如痴如醉，还能不时地提出自己的见解。每次他向许负提问，许负也总能给出鞭辟入里的回答。他不禁感叹，只可惜不是个男娃，不然将来一定能成为一代宗师！

老先生怕自己学问不济误了许负，便主动向许负父亲提交了辞呈。临走前，他对许望语重心长地说道：你这个闺女一定要聘请高人教导才好，像我等凡夫俗子只会耽误了她！放眼当今世上，只有黄石公深谙鬼神不测之机，可以做令爱的师父！

02

许望按照老先生的指点，便带着许负来寻黄石公，但不巧的是黄石公多日前已外出云游四方。父女二人扑空，只能无奈地返回县城。

这一日，许负正在自家门口玩耍，一位鹤发童颜的老翁走过来问道：老翁我口干舌燥，姑娘能否行行好给我口水喝?

许负满口答应，跑回家中给老人端水，然而等她出来之时，那老人早已不知去向。许负到处寻找不见，正失落间，猛然看到地上有一卷黄绢，拿起来一看，上面赫然写着“心器密旨”四个字，仔细读来，里面记载的都是相面识人的奇术。

许负被书中的内容深深吸引住了，不禁双膝跪地，朝着老人可能离去的方向深深一拜，心中已然将此人认作了师父。

她没有料想到的是，这位老人正是她和父亲要寻找的那个黄石公。如此算来，许负和“汉初三杰”之一的张良还是同门师兄妹关系。

自从拿到这卷黄绢，许负便沉浸在相术的奥秘中不能自拔，用了几年时间，终于将书中的内容融会贯通。

有一天，许负的哥哥和一个玩伴在树林中用弹弓打鸟玩，许负去找哥哥，见到和哥哥一同玩耍的小玩伴，打量了他一番，说道：你母亲得了重病，你现在快回家带她去看郎中诊治，也许还能有救，去晚了就危险了！

玩伴将信将疑跑回家中，发现母亲正躺在床上呻吟，疼得额头上的汗珠子不停地往下滴。他见状立即将母亲背去郎中家中诊治，由于诊治及时，他母亲得救了。过后，他与母亲登门感谢许负的救命之恩。

这件事迅速传遍了整个县城，许负成了大街小巷热议的话题人物，被人们传颂为“活神仙”，找她看相算卦的人络绎不绝，许负的名气也越来越大。

03

许负一时之间声名鹊起，消息很快传到了秦朝都城咸阳，传到了秦始皇的耳朵里。秦始皇传下旨意，命令河内郡太守带许负进京觐见。

许负似乎早已预感到秦始皇要征召自己，她提前与父亲许望商量，要装病来躲避这次征召。

河内郡官员来到温县许负家中，却见到了病床上“垂死”的许负。加之许望向传旨的官员许了好处，官员们便回去回复始皇帝：天妒英才，许负已经病入膏肓，恐怕无法面见陛下了！

秦始皇听闻虽心中不悦，却也只能作罢。

送走河内郡官员，许望问女儿，你为何不愿接受皇帝的征召，这可是你扬名立万的好机会啊！

许负淡淡一笑：天下很快就要大乱了，我躲还来不及，现在去恐怕就要没命了。

许望听后大惊失色，赶紧捂住了许负的嘴，让她不要胡言乱语，此后他也禁止许负再给别人看相，唯恐女儿口无遮拦，给全家带来灾祸。

果不其然，公元前 210 年，秦始皇在巡视途中病逝，宦官赵高和丞相李斯两人密谋伪造遗诏，逼迫太子扶苏自杀，而后拥立了秦二世胡亥。秦二世刚刚继位，陈胜、吴广便在大泽乡揭竿起义，起义军迅速攻占了几座县城。其他地方听闻此事，也纷纷举兵响应，一时间大江南北烽烟四起，天下大乱。许负提前预测了这场大乱，不能不说其相术已经出神入化。

许负的父亲许望是朝廷官员，乱局之中又怎么能独善其身。很快，许望治理的温县便迎来了一波不速之客。

04

是该随着陈胜、吴广揭竿起义，还是该继续效力朝廷，镇压起义军，许望举棋不定。

许望想起了女儿曾经的预言，心中不禁佩服，于是便找来女儿商量。

许负笃定地对父亲说，应立即与暴秦决裂，不过现下我们不能马上举起反抗大旗，而是应招贤纳士，以待天时。许望听罢不再犹豫，在属地内征集民夫扩充军队，慢慢竟也募集到了两千人。同时他还修缮城池，加强巡视，以图保全自身，并且随时准备举旗反秦。

此时刘邦率军经过附近，听闻有一个许负擅长看相，便很想到府上拜见一下，让她为自己看上一看。他还听说温县县令许望正在招贤纳士，修缮城池，有举兵反秦之心，也希望通过此行能够收服许望，为自己所用。

刘邦带着萧何、曹参、陈平和周勃来到温县城下。周勃向城上自报家门道：我等听闻县令大人正在募军，特来投奔，请打开城门放我等进城！曹参也跟着起哄：快打开城门让我等进去！

许负和哥哥们正带着兵士巡视，听闻有人吵着要进城，就赶来查看。许负从城上向下望去，只见城门下五人个个气度不凡，心中不由大为惊讶，便对哥哥们道：这五个人均非凡品，听刚才说话声音洪亮底气又足，个个都有大将风度，我觉得很有可能是陈胜、吴广派来的特使，我得亲自出城看一看。

许负单骑出城，至五人跟前，彬彬有礼地道：小女是温县县令许望之女许负，特来相迎。

刘邦听闻面前的竟然就是名声遐迩的活神仙，赶紧说明此番来意：我等特来拜访许大人，顺便请相师为我等看相。

许负将五人稍加抚慰之后便快马回城，向父亲许望禀报，说门口五人皆是人中龙凤，只要投奔他们，日后大业可成。

05

许望赶忙出城相迎，这样一来反倒让刘邦有点受宠若惊了。

许望对刘邦推心置腹地说：许某早已决心诛灭暴秦，只恨无门路投奔起义军，今日得见将军，愿意忠心追随将军，肝脑涂地，在所不辞。

刘邦有点尴尬：其实此次前来只为请小姐帮我等看相。

许负便说，我方才在城外已经为各位相面，刘将军龙行虎步，有帝王之命，其他四位大人乃是位极人臣的宰辅，我父亲早有反秦之心，因此才要投奔刘将军。

刘邦不禁又惊又喜，便一口答允，将许望等收揽至麾下。自此之后，许望和三个儿子一直追随刘邦，直至刘邦入驻咸阳，秦朝灭亡，许望一家才重新回到温县。

然而秦虽灭亡，战争却没有结束。很快，天下就迎来了楚汉之争，楚霸王项羽和汉王刘邦开始争夺那个至尊之位。

在手下的十八方诸侯中，刘邦将魏王豹分封到了战国时期魏国故地，温县也在其管辖范围内。魏王的岳母魏媪听闻许负的大名，便请她来魏王宫中，给魏王豹的夫人、自己的女儿薄姬相面。

许负面见薄姬，相看一番后道：夫人是大富大贵的相貌，日后生了孩子定能做天子。

魏王豹心中大喜，赏赐了许负很多财物，并自此决心背叛刘邦，自成一股势力，还与项羽联手攻汉。却不料他很快被韩信打败，最终死于刘邦之手。

> 及诸侯畔秦，魏豹立为魏王，而魏媪内其女于魏宫。媪之许负所相，相薄姬，云当生天子……豹初与汉击楚，及闻许负言，心独喜，因背汉而畔，中立，更与楚连和。(《史记》)

魏王豹已死，难道许负对薄姬的预言竟然出了错？

当然不是！

汉军俘虏了魏王豹的家眷后，将他们送往长安，在汉宫中充当杂役。有一天刘邦闲暇无事独自在宫中散步，碰到了貌美如花的薄姬，不禁被其美色吸引，便宠幸了她。薄姬被宠幸后有孕，生下一个儿子，取名刘恒。

许负听闻薄姬生产，进宫拜见刘邦，进言道：天下又将动荡，为了刘姓血脉能代代相传，请将这个婴儿尽快分封到外地去，以免受到波及。

高祖将信将疑，因为此时他已荡平韩信、彭越等异姓诸侯王，天下当无动荡的可能，但是又考虑到许负未卜先知的本领从未出过错，便将年幼的刘恒封为代王，送至遥远的代国。

代国在汉朝的最北边，属于苦寒之地，但是为了刘姓皇室的百年大计，刘邦最终还是听信了许负的话。

后来汉高祖刘邦驾崩，吕太后在执政的十八年中，先后杀死了刘邦的儿子刘如意、刘恢和刘友，还杀死了诸多刘邦的孙子，刘姓血脉几乎被消除殆尽。

但由于刘恒年幼时便被放逐在外，他的母亲薄姬也不受刘邦宠爱，吕太后便不觉得这对不受刘邦待见的母子有什么威胁，还将薄姬送往代国与儿子团聚，这母子二人因此躲过一劫。

吕太后死后，大臣们诛灭诸吕，将代王刘恒从封地迎回长安，拥立为帝，这也就是历史上的汉文帝。汉文帝即位后，以陈平、周勃为左右丞相，立生母薄姬为太后。

当年刘邦初称帝，便拜萧何为相，萧何死后曹参继任，如今陈平、周勃也成了丞相，至此，当年温县城下五人的命运被许负全部言中。

汉文帝听母亲薄太后讲述了当年的故事，知道是许负力劝汉高祖将自己外放代国，这才保全了他们母子。因感念许负保护自己和母亲的功劳，汉文帝认许负为自己的义母，许负的丈夫裴钺为义父，并同时封两人为侯爵。

06

汉文帝在位期间，许负多次出入宫廷。

有一次汉文帝特意将许负请到宫中，让她为自己身边的两个宠臣邓通和周亚夫（周勃的次子）看相。此时这两人都备受汉文帝宠信，正是意气风发的时候。邓通几乎天天和汉文帝同床而卧，而周亚夫也因治军有方得到汉文帝器重。

许负仔细看过二人的面相后，淡淡地说：你二人都有大富大贵的命，尤其是周将军，还会被封为侯爵，但是最终你们都会被饿死。

汉文帝和邓、周二人都哈哈大笑，尤其是周亚夫，他说：我哥哥已经承继了父亲的爵位，我怎么还会封爵位？而我既然要封为侯爵，又怎么还会饿死？

> 条侯亚夫自未侯为河内守时，许负相之，曰："君后三岁而侯。侯八岁为将相，持国秉，贵重矣，于人臣无两。其后九岁而君饿死。"亚夫笑曰："臣之兄已代父侯矣，有如卒，子当代，亚夫何说侯乎？然既已贵如负言，又何说饿死？指示我。"许负指其口曰："有从理入口，此饿死法也。"（《史记》）

然而两人的命运不幸又被许负言中了。

周亚夫后来被封为条侯，汉景帝时期因平定七国之乱战功显赫位及丞相，但后来受到儿子牵连，被下狱治罪，最后饿死在监狱中。

邓通更是不得了，可以说富可敌国，汉文帝还曾赏赐给他一座铜山，方便他铸造铜钱。但是汉文帝死后，汉景帝一继位，便将他免官抄家。最后邓通到处乞讨，饿死在了大街上。

07

一代神相许负如同她师兄张良一样，相术堪称活神仙，更不乏人生智慧，自然知道急流勇退的道理。

这一年许负五十岁了，汉文帝为这位义母举办了盛大的庆典。庆典之上，许负向汉文帝提出要归隐山林著书立说，从此便消失在了人们的视野中。

据传许负一直活到八十多岁，而《史记》中记载的汉武帝时期第一大侠郭解，便是她的外孙。

李娘子是铁娘子：打江山不只是男人的事

她，生来尊贵，父亲是开国皇帝，兄长更是千古一帝；她，生于乱世，见过最残酷的战场，也见过最昌明的太平。她本可做深闺里最娇媚的公主，却统领着千军万马；她为父兄打下半壁江山，却遭遇了最无耻的抹黑。

她是初唐威名赫赫的“李娘子”——平阳昭公主。

01

平阳昭公主的闺名为何，史书里并没有记载，民间传奇话本倒给她取了个名字，叫李秀宁。

有人说，平阳公主是古今中外历史上最逆天的女主设定。为什么说逆天？不仅仅因为她出身豪门，更因为她生为女流，却能单枪匹马，拉起一支队伍，与父兄共打天下。

平阳是李渊的第三个女儿，也是李世民一母同胞的亲妹妹，她出生的时候，李渊还是太原留守，并没有做皇帝。

那时，隋末农民起义如星星之火，随时可以燎原，隋朝的江山风雨飘摇。作为武将世家之女，平阳并没有和其他闺阁小姐一样成日里刺绣插花，她最喜欢的，是学着她的兄长们在院子里练武。她性格豪爽，天资聪颖，竟将十八般武艺学得有模有样，什么刀枪剑戟，全都信手拈来。

其母窦氏是个传统的人，觉得女儿成日里像个假小子一般舞刀弄剑，实在不成体统，于是给她找了门亲事，对方是同样出身将门、曾为元德太子（隋炀帝长子）伴读的柴绍。柴绍少年英才，前途一片光明，两人成婚后，就搬到了长安城居住。

那个时候，平阳波澜壮阔的人生还没有开启，她收敛了性子，每日相夫教子，恪守着一个平凡妻子的本分。

02

所谓“金鳞岂是池中物，一遇风云便化龙”，隋大业十三年，李渊在太原起兵造反。

起兵前夕，柴绍与平阳才得知消息，作为中国好女婿，柴绍自然义不容辞，头也不回地加入了轰轰烈烈的李渊起义大军。临行之前，他对妻子说，你老爹马上就要扫平乱世，我也要跟随他的脚步去了，要是咱们俩一起去，目标太大，可我若是一个人去了，把你一个女人留在这豺狼虎豹环伺的长安城，也不像样，这可怎么办？

夫妻俩一商量，平阳镇静地说，你赶紧走吧，我就是一女的，藏哪儿都可以，到时候自有办法。

于是柴绍又嘱咐一番，离家直奔太原。

> 绍谓公主曰：“尊公将扫清多难，绍欲迎接义旗；同去则不可，独行恐罹后患，为计若何？”公主曰：“君宜速去。我一妇人，临时易可藏隐，当别自为计矣。”（《旧唐书》）

平阳没有像其他的妇人那样翘首以盼，等着夫君与父兄来拯救，而是暗自寻思，他们都扛起锄头干革命了，我该干点啥？最终她得出了结论：我为什么不跟老爹一样，拉支队伍，把眼下的地界打扫打扫，占个山头呢？

女人打天下，这是古往今来从未有人敢想的事情，可平阳敢做。

平阳的行动力是很强的，她马上南下，回到鄠县的李家庄园，变卖产业，赈济灾民，在民众之间建起了很高的声望。这个时候她揭竿而起，乡民们无不一呼百应，很快凑齐了四五百人。

这一支小部队是平阳打天下的第一桶金，但她并不满足，无时无刻不在想着怎样才能把蛋糕做大。

古时男女有别，为了方便行事，平阳脱下了累赘繁复的绫罗绸缎，换上了束腰马甲，女扮男装，自称李公子。李公子长得细皮嫩肉，行事却雷厉风行，众人都对她万分敬服。

就在平阳威风八面时，李家其他的女眷们却被隋朝的官兵逼迫着，一个个成了刀下亡魂。

李渊起事太急，家里的男儿们都上了战场，却来不及将李家族亲的女眷全部都转移到安全地带。隋朝的反扑来得那样猛烈，竟将她们全部都祭了刀。李建成的妻子儿女、李渊的众多子侄都没能逃出来，连李家的祖坟都让隋军给刨了。

平阳有些后怕，若是当初自己也傻傻地在长安城待着，等父兄攻破城门时，哪里还有她的命在?

03

依靠自身卓越的政治军事才能，平阳带领着自己的小队伍四处联络义军，收编了何潘仁、李仲文、向善志、丘师利等大小几支队伍，实力大增，与父亲李渊的起义军形成呼应之势。她还收编了不少杂牌军，虽是乌合之众，倒也因为她治军有方，成了一支指哪打哪的生力军。

平阳声名鹊起，引起了隋炀帝的注意，不断发兵攻打。她充分发挥游击战术，一次次化解危机，她的队伍也越打人越多，最后竟发展成了数万人的浩荡大军。

羽翼丰满后，平阳终于脱下战袍，换上旧日红装，向众人表明了自己的女儿身份，并且告知诸人：我乃唐国公李渊女，你们可愿随我一起效忠李家?

众将士皆欢呼，“李公子”原来竟是“李娘子”！身为女儿家，她与男人一样冲锋陷阵，当真是巾帼不让须眉!

由于平阳的军队纪律严明，每到一处皆开仓放粮，很受老百姓的爱戴，老百姓都亲切称她李娘子，把她的队伍叫作娘子军。娘子军威名远扬，人们千里投奔，一时之间，平阳的名号倒比李建成与李世民的名头叫得还响。

平阳公主在军事上的直觉与见地堪称天才。隋朝大将屈突通奉命镇压起义时，曾多次与娘子军对上，在她手下连吃几场大败仗，最终被迫降唐，转过头来为李家开疆拓土，成为凌烟阁二十四功臣之一。

公元617年九月，李渊主力渡过黄河进入关中，这时他很高兴地看到他的三女儿已经为他在关中打下了一大片地盘。都说女儿是爹妈的贴心小棉袄，平阳却为李渊盖上了一床大厚被，不但大大扩展了疆土，还直接送上七万战斗力爆表的精锐部队!

我要是李渊，当场就能感动得哭出来。

不过李渊还没来得及哭，柴绍已经哭了。他们这一对乱世夫妻分别数年，如今终于又得相见，而且还都成了威震一方的大将。

平定关中以后，平阳获封公主，由于其卓越的军事领导能力，地位远在其余公主甚至皇子之上。

04

在李渊称帝以后，中原并未完全平定，平阳也没有卸甲归家，而是奉命去镇守山西。

山西太原是李家的老窝，更是龙兴之地，无论在地理位置、战略方位还是政治意义上都至关重要，平阳能镇守于此，可见李渊对她的依仗和信赖。

她驻守的地方位于今天山西省平定县东北的绵山上，是出入山西的咽喉，原名苇泽关，因为是娘子军驻守于此，后人便又将它称为“娘子关”，这就是如今大名鼎鼎的万里长城第九关了。明朝的王世贞曾为此作诗云：

> 夫人城北走降氐，娘子关前高义旗。
> 今日关头成独笑，可无巾帼赠男儿。

平阳驻守娘子关，凭借天险，一次次击败了来犯之敌。

汉东王刘黑闼率领大军进攻时，敌我兵力悬殊，平阳大唱空城计，命人将田里的麦子收了，用新米熬制了无数米汤，又趁着夜色全部倒进了护城河。

将士们都以为公主疯了，放着粮食不吃，反倒这样作践。而刘黑闼见了却以为是马尿，他派人来探，见娘子关前城楼上旌旗飘飘，喊声雷动，战鼓喧天，显然是援兵已到。

光“马尿”就能将护城河水染得变了色，那城中该埋伏着多少兵马？刘黑闼吓得屁滚尿流，连忙撤退。当他们反应过来这只是一出疑兵计时，太原的援军已到，悔之晚矣。

平阳的事迹在长安之战后不再见于史籍，只《旧唐书》里有一句非常简单的交代：

> （武德）六年，薨。

一个“薨”字，成了这位初唐第一公主的结局，将她烽火狼烟的一生都埋葬在了娘子关前的漠漠黄沙之中。

算一算她的生卒年份，这时候她应该只有二十几岁，是英年早逝。

她为何而死？是病死、战死，还是猝死？没有人知道。

史书里，不肯多用一字来讲明公主去世的缘由，倒是极为郑重地描绘了她的葬礼。

> 及将葬，诏加前后部羽葆鼓吹、大辂、麾幢、班剑四十人、虎贲甲卒。太常奏议，以礼，妇人无鼓吹。高祖曰："鼓吹，军乐也。往者公主于司竹举兵以应义旗，亲执金鼓，有克定之勋。周之文母，列于十乱；公主功参佐命，非常妇人之所匹也。何得无鼓吹！"遂特加之，以旌殊绩；仍令所司按谥法"明德有功曰昭"，谥公主为"昭"。

平阳公主的谥号为"昭"。历史上，拥有谥号的公主并不多，而等得到如此高的赞许的，更是绝无仅有。

她是历史上唯一一个以军礼下葬的公主，荣光万丈。

有大臣质疑这样不合礼法，被李渊直接驳回：没有这样的先例，是因为以前没有这样的女人！古往今来，有哪个女人能像她那样？又有哪个女人可与她比肩？她的葬礼岂能没有鼓乐？

05

《新唐书》中写李娘子："乃申法誓众，禁剽夺，远近咸附，勒兵七万，威振关中。"李渊也赞誉自己的这位女儿是"公主功参佐命，非常妇人之所匹也"。

但就是这样一位横扫千军、巾帼不让须眉的传奇公主，却在死后，遭到了极为恶毒的诬蔑与诋毁。

故事发生在李渊起兵之前。当时平阳尚且还是豆蔻年华的少女，一日出门贪玩，彻夜未归。

那时候，农民起义早就遍地，外头的世界乱糟糟的，可怕得很，平阳一介纤纤女流，莫非是被流民给掳走了？家人找了几个月也无果，却在之后的某一天，平阳自己现了身。

她带着一个戏班子回来了，对家人说那戏班的班主是她的救命恩人。

据传，在平阳失踪的那段时间里，她是被流民裹挟着出了城，遭遇匪徒，被卖进了长安城的妓院，沦为娼妓。她在妓院里受尽折磨，直到被同样在青楼里卖艺的戏班班主救出，才一路逃回太原。

长安到太原相隔迢迢，平阳乔装成班主的女儿，一路上走江湖卖艺，学了一身耍刀枪的本领，还学会了走江湖拉人脉的本事，这对她后来组建起义军有很大帮助。

在民间传说里，还绘声绘色地讲道，李唐皇室为了自己的声誉，把“三公主沦为娼妓、带戏班认亲”的故事从《旧唐书》中抹去了。

这自然是无稽之谈。且不论堂堂国公之女是否会被流民绑架，只说长安跟太原隔了六七百公里，乱世之中路途更不好走，哪个人贩子会将人卖这么远？

这样一位奇女子、女英雄，却被市井小人写进无聊戏本，当了坊间笑谈。

身为女子，在古代便是有这样多的为难处。

你能指挥千军万马又如何？你为大唐打下了小半江山又如何？你受黎民百姓敬仰又如何？人们只关心她的父兄是谁、她是否有过不堪往事，而不愿去了解一位巾帼公主身上的荣光与血泪。

唐朝是女强人的时代，有贤后垂范百世，有女皇指点江山，有杨贵妃起舞，有鱼玄机赋诗。大唐盛世，千古风流，注定有荣耀万丈，能彪炳史册，而开启这壮丽诗篇的第一个奇女子，便是这位平阳昭公主，堂堂李娘子！

年轻太后，战争狂魔

01

中国历史上有这么一个王朝，它存在了整整一百八十九年，多次打败中原政权，也曾开创盛世，但在人们的印象里却一直没啥存在感。要不是金庸写了本《天龙八部》，描绘了一个娇柔美丽的西夏公主，或许很多人压根儿就不记得，西夏在一千年前也是个赫赫有名的帝国。

西夏由党项人建立，开国皇帝叫李元昊。建国之初实力较弱，曾臣服于北宋。但李元昊称帝后，西夏很快就跟宋仁宗翻了脸，连打四场大胜仗，消灭了北宋在西北的精锐数万人。1044 年，西夏又跟辽撕破脸皮，在河曲（今内蒙古境内）打败了御驾亲征的辽兴宗。

数年时间，西夏李元昊连胜辽、宋，不可一世，开始飘飘然了。他嘴上喊着要推行汉化改革，却放不下游牧民族的落后传统，趁儿子令宁哥不注意，把儿媳妇抢了过来做了自己老婆。

令宁哥心里那个恨啊，于是在一个夜黑风高的夜晚，偷偷潜入李元昊宫中，将老爹的鼻子给割了。李元昊半夜痛醒，血尽而亡，从此，西夏纵横南北的时代过去了。

皇帝突然暴毙，自然在朝堂上引起了一番动荡，储君之争一触即发。

李元昊一共有六个儿子，可惜命都不太好。大儿子因为长得不像爹，出生不久就被赐死了；二儿子跟着老妈玩宫斗，失败，被沉河淹死；三儿子曾被立为太子，结果练气功的时候把自己憋死了；四儿子就是那弑君杀父的令宁哥，争夺皇位失败被杀；五儿子小时候就夭折了。这么数下来，只有六儿子李谅祚靠着他那有本事的老妈一路宫斗，安安稳稳坐了皇位。

李谅祚登基的时候才一岁，奶还没断呢，国家大权自然落入了他母亲没藏氏手中，西夏王朝女人专政的时代由此开启。

02

没藏氏有西夏艳后之称，她作为皇太后垂帘听政的那一年还不满二十岁，但她的政治手腕却一点儿不比吕雉、武则天差。

她原是大臣野利遇乞的老婆，因为太漂亮被李元昊看中，强抢为妻，靠着帝王宠爱在后宫里地位一路高升。李元昊死后，她依仗母家势力干掉了凶悍的野利皇后与太子宁令哥，将自己尚在襁褓中的孩子扶上帝位。

当上皇太后没多久，她就和大臣、侍卫私通，其情夫李守贵的权势迅速扩张，最后竟生出野心。数年之后，在没藏太后出门打猎的途中，李守贵派人将她杀害了，一代铁血太后就此香消玉殒。

但没藏家族的荣光并没有就此结束。没藏皇后的兄长没藏讹庞因外戚身份手握大权，在小皇帝九岁那年，强行把自己的女儿许配给了他，这就是历史上的小没藏皇后。小皇后远没有她姑母那样厉害，只是她爹的一个傀儡。当然了，也是因为她成婚时年龄实在太小，只有七八岁，牙都没长齐呢，何谈操纵朝局。

随着皇帝李谅祚渐渐长大，他越来越不满舅舅没藏讹庞在朝堂上作威作福，而他选择的报复方法，就是跟舅舅的儿媳妇梁氏私通。顺嘴一提，那一年李谅祚十三岁。

公元 1061 年 4 月，梁氏向皇帝告密，说没藏讹庞已经知道了两个人的奸情，准备杀了李谅祚，另立新君。于是李谅祚先下手为强，在没藏讹庞上朝时埋伏了刀斧手，将其诛杀，随后废黜十几岁的小皇后，另立梁氏为后。

03

这个由表嫂变老婆的梁氏，就是西夏历史上著名的战争狂人梁太后。

她原是汉人之女，当上皇后之后，一家子鸡犬升天，权势欲望也在生根发芽。

李谅祚在 1067 年与北宋作战时受重伤，不治身亡，年仅二十一岁。梁氏的孩子李炳常登基，梁氏作为太后垂帘听政，而那一年，她才刚刚二十岁。

对年轻的梁太后来说，最大的危机不是来自外部，而是朝堂内部对她汉人身份的质疑：非我族类，其心必异！党项人的国家，怎能容一个汉女发号施令？

为了讨好党项贵族，梁太后把自己扮得比任何一个党项人都像党项人。她废除了李元昊和李谅祚两代皇帝做的一切汉化改革，撕毁宋夏合约，对中原地区的汉族人发动了旷日持久的战争。

在两国的永乐城之战中，宋朝损失“士卒、役夫二十余万”，打得宋神宗对朝臣们痛哭失声，从此以后，北宋再无力对西夏发动大规模攻势。但西夏也因连年征战陷入经济危机，无数良田成旷野，国力逐渐衰弱，最终被辽捡了便宜。

1085 年，梁太后病死，小皇帝终于亲政，却在第二年患病，跟着他娘驾鹤西去了，将一堆烂摊子扔给了年仅三岁的太子。

于是历史又一次循环重演，太子生母梁皇后，也就是梁太后的亲侄女，史称小梁太后，在二十岁的年纪临朝听政。小梁太后自小骄矜，治国理政的手段全来自她姑母，学得是一模一样。她不顾实际情况，频繁发动侵宋战争，继续消耗着西夏的国力。

当时的辽虽然也在走下坡路，不过瘦死的骆驼比马大，西夏难以捋其虎须，只能年年上供。偏小梁太后不信这个邪，在打赢了宋朝的一群弱兵以后，自信心大涨，就开始对辽不敬，屡出狂言，却不想这次碰到了个难啃的骨头，一朝失策，打了个败仗。

1099 年，辽皇帝耶律洪基派使臣来到西夏，用毒药毒死了小梁太后。

04

但西夏女性专权的局面并没有结束。

这个王朝不知道中了什么邪，大约是因为近亲结婚的太多，皇帝都死得特别早，垂帘听政的皇太后一般都是桃李年华的女孩子。她们私生活混乱就不提了，手腕还特别强硬，一个个酷爱打仗，不顾前不顾后地发动了众多战争。

游牧民族建立的国家，女性的地位远远高于中原王朝，后妃虽然是政治婚姻的牺牲品，却也最容易成为除皇帝外离权力最近的人。没藏皇太后为西夏的女人第一次打开了后宫通向前朝的大门，在她之后，小没藏氏、大小梁太后、罗太后等等纷纷登上政治舞台，权力的接力棒在她们手中传递，这群女人前前后后统治了西夏近百年之久。

可以说，这个王朝有一大半的时间都被女人把控着。不仅王座上坐的是女人、上朝的大臣里有女人，就连沙场征战的士兵中，也有女人！

西夏有全民皆兵的传统，国家的法律中明文规定允许女性入伍，称为“麻魁”或“寨妇”。比起替父从军的花木兰和挂帅出征的穆桂英，这些西夏的“麻魁”们才是真正存在于历史上的巾帼英雄。

或许是因为史书总由男人书写，古代的史家们总习惯将一个王朝的灭亡归咎于“红颜祸水”，而西夏自李元昊死后再没能问鼎中原，也被史家们总结为是“母党专政”导致的“女祸”。

之后，西夏又不温不火地存在了一百多年。宋、辽、金、蒙古，各方势力你方唱罢我登场，斗得不可开交，在这乱世混战中，西夏几乎全程参与，赢了好几场宋夏战争、辽夏战争、蒙夏战争，却一直没能在人们的记忆里砸下浓墨重彩的印迹。千年以后，只剩下贺兰山下几座孤零零的皇陵，和一些难以解读的方块文字，提醒人们它曾存在过……

汉人女子怎样在清朝成为皇后？

现在再看《还珠格格》，不由得对里边的令妃娘娘心生敬佩。她凭一己之力帮了紫薇和小燕子颇多，还哄得住皇上、老佛爷，连皇后有时都要避其锋芒。电视剧中将福伦一家描述成令妃背后的大树，但真实的历史上，福伦是康熙朝的户部尚书，跟令妃基本不在一个时代，也就不可能做她的后台了。

令妃能以汉家女子的身份，从内务府的包衣奴才一步步走上人生巅峰，成为母仪天下的皇后、皇太后，没有靠家世，没有攀大树，靠的全是她自己！

01

令妃刚出生时，毫无疑问是拿了一副烂牌。

令妃本姓魏，是包衣管领下人魏清泰的女儿。在满汉八旗等级制度严苛的清朝，一个汉军旗出身的包衣奴才的女儿，是注定不会有什么光鲜亮丽的童年的。

史书上没有记载她的名字，也没有写她幼年的经历，只是说她于雍正五年（1727年）出生，十四岁左右入宫。

以她的出身，入宫当然不是去做娘娘小主的，而是去当伺候人的宫婢下人。关于这段历史，史书上或为避讳，只字未提，我们只能从乾隆曾经作过的一首诗的自注里了解到，“令懿皇贵妃为皇后所教养者”，也就是说，令妃在做宫女时，是乾隆原配富察皇后的侍女，在她身边学规矩。

富察皇后被称为清朝第一贤后，深得乾隆皇帝的敬爱，令妃日夜伺候在皇后身边，与皇后关系亲密，自然也在皇帝面前混了个脸熟。

乾隆十年，她初承恩宠，被封为魏贵人，十一月晋封为嫔，封号“令”。

但那时，后宫的风头都是属于富察皇后和那些高位嫔妃的，令嫔的出现，就像是一颗沙砾投入汪洋，没有引起任何波澜。

皇帝一时兴起宠幸了小宫女，这样的事情在皇宫里太常见了。

富察皇后红颜薄命，在乾隆十三年溘然长逝，乾隆悲痛欲绝，虽立娴妃辉发那拉氏为继后，却对她并不宠爱，反而日复一日、年复一年地怀念发妻。

当然，自古君王多风流，乾隆在哀悼亡妻的时候，可一点儿没忘记给皇家开枝散叶的责任。

比起家世显赫的第二任皇后辉发那拉氏、股肱之臣的女儿贵妃高佳氏、生了好多个孩子的皇贵妃苏氏，还有为了民族大团结入宫的颖贵妃巴林氏、容妃和卓氏（香妃的原型），令嫔既没有显赫家世，背后又没啥政治势力，在宫中地位也很低，乾隆新鲜劲过了，也就把人晾在一边了。

小小包衣奴才，能得皇帝一次青眼已是祖上烧了高香，还祈求什么呢？

可乾隆在这时偏偏多看了她一眼！

02

初恋永远都那么珍贵。

身为乾隆发妻的富察皇后如果活得久一些，或许会随着年华老去成为墙上的一抹蚊子血，可她英年早逝，随着时光流逝，就成了乾隆心头的一颗朱砂痣。

富察氏去世后，乾隆无休止地怀念发妻，而令嫔就在这时恰如其分地出现在他身边，成了他相思的最好慰藉。

前文说过，令嫔做宫女时，是伺候富察皇后的。她与先皇后关系亲近，耳濡目染，连气韵都学得几分相似。她和富察氏一样温婉大度，甚至比富察氏更机敏聪慧，一颦一笑，总能让乾隆看见一星半点儿富察氏的影子。他沉溺于这样的影子里，对令嫔的宠爱一天比一天深。

乾隆十三年三月，富察皇后死后仅仅两个月，令嫔被册立为妃。放眼望去，清朝两百七十六年的历史中，从来没有哪位后妃的晋升速度有她这么快。

乾隆二十四年，令妃晋封令贵妃。

乾隆三十年，令贵妃晋封令皇贵妃，统领六宫诸事。

从小宫女到一人之下万人之上的皇贵妃，她用了二十年。

那个时候，皇后辉发那拉氏惹怒龙颜，剪了头发被送回宫中软禁，皇后的金印金册都被收了回去，这个皇后，可以说是不废而废了，而令妃就成了实际上的后宫掌权者。

对于妃嫔来说，皇帝的宠爱是面子，后宫的权力是里子。宠妃往往空有面子，皇后往往只有里子，但令妃却两者兼得，虽无皇后之名，却行皇后之实。

03

乾隆皇帝爱下江南，当然也免不了沿途拈花惹草，可他不管去哪里，都要带着令妃。

由于受宠，在封妃后的几年里，她统共生了四子二女，是清朝生育最多的妃子之一。

当然最重要的，是她生下了皇十五子永琰，也就是后来的嘉庆帝。

一个包衣奴才，能一步一步靠着自己获得皇后青睐、皇帝荣宠，连生的孩子都能被忽略母家身份而立为储君，这个令妃一路开挂，可不简单！可能有些人出生的时候，就拿了主角剧本吧。

乾隆四十年，令妃生病去世，享年四十九岁。

她去世后，乾隆同样十分伤心，写了一首又一首悼亡诗，不但把她的娘家抬入镶黄旗，还下令把她原有的妃嫔仪仗增加到七十六件，就连富察皇后当年都不过只有五十九件。

乾隆六十年十月，令懿皇贵妃被册赠为孝仪皇后，她终于在死后成了皇帝正妻，也是清朝唯一一位汉人皇后。

依照《清史稿》里的记载，历任清朝皇帝对妃嫔的宠爱程度和宠妃去世后的表现都不相同。

皇太极对海兰珠是“有宠”“伤悼不已”；顺治帝对董鄂妃是“宠冠后宫”“死后亲制行状”；乾隆对富察皇后是“甚重之”“深恸制述悲赋”。而史书中对令妃过世后的描写，却只有枯燥的流程：“谕，本月二十九日。皇贵妃薨逝。着称令懿皇贵妃。依例辍朝五日。”“所有应行典礼，着各该衙门察例具奏。”

一切都依例而行，看不出半点情绪。有人以此得出结论，说乾隆根本不爱令妃，只当她是生育工具，她能一路顺风顺水，全是借了富察皇后的东风。

难道乾隆对令妃，真的是只有宠而无爱吗？

从事实来看，并不是这样。

富察氏刚去世不久，令妃的父亲魏清泰在筹备先皇后的贡品饽饽时犯了大错，“供品上应用饽饽仅上五六碟，屡次传取，亦未预备一次”。没有准备贡品，这是严重的失职，是要砍头的大罪。然而最后的结果，却是与魏清泰一同担任内管领的同僚都被连坐贬官了，魏清泰却没有受到任何惩罚，官位还随着女儿封妃，不降反升。

乾隆如此重视富察皇后，却在这样的事上对令妃家人宽容到纵容的程度，自然是因为令妃在他心中位置也同样重要。

令妃生嘉庆帝时，已经三十五岁高龄，生十六皇子和十七皇子时，分别是三十七岁和四十一岁，一个出身低微、毫无根基且年龄渐长的女人，若真无帝王偏爱，怎么会生这么多孩子?

从卑微的汉军旗包衣，到紫禁城的皇贵妃，她一步步走上女性的至尊之位，把整个家族都拉扯进了“尊贵”的满八旗，还让汉人的血脉流进了清朝皇帝的身体。

传奇版“娜拉出走之后”

青楼里卖唱的小女子，与雄霸一方的都督大将军，般不般配？

或许我们看小说时总能瞧见这样的剧情，而真实历史中，也有一些传奇人物，他们的人生远比小说精彩。

面对这样的质疑，十四岁的董毛媛说：“我的容貌就是要配一个爱国英雄的！”

但当那个样貌英俊的男主人公走出来，拉起她的手问“你跟不跟我走”的时候，董毛媛却不肯了，她只说：“我不当人小老婆的。”

01

董毛媛从小的时候就被人说心气儿高。

1900 年，她出生在上海浦西的一个贫民窟里，父亲是拉黄包车的，母亲是做帮佣的，家境十分窘迫，她年幼的弟弟妹妹都因为无钱治病，先后死去了。

她小时候就长得好看，被弄堂里的人称作“小西施”。不管什么年代，总有生于贫贱却长得好看的姑娘靠色相改变命运的，毛媛的母亲就存了这样的心思，给她裹了小脚，盼望着她长大后能靠一双三寸金莲踏进有钱人家的大门。

但毛媛却不乐意，一次次扔掉裹脚布。母亲生气了，说她裹脚只裹一半，是个半截观音。毛媛硬脾气地跑到庙里去，指着泥像对她娘讲：“观音菩萨也是个大脚呢！”

十二岁那年，父亲生了重病，家里愈发窘迫。为了给父亲筹药钱，毛媛被卖到了堂口里学戏，期限三年。

所谓“堂口”，其实就是青楼，毛媛虽然是卖艺不卖身的清倌人，但风月场里哪会留人清白？

刚进青楼时，老妈子将她梳洗打扮好，拉到照相馆里拍了一张照片。那是她第一次拍照，虽穿得体面，内心却充满了惶恐。

毛媛年纪尚小，便以清丽的嗓音获得众多客人喜爱，老妈子将她当作摇钱树，只等她长大成人，就送出去给有钱的老爷们。

美丽对于出身寒微的女子来说，有时候是一种负担。咿咿呀呀的小调和男人的调笑声响在耳畔，让她一日日陷入恐慌。

清朝专制帝制被推翻，革命胜利了，男人们都剪了辫子，女人也不用裹脚了，外面正发生着天翻地覆的变化，可是毛媛只感受到了自己身体的发育，她越来越害怕。

就在这时，一个男人出现在她面前。

夏之时，一个英武不凡、器宇轩昂的军人，他每次来时都要毛媛作陪，但只是要求她在旁边唱曲儿——夏之时实际上是在这里与一些人做秘密会谈，毛媛只是个幌子。

毛媛不晓得这个男人在做什么，只听人说他是显赫的大人物，二十四岁就做了四川省副都督和总司令，是个救国救民的大英雄。

夏之时从来不嫌弃她的出身，空闲时会教她读书写字，还会与她讲时局的变化，讲东洋、西洋的各种奇闻逸事。

> 我更细心地观察夏爷了，见他身材高壮，肤色白润，额宽，眉清目秀，两眼炯炯有神，神态英俊，性格豪爽，自此我就更加爱慕他，并留心夏爷是不是真心爱我。对镜自照，暗自喜欢，以我的相貌是应当配一个爱国英雄的。

三年期满，夏之时提出要为她赎身，要娶她回家。当时，夏之时的发妻闫氏生了肺痨，命不久矣。毛媛不愿意在这时嫁给他："大街小巷都说我要嫁给你，你老婆没死，晓得了还不得活活气死？难道我比肺病更害人？"后来闫氏去世，毛媛才与他约法三章：第一，坚决不做小老婆；第二，要带她到日本求学；第三，成家后，夏之时管国家大事，她主理家务。

还没来得及赎身，二次革命失败，袁世凯悬赏三万大洋要拿夏之时的人头，他不得不逃到日本避难，毛媛也逃出青楼，搭上黄包车随他而去。

02

1914年，昔日的青楼歌女迎来了全新的人生，她与夏之时正式结婚，改名董篁，字竹君。从此以后，上海滩少了娇滴滴的"小西施"，世间多了一个"自由人"

董竹君。

婚后，董竹君在日本生活，就读于东京女子高等学校，一边读书，一边相夫教子。

夏之时出身优渥、少年得意，身上有许多大男子主义的派头，从前交往时还不觉得，结婚以后矛盾便一点一点凸显出来。他不喜欢妻子与外人多来往，甚至不喜欢她交朋友。董竹君却是个追求自由的女子，她修完东京女校的课后，还想去法国深造。夏之时对此十分不满。

1915年，夏之时奉命回国，临行前给了董竹君一把枪，说是防贼，但又强调，若是她做了对不起他的事情，就用这把枪自杀。不仅如此，他还让在上海南洋中学读书的四弟去日本监视嫂嫂，以免她红杏出墙，不久后又要求她回国，去四川和夏家人一起生活。

到了夏家大宅，董竹君才知道丈夫是生长在一个怎样封建庞杂的大家族里。各房媳妇都看不起董竹君的出身，婆婆更是公然放话："一个卖唱的只配当姨太太罢了。"

做了督军夫人，却每日周旋于琐碎家务，还要应付着各方冷眼，董竹君的日子并不好过。不甘愿局限在这四方宅院的小小天地中，经过一番筹划，她用积蓄开办了"富祥女子织袜厂"和做出租黄包车生意的"飞鹰公司"，大胆向新时代女性的方向迈进。夏之时的革命党友人来拜访，赞叹道："你们家前面琅琅读书声，后面一片织机声，真是朝气蓬勃，好一个文明家庭。"

不过，由于经营不善，家中也不支持，董竹君的这两个厂子渐渐都萧条下去了。而这时，夏之时的仕途也遭受了重大打击，

1919年，由于在派系斗争中跟错了人，他被解除公职，削夺了军权。

夏之时不再是那个意气风发、热血报国的少年英雄了，他渐渐堕落成一个整天吸食鸦片、浑浑噩噩度日的人，每天除了抽烟打麻将，就是回家打老婆。

辛亥革命时，他是最激进的新青年，此时却被封建大男子主义占据了头脑。他不允许董竹君去外面抛头露面，她就连和他的士兵多说一句话都要遭到毒打。

她为他生了四女一男，但夏之时十分重男轻女，从来不管四个女儿的生活教育。有一次大女儿出痧疹，发高烧危及性命，董竹君彻夜不眠地守护，竟被他指责不管家务。

当时时局动荡，夏家从四川搬到上海法租界，董竹君为女儿请了钢琴家教，只因那个男性钢琴教师写了封叙述课业的信给董竹君，夏之时便拿起菜刀追着她喊打喊杀。

面对丈夫的改变，董竹君终于忍无可忍，带着四个女儿离家出走了。

03

一直以来，夏之时都觉得自己是救她出青楼火坑的人，她是他的私有物。董竹君的骤然出走令他大受打击，他不停写信给她，一次次忏悔，董竹君却无法相信他的诚意。

夏之时坚定地认为，一个女人带着四个孩子，还要赡养年迈的父母，在这物价飞涨的上海滩不可能生存，他还笑着说："我们来个君子协定，暂不离婚，你要是带着女儿没在上海饿死，我的手掌给你煎来吃。"

董竹君彻底对这个男人死心了。

1929年，两人正式签署离婚协议。当时的上海文艺界对她大加褒扬，称她是《玩偶之家》里那个"出走的娜拉"，然而只有"娜拉"自己知道，出走以后的日子有多艰难。

为了生活，她不得不频繁出入当铺。但她并不是坐吃山空的人，离开夏家的第二年，她就创办了群益纱管工厂。

一开始的生意并不好做，全靠丈夫的朋友戴季陶资助了一笔钱才得以勉强维持。刚刚有了收益时，战争爆发了，战火将她的工厂毁于一旦。

她参加进步社团，和一群小年轻一起反抗日本人，抵制日货支持国货，却在一次爱国演讲后被抄了家，还被抓进大牢蹲了四个多月。这下子，她钱财散尽，彻底一无所有了。

母亲不断地劝说她回夏家，认为女人就应该相夫教子，可她偏偏不肯信这个邪。

1935年3月，得到朋友李嵩高支持的董竹君开了一家饭馆，取名"锦江川菜馆"。

这次的生意意外红火，锦江菜馆的名声越来越大，就连黄金荣、杜月笙这样在上海滩响当当的人物也成了这里的常客，很多南京、上海的军政要员都喜欢来这里吃饭。连卓别林访问中国时，也对锦江菜馆的香酥鸭子恋恋不忘。

为了鼓励女性追求独立自主，董竹君还专门创办了锦江茶室，聘请女性服务员，帮助她们取得经济独立。

1937年，日本全面侵华，锦江菜馆成了不少革命人士的避难所。董竹君身处上海，却不断为前线捐款捐物，还创办了《上海妇女》杂志，鼓励女性加入斗争的行列。

1945年，抗战胜利，整个中国百废待兴，董竹君创办的锦江饭店成了上海滩最著名的地标之一，而她也成为上海滩最具传奇色彩的女人。

中华人民共和国成立后，锦江饭店成为上海第一家可以接待国宾的场所，一直到今日，它都是上海滩的灯红酒绿里一个传奇的所在，接待了一百多个国家和地区的三百多位国家元首和政府首脑。

1997 年，董竹君去世，享年九十七岁。

她在自传《我的一个世纪》中写道:“我从不因被曲解而改变初衷，不因冷落而怀疑信念，亦不因年迈而放弃信念。”

造化常常为庸人设计，真正的勇士从来不会局限于出身、时局和周遭的冷眼流言，他们敢于正视命运，扼住命运的喉咙，给自己挣出一片天。

董竹君生于贫民窟，长于青楼馆，曾想安心做别人的太太，却最终义无反顾摔上家门，离开了那个束缚她的封建家庭，创办起自己的事业，显达于动荡的时局中。

她成就自己，也成就了传奇。

伍

时间让人遗忘，也让历史扭曲

凿壁偷光背后不是励志故事

01

凿壁偷光的故事，相信大家都听说过。

古时候读书的成本很高，西汉那会儿，大家伙看书用的还是竹简，一卷上就没几个字，所谓的“学富五车”可能也只是读过几万字，但普通人家显然连这五车书也读不起。

正是因为这样，我们的主人公匡衡就去地主家帮人做工，不收佣金，只求能免费借书看。然而问题来了，他白天要干活，所以只有晚上能看书，可灯油实在太贵了，他同样点不起。

古人照明用的油灯，一般是动物油，叫“脂”或“膏”，最高级的就是秦始皇墓里的“以人鱼膏为烛”了，普通达官贵人的话一般就是点个猪牛羊。不过贫苦人家连肉都吃不起，哪舍得拿肥肉去熬灯油呢?

至于植物油，那就更贵了。西汉时期才刚刚开始出现用芝麻榨油，叫作香油，物以稀为贵，这玩意儿也就庙里用得起。

穷小子匡衡到了晚上点不起灯，没法刻苦用功了，邻居家却总是灯火通明。他灵机一动，干脆在邻居家的墙壁上凿了个洞，借着这洞里透出来的光努力读书，后来果然成了一代大儒，官至宰相。

> 匡衡勤学而无烛，邻舍有烛而不逮，衡乃穿壁引其光，以书映光而读之。（刘歆《西京杂记》）

这真是一个催人泪下的勤学故事！只是希望他的邻居不会介意这件事。

02

一般来讲，“凿壁偷光”的故事到这里就结束了，所以我们都会觉得这是个大团圆的结局，匡衡的形象也就停留在了这完美的一瞬间。

可惜的是，我们对匡衡的要求太高了。

匡衡刻苦读书，凭借着对《诗经》的深刻理解，很快声名远播，成了公认的学问大家，甚至得到了当时的太子、后来的汉元帝的垂青。从郎中到博士，从光禄大夫到太子少傅，从御史大夫到丞相、乐安侯，匡衡一路高升，青云直上。

从一无所有到一朝得志，登利禄之场，处运筹之界，匡衡在官场中浸淫得久了，渐渐地从一个解《诗经》的权威学者，变成了汲汲营营的官场混子。在他位极人臣的多年时间里，政绩竟然如浮光掠影，没有一件可拿得出手，在史书上也几乎没有留下什么可圈可点的事迹——他几乎全部的精力，都被拿去告小状和参与党争了。

西汉中期，朝廷独尊儒术，推重经学。匡衡一开始在朝堂上与人辩论时，总是说“六经者，圣人所以统天地之心，着善恶之归，明吉凶之分”。这些言论得到了汉元帝的支持，他慢慢地开始飘飘然了，到最后，“窃尧舜之词，背孔孟之道”，所说所言一味地只是迎合皇帝，完全失去了本心。

此时的他不再是那个偷光看书的穷小子了，他成了世人眼中的大儒，日日读圣贤书，也习惯性以圣贤的标准来要求人，似乎有了某种道德洁癖。但匡衡偏偏是宽于待己、严以律人的，专爱抓别人的小辫子。

他和当时的大太监石显交好，溜须拍马极尽谄媚。石显作为一个权阉，想当然就是一个反派角色，贪污腐败、徇私枉法，什么事儿坏就干什么。

> 中书谒者令石显贵幸，专权为奸邪。丞相匡衡、御史大夫张谭皆阿附畏事显。(《汉书·王尊传》)

这天，石显和匡衡看新打了胜仗、攻灭西匈奴的英雄陈汤很不爽，决定联手参他一本。

陈汤此时正和另一位大功臣甘延寿一起雄赳赳气昂昂地往京城长安的方向走，还十分自豪地说出了“明犯强汉者，虽远必诛”这样的豪言壮语。可是他没有想到，想象中的封赏还没得呢，一道弹劾他的奏折就从天而降了。

匡衡弹劾陈汤：从前就父丧不归，硬要在前线打仗，是为不孝；假传圣旨，贪功冒进，虽然打了胜仗但是太不把皇帝放在眼里，是为不忠；攻破郅支城时，把城里的金银财宝都给将士们分了，一个铜板都没给国家留，是为不义。如此不忠不孝不义之徒，应该下大狱，怎么还能封赏呢？

就这样，陈汤还没到京城，司隶校尉的公文就发遍了全国，要地方官把这些得胜而回的士兵都抓起来。

陈汤当然不会束手就擒，他也给皇帝上了道奏折：

> 臣与吏士，共诛单于，幸得擒灭，万里振旅，宜有使者迎劳道路。今司隶反逆收系按验，是为郅支报仇也！

汉元帝一听也有道理，就把人放了，要陈汤他们赶紧回京接受封赏。

03

匡衡不干了，又上了道折子，说陈汤如此这般假传圣旨，根本就不把陛下您放在眼里。汉元帝是个耳根子软的，一听这话又倒戈了，于是陈汤等人被软禁了起来。

按理说，这假传圣旨是不对，但是将在外军令有所不受，况且不论过程怎样，陈汤和甘延寿灭掉了匈奴，功劳还是有的。

一时之间，这两位到底是有功还是该惩，引起了朝堂的物议沸然，舆情汹汹不可遏制。

像陈汤这样的武夫恐怕怎么也想不通，为什么他能从刀口舔血的沙场上活着回来，却差点栽在阴刀阵阵的官场里。幸好另一位当世大儒刘向写了一篇文采飞扬的奏疏呈给皇上，舆论开始一边倒地支持陈汤，汉元帝才决定跟着感觉走，赦免了二人的罪过，准备论功行赏。

封赏一下来，匡衡和石显又气傻了：朝臣们要求以斩杀单于的功绩来封赏甘、陈二人！

在西汉名将中，斩杀过一国首领的只有灌婴和李广利两个人。灌婴因追斩项羽封赏五千户，李广利因斩杀大宛王封赏八千户，难道这次陈汤和甘延寿也能封得这么多？

匡衡回去一掰小算盘，发现自己即便封了侯，且官至丞相，食邑也只有不足六百五十户，这么一比岂不是太寒碜了一点儿？

他这个丞相没立过什么功，皇帝自然不可能加封他，可他自己没有的，别人最好也不要有，所以他眼珠一转计上心头，马上进宫去告诉皇帝：陈汤杀的郅支单于不是真单于，是个假冒伪劣产品！

他一句话，让两个英雄的声名毁于一旦。最后汉元帝妥协让步，封甘延寿为义成侯，陈汤为关内侯，食邑各三百户，再加赐黄金百斤。

匡衡心里美滋滋的，谁也不能比我食邑多！

04

匡衡的得意与风光都是因为他攀附了石显这个大宦官，不过，石显的好日子也不长了。随着汉元帝去世，石显失去了靠山，新君汉成帝并不喜欢他。

这个汉成帝就是历史上著名的宠幸赵飞燕、赵合德两姐妹，最后还死在了美人床榻上的那位昏庸帝王，但那都是后话了，他刚登基的时候还没有如此荒唐。

新皇上任三把火，汉成帝选择先烧了权阉石显。丞相匡衡有着很强的政治敏锐度，迅速见风使舵，和御史大夫张谭一起参了石显一本，把他们仨以前一起干过的坏事儿全推到了石显头上。最终，石显被贬为庶人，在被赶回老家的路上忧愤绝食而死，而匡衡和张谭这两个污点证人，踩着昔日同伴的尸体，继续风光得意。

匡衡年少时非常穷，后来有了点钱和权，就越发地放不下了。他不但要变成富人，而且要富得流油。

身为丞相，封地和俸禄足够他家里吃几辈子的了，但他仍不满足，竟利用职务之便，强取豪夺临淮郡民田四万亩，并指使手下贪盗公家财物。

俗话说，“要想人不知，除非己莫为”。汉成帝建始三年十月，御史大夫张谭因举任私人获罪免官，两个月后，匡衡私吞田地的事情也败露了。

一代丞相、天下读书人的楷模，最终成为过街老鼠。他被抄了家，革了职，贬为庶人，失去了曾拥有过的一切，重新回到了那个见证了他穷困潦倒生活的家乡，没过几年就孤零零地死去了。

我相信匡衡在读圣贤书时，心中想的也是要修身齐家治国，匡扶天下正道，但究竟是什么改变了他，让他在踏上名利场以后，迅速地变成了一个劣迹斑斑的贪污犯？

跟他一样是穷苦出身的范仲淹，就成了千秋典范。

“富贵不能淫，贫贱不能移”，能做到这个的人，实在是不多。

“狸猫换太子”的刘娥真的是奸妃吗？

宋真宗后宫有众多妃子，而他最宠爱刘娥。大中祥符五年（1012年），皇帝下令册封德妃刘娥为皇后，此时距原皇后郭氏去世已过去五年。

因为刘娥出身低，大臣们都不认可。但真宗此时唯一的儿子赵祯是刘娥的，反对刘娥为皇后的人实在没有办法阻止，只能咬牙默认了。

千辛万苦才登上皇后的宝座，这个刘娥，和汉朝的吕雉、唐朝的武则天一样，是个超级女强人。

01

刘娥是川妹子，祖上也阔过，只是她没享上那个福。

她父母双亡，寄人篱下，年纪小小就成为街头歌女。因为长得天仙一般，歌又唱得好，所以勉强还能过活。略长大些，她嫁给了银匠龚美，随夫来到京城，开始了“北漂”生活。

讨生活不易，龚美在京城混不下去，打算把媳妇小刘卖了。

打银让他认识了些豪门管家类的人物，其中就有宋太宗第三子赵元休的管家张耆。张耆见小刘长得漂亮又冰雪聪明，就把她推荐给了主子赵元休。

赵元休含着金汤匙出身，见到的女人都是大家闺秀，规规矩矩，三从四德，如今突然见到个爽利脆甜的妹子，一下子被勾了魂，喜欢得不得了，没日没夜地和小刘厮混在一块。王府中的其他女人，脸全拉了下来。

过段时间宋太宗见了儿子，一看，怎么瘦了这么多，脸色也不好，忙把王府乳母找来：年轻人不应该这样啊！他身边都是些什么人？怎么回事？

乳母和王府的其他女人早就恨上了刘娥，这个时候正好告状：都是那个女人做的好事！

太宗闻言大怒，咱们皇家容不下这样的乡野女子，叫他给我轰出去！

小赵不敢违抗父命，又舍不得妹子，便偷偷地把刘娥送到张耆家，隔三岔五溜出去幽会。管家张耆是个明白人，命令家里人好好侍奉小刘，自己为了避嫌干脆到外面买了宅子，不回家住了。

宋太宗去世后，小赵继位，改名赵恒，就是历史上的宋真宗。如今他成了天下之主，再没人管束，立即就把刘娥接进宫里。

这宫里的皇后、贵妃等也是和外面的大臣一样有级别的，刘娥出身低，即便进了宫也没有名位。但她非常聪明，没有为了位份去和其他妃子们“宫斗”，而是和一众女人处得相当好，宋真宗宠爱的杨淑妃就是她的闺密，两人好得亲姐妹一般。

02

刘娥这是苦尽甘来。

她认前夫龚美为兄，小龚改姓刘，叫刘美，在前妻干妹妹的提携下成了一方财主。张耆更是官运亨通，一路受提拔。

当年小两口离开老家路过夔州，穷得揭不开锅，一个破庙里的老和尚接济过他们。刘娥现在得了荣华富贵，便派人到那儿，要把这残破寺庙改建一下。

庙临长江，江中水流湍急，房子的地基总是搭不起来。当地人说，这是江中有蛟龙一直在捣蛋。刘娥下了死心，一定要报答这个老和尚，就让人把上万斤的铁倒进江中，蛟怕铁不再兴风作浪，这才把寺庙盖起来。

刘娥经历过磨难，是个懂得感恩的人。

刘娥在宫中的地位一点点提高，女人们都知道她是皇帝真心喜欢的人，人又不嚣张好相处，大家也就对她放下了戒心，她也终于熬资历获封了个德妃。

到了景德四年（1005年），郭皇后去世，皇后位子的空缺，引发了一场争夺战。

刘娥进退有招，不急不躁，平常和皇帝的感情又最好，真宗就提议让刘娥当皇后，但寇准、王旦这些儒家老臣坚决反对——这个出身低微又是二婚的女人，怎么能当母仪天下的皇后？大臣赵安仁更是直接推举出身高贵的沈才人当皇后。

宰相丁谓站在刘娥一边。某一天他装成若无其事的样子对宋真宗说：赵安仁这人不错，为了报答老沈的知遇之恩，是用心了。暗指赵安仁和沈才人的老爸有关系。真宗听了没讲话，但沈才人当皇后的路是被彻底堵上了。

这么多人反对，刘娥要怎么办？

大中祥符三年（1010年），刘娥让自己的侍女小李去侍奉皇帝。小李怀孕，生下个儿子，刘娥和真宗便对外宣称这个儿子是刘娥生的。

这时，真宗前面的几个儿子都夭折了，现在这个儿子基本可以确定就是未来帝国的接班人。

朝臣无话可说，皇帝终于在1012年，册立刘娥为皇后。

03

后宫就是个小朝廷，刘娥封后以来掌管三宫六院，把宫里的人治得服服帖帖。小皇子的亲生母亲小李从来不敢讲自己的真实身份，好在刘皇后对她相当照顾，还提拔她为宸妃。

宋朝的皇帝都勤劳工作。真宗加班，刘娥就陪在他的身边，除了照顾他饮食起居外，有时还对政务提点意见。她很有见识，慢慢成为真宗的有力助手，真宗感到小刘的智慧和不凡，既依赖她又提防她——这一点和唐高宗与武则天真是一模一样。

当时的正副宰相寇准、丁谓一人一派，在朝堂上斗来斗去，最终的斗争结果是寇准败，丁谓安安稳稳独掌大权。

真宗去世，年幼的儿子赵祯被扶上台做了小皇帝，他才十来岁，是个听话的少年。为保朝纲稳固，赵祯的母亲刘娥“称制”，也就是垂帘听政——这个女人渐渐走上了台前。

宰相丁谓是个权谋过度之人，可刘娥也不是个乖乖女。朝臣们收集了丁谓的罪行，上奏皇帝和太后，丁谓被罢相免官。从此以后，刘娥太后大权独掌，威震天下。

刘娥的野心一度膨胀，她问大臣们：武则天是唐朝的什么人？大宋对读书人有良心，读书人也对大宋有良心，直脾气刺儿头鲁宗道就说，武则天是大唐的罪人，差点就断送了李唐的江山！一句话把刘娥堵得说不出话来。

过新年，刘娥想穿着皇帝服装祭拜宗庙，又有人问：是用皇帝的男人衣服，还是皇后的女人衣服？刘娥又被将了一军。

当时立朝的吕夷简、寇准、范仲淹等都是了不起的人，刘娥本身也是个很有智慧的女人。在朝臣的规劝下，她渐渐收起了野心。不少小人上书请她执政，也有人向她进献《武后临朝图》，刘娥把这些个奏章图卷全丢在大殿上，说：我不会做对不起列祖列宗的事情。

刘娥确实很有政治手腕，她一掌权，就把她那个沉迷道教的老公宋真宗的“天书”、封神书都一起送到皇陵陪葬了，还对外宣称：这个是上天所赐，得归上天，凡人不能再动。同时她叫停了宋真宗到处烧钱封山祀土的活动，表示不再大搞封禅。她还推动“交子”的发行，这是世界上最早流通的纸币。

04

刘太后掌权十几年，权力的味道让她欲罢不能，一直舍不得放手。寇准等几个刚硬的大臣一次次上书，要求她还政给已成年的儿子赵祯（宋仁宗），刘太后都不予理会。

明道元年，仁宗的生母李宸妃去世，刘太后想偷偷地埋葬了事。其实这时候，朝中几个重要的大臣都已经知道了真相。

刘太后和小皇帝下班时让宰相吕夷简拦住，他问道：听说宫里有个贵人去世了？

刘娥让皇帝先走，自己留下来应付：不过是一个普通的宫人死掉了，吕宰相哪来这么多闲工夫关心这个？

吕夷简说，宰相嘛，内外的事都要用心。

刘娥可不是省油的灯，发怒了：吕宰相你想离间我们母子的关系吗？

吕夷简施施然道：太后别急，只是您应该想想您百年以后，刘家的人要怎么办，到时候可别怪我没提醒您。

刘娥省悟过来。还是老吕人精，想得透彻。于是她给李宸妃用了高规格葬礼：以一品的礼仪丧葬，太后、皇帝在宫苑内举行哀悼，百官在西华门送灵车到洪福寺。李宸妃穿着太后服装入殓，棺内灌满水银——这为后来太后和仁宗间消除误会埋下伏笔。

十几年掌权，刘娥把一个繁荣昌盛的大宋和一大批能臣交给了自己的养子仁宗。临死前她已说不出话来，指着衣服对仁宗连连比画，仁宗没明白这是要干什么。还是读书人心明眼亮，有人告诉仁宗：太后要去见老皇帝了，不敢穿身上这套“僭越”的衣服。仁宗急忙让人换了衣裳，她果然闭上眼睛，安然仙逝了。

刘娥才死，麻烦马上就来了。有人告诉仁宗，刘娥骗了你，你的亲娘是李宸妃！仁宗悲怒交集，派兵包围了刘氏家族，又立即赶到洪福寺，打开李宸妃的棺木，看到她面目如生（被水银浸着），穿戴的是太后规格的服饰。

仁宗瞬间消了气，叹道：看来别人的话不能随便相信。他赦免了刘家，还重新给刘太后上香说：大娘娘可以安息了！

刘娥为了争夺皇后的位子，把李宸妃的儿子占为己有，让仁宗母子至死没有相认，这一点在人伦上大为后人诟病。

蔡东藩评价说，幸好她上没有欺骗宋真宗，下没有杀害李宸妃，还尽心竭力抚养仁宗长大，良心还算有。

“有吕、武之才，无吕、武之恶。”这是后人对她的评价。

如寇准这样当年被刘娥打发到地方去工作的，也为她讲了公道话：章献太后（刘娥的谥号）总体上对大宋还是有功的。

但仁宗认母这故事太有戏剧性了，老百姓总是对皇家的八卦喜闻乐见，便以此为源头创作出了《狸猫换太子》，千百年传唱不休。

李治不是懦弱，是滑头

01

欧阳修在《新唐书》中说：

> 武氏之乱，唐之宗室戕杀殆尽，其贤士大夫不免者十八九。以太宗之治，其遗德余烈在人者未远，而几于遂绝，其为恶岂一褒姒之比邪？以太宗之明，昧于知子，废立之际，不能自决，卒用昏童。

他说的这个傻小子（“昏童”），指的是唐高宗李治，意思是若不是他，心狠手辣的武则天也不能上位，从而导致唐宗室差不多被杀了个干干净净，李唐江山还落入那个女人之手。

欧阳修不但非常看不起李治，还把这个责任归咎于李世民，说唐太宗那么贤明，却连自己的儿子都不了解，以至于把帝位错误地传给了一个傻小子。

这话显然带有一定的偏见，至少对李治的评价就很不全面。在他眼里，似乎只有一个负面的李治，对李治的功绩却视而不见。

现在的历史剧导演大概和欧阳修是一样的思路，他们拍出来的李治不是无能就是好色，以至于在观众心中，他就是一个极度怕老婆的男人，懦弱至极，武则天甚至敢当他的面发飙。

但仔细想想，是谁敢在老爸还在位的时候就私通老爸的女人，老爸死后还要立后妈为皇后？是谁先后灭西突厥、灭百济、灭高句丽，搞定了杨广、李世民两位帝王都没搞定的问题，奠定了唐王朝最广阔的疆土？

李治，全是李治。

现在我们骂的都是武则天，她逼死了王皇后，杀死了亲女儿，她冷酷，她无情，她秽乱宫廷，她重用酷吏……然而从没人骂李治暗地里害死了哥哥李泰，也没人骂李治逼死了扶他上位的亲舅舅。

你说李治“懦弱”？不，他是滑头！

02

李治是唐太宗李世民的第九个儿子，无论如何都不具备接班人的条件，何况李世民早早就确立了太子。

李承乾，李世民嫡长子，从小聪明可爱，年仅八岁就被立为帝国的继承人。

然而长大后，这个聪明人却开始犯浑，竟然敢对老爸阳奉阴违，对师长的劝勉也不听了。他纵情声色，渐渐成了一个标准的纨绔子弟。他宠信的一个太常乐人被老爸怒杀后，居然几个月称病不上朝，甚至派杀手刺杀自己的老师，原因是老师多次劝谏他要以国事为重，惹得他心烦。

太子的堕落令李世民深感失望，怎么能把江山交给这种人呢？于是李世民的目光开始转向嫡次子魏王李泰。

对于老爸态度的变化，李泰仿佛也心有灵犀，他开始积极运作，培植党羽，准备“接管”太子之位。李承乾这才有点慌，再这样下去，太子之位必将不保。

如果他从此悬崖勒马痛改前非，事情也许还有转机，毕竟不怕犯错就怕不改错，改了就仍然是好孩子。可是李承乾首先想到的却不是洗心革面重新做人，而是为了不成为废太子，派人暗杀自己的胞弟李泰，失败后干脆勾结汉王李元昌、驸马都尉杜荷、凌烟阁功臣侯君集，打算来个逼宫，事情败露后被李世民幽禁别室。

按理说，废掉太子后让李泰“接班”是顺理成章的事情，而且李泰的表现也确实不错，每天入宫侍奉老爸，李世民也曾当面许诺让他做太子，魏王党的刘洎、岑文本还会时不时地劝李世民：陛下别犹豫了，这种事还是早点定下来好，除了魏王，不可能再有合适的人选了。

然而，李世民的心思你猜也猜不透。

03

他们不知道，除了魏王李泰，李世民还喜欢晋王李治，他不但也是嫡子（嫡三子），而且“幼而聪慧，端庄安详，宽厚仁慈，和睦兄弟”，将来肯定能做个仁君，只不过李治的这些优点，有时候在李世民看来是懦弱的表现。

此时此刻的李泰眼看父皇摇摆不定，像他哥那样开始犯浑，竟然为了表现自己，向老爸提了个“杀子传弟”的方案，意思是让李世民先把位子传给他，等他临死的时候，他就把自己的儿子杀了，把位子传给弟弟李治——“臣有一子，臣死之日，当为陛下杀之，传位晋王”。

那时李世民并不老，但却有点糊涂了，听了这话居然深受感动，对李泰大夸特夸，真不愧是朕的好儿子啊。然后他把几个重要大臣叫来，对他们说，“人谁不爱其子，朕见其如此，甚怜之”。

据《资治通鉴》记载，被叫来讨论这个问题的包括谏议大夫褚遂良，他听了李世民这话心里一沉，当即毫不客气地指出：陛下这话大谬不然，您可得好好想想，陛下百年之后，魏王占有了天下，怎么可能杀掉自己的爱子，把位子传给晋王？

再说了，魏王连自己的爱子都舍得杀，还有什么人不舍得杀？他能放过自己的弟弟吗？陛下若想立魏王，得先把晋王安置好，免得他将来遭杀身之祸。

李世民这才如梦方醒。手背手心都是肉，手足相残的局面是他不想看到的，也是他万万不能接受的，此时此刻的他心乱如麻，竟然流下泪来，说了句“我不能尔”，便起身回宫了。

促使李世民最后下定决心传位于李治的，是李泰出言威胁李治，暗示他如果和他夺嫡，谋反被杀的汉王李元昌就是他的下场。

李世民这才看透了李泰，立李治为太子。

那么问题来了，李泰威胁李治的话，李世民是怎么知道的呢？

原来他回宫见李治忧心忡忡，觉得奇怪，“屡问其故”，李治起初不肯说，问了多次才“勉强”说了。

从这里也能看出来，李治看起来老实，其实是相当狡猾的，知道把握最佳时机。

真正的智慧，不是战斗最激烈时加入进去逞匹夫之勇，而是等敌人两败俱伤时断然出手，这样才能做到一击而中，大获全胜。

04

欧阳修有一点说得不错，那就是李世民对这个儿子“懦弱”的看法确实不到位，恰恰相反，李治不但不懦弱，简直可以称得上胆大包天，不然不可能在李世民还在世时，就敢与老爸的女人武则天私通，而且保密工作做得那叫一个好，简直令人叹为观止！

公元 650 年五月，李世民周年忌日那天，李治到感业寺进香，又碰到了昔日的情人。第二年孝服期满，他就把出家为尼的武则天从感业寺接到了宫里，次年五月拜为二品昭仪。

后来王皇后和萧淑妃争宠让他厌恶，想改立武则天为后，就算遭到长孙无忌、褚遂良等元老级大臣的坚决反对，他也一点儿都不给他们面子，果断下诏废黜王皇后，一个月后便把武则天立为了皇后。

李治如此“一意孤行”，与其说是被武则天那个“狐狸精”迷住了，不如说是对专权的长孙无忌等人的警告：尔等瞧好了，朕也是有脾气的，朕已经忍很久了，不要以为朕的地盘，你们这些人可以做一辈子的主！

未能阻止李治的“荒唐行为”，确实让长孙无忌感觉到危机。在这之前，朝廷大事可是基本上由他一个人说了算，小皇帝只有点头的份。如今这小子翅膀硬了，想独自飞了，这还是先帝在世时，那个懦弱的太子吗？

李治所指的“地盘”，当然不仅仅是一个女人。通过“废王立武”，李治成功树立了自己的权威，然后乘胜进军，开始采取措施，夺取本该属于他的权力。

05

要夺权，必须先赶人。

公元 659 年，李治的铁杆支持者、礼部尚书许敬宗让人密告，监察御史李巢勾结长孙无忌谋反。李治说，既然这样，你就和侍中辛茂将一起审查吧。

说长孙无忌谋反，当然是胡扯，所以许敬宗也不审了，直接上奏说长孙无忌谋反的苗头已露，不能打草惊蛇，否则他若采取紧急措施，那就麻烦了，请陛下果断一点儿，马上下令把他抓了。

事实证明，李治是个表演天才，眼泪说来就来。他哭着说，我怎么忍心给舅舅判罪，后人会怎么看？许敬宗劝他，一个真正的明君，是会大义灭亲的，比如当年汉文帝杀舅舅薄昭，不但没有遭到诟病，“天下还以为明主之例”，有句古话可是叫“当断不断，反受其乱”呀！

结果，李治抹了把眼泪，连与长孙无忌对质的程序都省了，直接下诏削了他的官职和封地，发配黔州，儿子也被罢官除名，流放岭南。

没多久，李治又让李勣、许敬宗复审长孙无忌谋反案，许敬宗派中书舍人袁公瑜到黔州审讯，他一到那里，就逼长孙无忌自尽了。

如果不是李治授意，给袁公瑜吃两个豹子胆，他也不敢这样。

而褚遂良倒霉，比长孙无忌还早四年。他先是被赶出朝廷，贬为潭州都督，第二年又被调到更加偏远的广西桂州去当都督，同年被许敬宗、李义府等人诬告在广西谋反。

李治确实“宽厚仁慈”，仍然没有杀他，只是这一次发配得更远，把他赶到了今天的越南河内西南。两年后，褚遂良死在发配之地。

越南那地方确实太难待了，凄惨地死去之前，褚遂良曾给李治写信，希望看在他曾长期效力高祖和太宗、支持李治继位也最坚决的分儿上，让他离开这个鸟不拉屎的地方，但都无济于事。

06

相比之下，李治似乎对自己的舅舅更无情，这是因为长孙无忌是棵大树，关陇贵族集团许多元老派人物都是这棵大树下面的人，不但靠他乘凉，之前还与长孙无忌沆瀣一气，没少与李治作对。

这棵大树一倒，意味着关陇集团的覆灭，关陇集团的覆灭，意味着李治“夺”权成功，在政治上不再受制于人，可以乾纲独断，放开手脚，干点想干的事情了。

这件事说明，李治虽然年轻，而且继位不久，但政治素养和作为一代“雄主”的手段，他是一点儿也不差。

遗憾的是，正当他解除束缚，撸起袖子准备大干一场的时候，疾病把他害苦了。

早在显庆五年（660 年）的时候，李治就得了头痛病，经常头晕目眩，极大地影响了工作，后来还到了无法处理朝政的地步。这给了武则天插手政治的机会，李治决定把国家大事，交给武则天处理。

不是还有那么多文武大臣吗？难道他们都是吃干饭的？

这倒未必，想必那个时候的李治，除了这个自己心爱的女人，再也不相信其他人了。

只是他想不到，这个女人却不满足于仅仅当个辅佐皇帝的皇后，得到一寸之后，还想得到一尺，于是她开始排除异己，同时组织力量，培植自己的私人势力，以防“不测”。

这个“不测”，就是一旦李治“不治”，与其让政权落入他人之手，不如自己接管。

也许是武则天做得太过明显，李治开始对她不满，差点把她废了。废黜皇后的诏书都让宰相上官仪起草好了，却被武则天及时发现，她使出女人最拿手的那一套，一哭二闹三上吊，软硬兼施，这才让李治放过她，没有坚持废后。之后不久，协助皇帝起草废后诏书的上官仪被武则天灭族，直到那时，李治才明白已经晚了，自己再也无法压制这个女人了。

看来，尽管重病缠身，李治的头脑始终是清醒的，恨只恨出手太晚，武则天已经羽翼丰满，再想限制她，是心有余而力不足了。

李治很郁闷，武则天却笑了。当李治重病到眼睛几乎全瞎，连奏章上的字都看不清楚，无法操持政务时，逐渐掌握了朝政的武则天大胆建议，让他当天皇，封她为天后，两人合称"二圣"，她要一起上朝，临朝听政。

公元 674 年，朝廷下诏尊皇帝为天皇，皇后为天后，李治就此成了中国历史上唯一的"天皇"。从此以后，国家实权被武则天掌握，李治沦落为名义上的老大。

公元 683 年，李治的病愈发严重，诏命皇太子李显监国。当年 12 月 27 日晚，李治病逝于贞观殿，终年五十六岁。

尽管差点把武则天废掉，然而临终之时，李治还是留下遗诏，除了命皇太子灵前即位，还特别提出"军国大事有不能决断者，请天后处理决断"。

这个遗诏，又成了他"昏庸"的"证据"。

然而，若不是武则天之前表示出来的治国才能，李治怎么可能下这样一道诏书呢？

从我的角度看，武则天确实是比李显好多了。

武则天死后，李显复位，结果皇帝没做两天就被韦皇后和李裹儿合谋毒死了，要不是李隆基力挽狂澜，大唐的江山可真不知道会再变成谁的。

王朗：你才厚颜无耻！

《三国演义》高举“尊刘抑曹”的大旗，为了突出刘备集团人物的高大上，不惜把曹、吴集团的各色人等拿来做垫脚石。

不少人被黑得不成样子，最惨的当是曹魏的大臣王朗。

演义中说老王朗自诩口才出众，要游说诸葛亮归降，结果反被诸葛亮一通讥笑挖苦，当场气死，孔明先生的骂词也因此传诵多年：“皓首匹夫！苍髯老贼！你即将命归九泉之下，届时有何面目去见大汉二十四代先帝？……我从未见过有如此厚颜无耻之人！”

这个桥段流传很广，想想能当场骂死一个人，诸葛亮的毒舌真不是开玩笑的。人们对此津津乐道，而王朗先生则背上了这口大黑锅，再也脱不下来了。

若他九泉有知，可能真的要被气死一次。

01

王朗是汉末魏初的大知识分子，著作等身，影响力很大。他的著作《周易传》是曹魏时期人们学习《周易》的第一教科书。他在儒家经典中的注解被人们称为“王学”，这门学问在他儿子王肃手上发扬光大，成为一门重要的经史学科。

王朗年轻时就以博学多闻享誉四方，他师从太尉杨赐，因通晓经史典籍担任郎中，是典型的学而优则仕的人物。

杨赐死后，王朗弃官为他服丧，表现出一个儒家知识分子的道义。过了好几年，在各方大员的再三邀请之下，他才出山到徐州刺史陶谦手下担任治中从事。

其时汉献帝正被李傕、郭汜等董卓余党捏在手里，很是憋屈，王朗借机劝陶谦向汉帝进贡，以示忠心。汉献帝在水火之中得到地方大员千里迢迢送来的忠心，自然很高兴，当即提拔陶谦为安东将军，王朗也上位成为会稽太守。

王朗在会稽干了件出名的事。

当时会稽百姓把大禹和秦始皇放在一起祭祀。作为儒家传承人，王朗认定秦始皇是个暴君，不配享用民间的祭祀，不顾百姓反对，坚决取缔了对秦始皇的祭祀活动。

孙策横扫江东，读书人王朗哪里是这个小霸王的对手，被打得落花流水，自己也被孙策活捉。好在孙策敬重知识分子，没有太难为王朗。

后来曹操以朝廷的名义征召王朗，王朗从江东出发，因路上战乱频繁，道路阻绝，走了一年多才到达许昌。

当时许昌的大佬们都很关心王朗的行程。他还在路上时，建设部长、建安七子之一、孔子的二十世孙孔融就写信给他，殷殷告白说：山高水远，音信断绝，更增加了对您的思念。现在皇帝宽容，曹公辅政，思贤如渴。我们知道您正浮海而来，一路小心，相会有期，珍重为上。

这一封信表达了对王朗的钦慕和思念，可见老王在首都士人圈子里的响亮名声。

王朗在曹魏政权最后当到了司空，和钟繇、华歆并列三公。曹丕评价说，咱们大魏朝的三公，都是一代伟人，后世是难以超越的。

能得到如此高的评价，可见真实的王朗在曹魏朝可是极受认可的人物啊！

不过《世说新语》中讲了个故事，说王朗和华歆一块坐船逃难，有个人求搭载，起初华歆不愿意，王朗说：船很空嘛，为啥不让坐？后来有强盗追来，王朗就想抛下搭船人，华歆又不肯了，说：本来不想让他搭船就是考虑到这一点，现在已经答应人家了，危难之中怎么能抛弃他呢？于是还是带着那人一块走。世人以此判断，王朗不如华歆。

这故事说明在《世说新语》成书的南朝宋时期，王朗的名声就不怎么好了。到了《三国演义》中再让罗贯中先生一描写，他便永世不得翻身。

02

像一切做学问的大学者一样，王朗也很喜欢坐而论道，谈玄学，讲真理，那讲起来绝对是滔滔不绝，夜以继日，乐此不疲。

诸葛亮在《后出师表》里批评过王朗，说刘繇（扬州刺史）、王朗（会稽太守）这些人身居州长、郡长之位，天天空谈人生玄学，动不动就引用圣人的话，可就是不准备军务，眼睁睁地看着孙策日渐强大而一点儿措施没有，真是空谈误国的典型。

其实王朗在江东还像模像样地抵抗过孙策的扩张，算对得起自己的岗位和饭碗。

当时孙策打败了刘繇，已经兵强马壮，转头便进攻会稽。王朗手下的功曹虞翻劝他，咱们真的打不过孙策，还是跑吧，避开兵锋。王朗不同意，发兵守住固陵。孙策渡河进攻，打了几次没有攻下来。

用兵上王朗自然不如孙策。孙策趁着夜色在岸这边点上无数火把为疑兵，拖住了王朗的兵力，自己则率精兵偷偷过河直取王朗后方，打得王朗大败。王朗乘船跑到东冶，又被孙策追上，把剩下的人也打了个精光，他这才投降了孙策。

孙策没杀他，还是取笑了他一通：你这个书生，怎么敢抵挡我的兵？现在怎么办？你自己说说看！

人在屋檐下，王朗也没办法，只是在东吴张昭来劝他为孙策效力的时候一言不发，坚决不肯。最后孙策还是应朝廷召令让他回到许昌去了。

曹操见了王朗，问他孙策是个什么样的人。王朗说，孙策志向远大，勇冠三军，又有张昭这样的江东大才为谋臣，周瑜那样的英雄豪杰为将帅，将来必成大业，绝不是鸡鸣狗盗之徒。

曹操也有点看不起清谈的人，他请王朗吃饭，故意笑着说：你过去在会稽，丢了个多么好的一个饭碗。

王朗叹道：言行举止拿捏得恰到好处，真的不容易。

曹操不解，这话怎么说？

王朗答：当年我在会稽，身为长官，不能保境安民，叫“未可折而折”。明公今天的做法（当场讥笑客人），就是“可折而不折”。

曹大人，你怎么哪壶不开提哪壶呢？我是你请来的客人嘛，这样说是不是太不厚道了？

03

王朗不算是实干家，处理具体事务不是他的强项，倒是一个当大学教授的人才。不过他在把握国家的大方向、历史的大走向上，还是有一定的眼光。

曹魏建国后，王朗担任过司法长官。他的判决务求宽容，这是儒家的传统，不喜欢过于苛刻，这也体现了他的长者之风。

曹丕称帝，王朗给他上了个奏章，主讲育民省刑。大意是天下征战了三十年，幸好先王（曹操）平定了北方，现在人民安居乐业，渐有生民之象，只要暂时不发动战争，好好养育百姓，惩恶扬善，按农时耕种，二十年后，国内人口滋生，兵源巨大，就可以顺利战胜吴、蜀了。

这也许是曹魏对付吴、蜀最有力的一招。

现代人看三国故事总会有个错觉，以为三方地盘大小差不了多少。但其实三国鼎立后，曹魏占据了三分之二的有用地盘，经济最强盛，文化也最发达，他们那里才是当时中国的中心地带。反观吴、蜀两国都在南方，人口少，平原少，经济也落后。如果没有战争，如王朗所言，和平发展上二十年，曹魏真的可以不战而屈人之兵。

所以后人说诸葛亮进攻中原是以攻为守，也不是没有道理的。三国后期，曹魏对吴、蜀的优势越来越明显，终于由曹魏的继任者司马氏不费吹灰之力统一了全国，就是明证。

到了魏明帝时，皇帝大起宫殿，征召后宫，劳役繁多，百姓的日子过得很辛苦，而宫中出生的几个皇子也连连夭折。

大臣们都很着急，没有继承人可怎么办？但这又是关乎皇帝面子的皇家私事，没有一定分量的人是不敢说话的。

身为司空的王朗上疏说：周文王十五岁就有了长子，周武王年老才生下成王，每个人当爸爸的时间不一样。陛下您比周武王生成王时年轻，但比周文王生子时大。如今皇后还没产下太子，其他嫔妃养育的孩子也少。周礼说后宫以一百二十人为好，秦汉后经常动辄几百上千人，可生孩子的一样不多嘛！所以求多子要专心一意，不在于女人多，不要再大肆扩充后宫啦。

唠唠叨叨一大通，还讲到小孩冬天不要穿得太厚，不要包得太紧等——看来《三国演义》中把王朗写得啰里啰唆也不是没有道理的。

面对这样一个老臣，魏明帝只能客客气气地回复，您老人家的忠心厚意我明白，我子嗣未立让您担忧了，我一定听你的意见。

王朗死于曹魏太和二年，谥号成侯。

在他的一生中，确实有和诸葛亮产生交集的地方。

曹魏初建时，王朗、华歆、陈群这些大佬都以私人的名义给诸葛亮写过信，大讲曹魏得天下是天命所在，希望孔明先生识时务为俊杰，举巴蜀归顺。

诸葛亮全部没有回信，而是发表了篇《正议》给大家看：以前项羽强大吧？他占据中原，可是无德，最终还是败亡了。光武帝刘秀在昆阳，几千老弱兵马，照样打败了王莽的百万大军。何况我现在手上有十来万的大军，依大义讨伐逆贼，无往而不胜！

最后孔明还说：

> 纵使二三子多逞苏、张诡靡之说，奉进驩兜滔天之辞，欲以诬毁唐帝，讽解禹、稷，所谓徒丧文藻烦劳翰墨者矣！

你们这几个白发老头，想学苏秦、张仪，鼓动如簧之舌讲所谓“天命”，真是浪费笔墨，太不自量力了吧！

这个可能就是诸葛亮和王朗斗嘴的真实来源了。

一位低情商锦衣卫的非自然死亡

锦衣卫沈炼，如果不是因为电影《绣春刀》的上映，估计没有多少人会知道这个名字。

在人们的印象中，锦衣卫一贯都是冷峻无情铁石心肠，一门心思只想完成上级也就是皇帝大老板指派的各种任务。

在明朝，大部分的锦衣卫确实都是这样的人，但是沈炼绝对不在这大多数人之内。他是那个年代里的一个异类，至少相对于他那些同事，甚至相对于大部分只顾明哲保身的官员来讲是这样。

01

沈炼，历史上确有其人，但不是《绣春刀》里所说的崇祯年间的锦衣卫。

实际上，他是嘉靖年间的人，而且也不是一开始就是锦衣卫。他很有才华。

嘉靖十七年（1538 年），三十一岁的沈炼考中了进士，被任命为溧阳县令。如果没有意外的话，沈炼可能会一辈子就在官场上苦熬资历，或者等着有什么人看重他提拔他，然后顺顺利利地退休。

可是人生总是充满意外，沈炼的意外源自他的性格。

沈炼是一个有理想的人，他的骨子里是比较清高的，不屑于和当时黑暗的官场同流合污，而只想用自己的一腔热血报效国家，为人民服务。

这样的官员在老百姓的心目中自然是青天大老爷，可是老百姓再怎么说他好都没有用，因为掌管着沈炼前程的不是老百姓，而是他的上级。

这样的清流在混浊的官场是不合时宜的，因为他会妨碍很多人的利益。很快，在老百姓眼中是好人好官的沈炼被人打了小报告，县长也当不成了，被贬到了臭名昭著的特务机构锦衣卫去任职。

大家在影视剧里看到的锦衣卫差不多都身怀绝技，其实那都是瞎扯的，哪有那么多武林高手？不过锦衣卫倒确实少有像沈炼这样高学历的人，不知道整治他的那帮人是不是想要故意折磨他，竟把一个文科进士出身的知识分子放到锦衣卫去了。

不过好在锦衣卫在当时也算是一份很吃香的工作，如果沈炼能在锦衣卫好好干的话，说不定会有一个更好的前程。最起码很多人是不敢随便招惹锦衣卫的，更重要的是沈炼很幸运地遇到了一个很靠谱的上司——陆炳。

如果说沈炼是通过高考一路过关斩将博来了功名，那么陆炳显然比他更厉害一点儿。

陆炳家里是世代做官的，这个“世代”不是一百年二百年，而是六百多年。

吓人吧？

六百年家里都是做官的，一直没变过。而到了陆炳这一代，陆家更是显赫——陆炳的妈是嘉靖皇帝的奶妈，也就是说皇帝和陆炳是吃着一个人的奶长大的，两人算是铁杆发小。

但这不是重点，重点是陆炳的官不是家里给他谋取的，而是自己考得的，只不过和沈炼不同，他考的是武举。

别以为考武举就是有一把子力气会舞刀弄剑、会骑马射箭就行了，就算你前面靠武力值打败了所有人，也不见得能过最后一关——策论。

给你一个题目，让你写一篇文章来谈一谈要如何保卫祖国的大好河山，或者对于周边地区的军事防御有什么看法。

想想看，那些整天骑马蹲裆拎杠铃的大老粗有几个能写出来？况且还是在百姓普遍文盲的大明朝。

可是陆炳能，他不但写出来了，还写得非常好。

02

沈炼是个人才，陆炳也不是个吃素的，所以陆炳很赏识沈炼，这是沈炼的福气。

可是当了锦衣卫的沈炼依然不知道隐藏锋芒，明明就是个特务，却表现得比朝堂上的言官还要积极。

明朝的言官大家都知道，职业就是骂人，看谁事情做得不好或是看谁不顺眼，不由分说就会先参上一本。

沈炼一个刚入门的特务，居然把人家言官纪检监察的事儿给承包了，这得是有多不开窍？这样的一个人还好是当了锦衣卫，还好有一个欣赏他的上司处处维护着他，要不然很难想象他的结局会是怎样。

陆炳原本就对沈炼多有好感，但真正让陆炳开始从心里尊重沈炼的，是他的一句话，这句话虽然不是哲理名言，却只有沈炼能说出来，也只有他敢说出来。

嘉靖二十九年冬，蒙古的俺答军队进入关内烧杀抢掠，大明毫无抵抗之力，居然被俺答把北京城给包围了，并且很嚣张地提出了不合理的要求。

嘉靖召集了文武百官商议，可是从早晨上班开始一直到中午，食堂伙夫都喊了八遍“开饭了”，也始终没有一个人说话。

是没人敢说。蒙古军队抢就让他抢去，反正打不到城里，抢不到我，我管他呢。现在说错了话，不仅吃饭的家伙要搬家，自己一家人的性命估计也保不住，谁那么傻会在这个时候多嘴?

所以说，嘉靖开这个会纯属于多余，只是自己给自己找不痛快而已。

嘉靖同志心里着急，眼睛一遍又一遍地巡视着这些平日里说起话来唾沫星子飞溅的大臣，终于熬不住准备宣布下班了，一个人站了出来。

国子监司业赵贞吉说：蒙古这伙人不过就一万多，居然围在我们的家门口跟我们提条件？这不是开国际玩笑吗？皇上你拿出真金白银来招募军队，肯定会有大把的人来帮助国家渡过难关！这么大一个明朝，难道还打不过一个蒙古?

依然是死一样的静默，没有人说话，是沈炼再次打破了这种沉默。他旗帜鲜明地表达了对赵贞吉的支持，还慷慨激昂地补充了很多。

很多人的眼睛都转向沈炼，沈炼的出现让大家都吃了一惊。刚才还沉寂的朝堂上开始出现了声音，大家都交头接耳议论起来：这谁呀？什么时候轮到他说话了?

一直耷拉着脑袋打死都不说一句话的礼部尚书夏邦谟此刻却跳了出来，用很轻蔑的语气问道：你是个几品官?

意思很明显了，你算根什么葱？这哪有你说话的份儿?

沈炼一脸庄重，沉声回答：我只不过是个小小的七品锦衣卫罢了，不过我看诸位大人都不吭声，我这小小的芝麻官只好说话了。

声音不高，却是正气凛然，声震屋梁，夏邦谟面对着一脸正气的沈炼居然无言以对，默默地退了下去。

03

最终朝廷采取了主战的建议，不久之后，蒙古军撤退。

也就是这一次，沈炼用他大无畏的气概震慑了在场的那些位高权重的大人，也赢得了陆炳的尊重。

陆炳让沈炼做了自己的贴身侍卫，这不仅是表示对他的器重，更重要的是陆炳明白，以沈炼的性子早晚得出事，让他跟着自己，自己好看着他，免得他惹事，也让别人不敢对他怎么样。

可是陆炳也没想到，他一个好心的安排却惹出了更大的麻烦，直接导致了沈炼的悲剧结局。

因为陆炳有个朋友，叫严嵩。

或许不能说是朋友，只是同一个阵线的盟友。

严格意义上来说，陆炳不是一个坏人，而是一个有良知的人，但是因为一些说不清楚道不明白的牵涉自身利益的事，他和严嵩走得很近。

沈炼是一个性格刚直的人，看到那些轻微的违法乱纪的事都忍不住想要说两句，何况是严嵩这样的巨恶之人？每次他跟着陆炳到严嵩家里都没有好脸色，并且还跟严嵩的儿子严世藩吵过好几次架。

一句话，严嵩父子看他不爽，他对严嵩父子更是不待见。

然而他终究是陆炳的人，陆炳又是当时锦衣卫中的战斗机，很多事他们要依靠陆炳，所以目前沈炼还是安全的。

可是严嵩不敢动沈炼，不代表沈炼不敢动严嵩。他像极了后来的海瑞，一身都是胆，为国为民的胆。

04

沈炼亲眼看到了蒙古军队在北京城外烧杀抢掠之后，百姓是怎样流离失所家破人亡，而这一切都是因为以严嵩为首的朝廷胆小懦弱不作为。他们不顾百姓的死活，依然在自己家里胡吃海塞歌舞升平，把一个一心修仙炼道的嘉靖皇帝当木偶。

北方边关战情吃紧，眼看大明王朝已经到了危急关头，作为当朝首辅的严嵩却欺上瞒下，谎报军情。满朝文武为了自己头上的乌纱帽，没有一个敢站出来说话。

沈炼终于忍不住了，他再也无法装作不知道看不见。

他选择了发声，历数严嵩十大罪状，写下了那封著名的上疏，将心里压抑了很久的怒火全部倾泻了出来：

> 大学士嵩，贪婪之性疾入膏肓，愚鄙之心顽于铁石……今虏寇之来者，

三尺童子皆知严嵩父子之所致也。

当年海瑞上疏之时已经备好了棺材，因为他知道必死无疑，但是他依然选择了说出来。

沈炼也一样，他明明知道这封上疏递上去之后自己性命难保，还有可能连累亲友，但他还是选择了慷慨赴行。“虽千万人吾往矣”，这是一种态度，也是一种气节。

果然，嘉靖皇帝勃然大怒，翻出了去年他在金殿上随便插嘴的事儿，斥责他作为臣子不注意礼仪，现在又企图通过诋毁朝廷重臣来达到博取名声的阴暗目的。当场判他庭杖数十，把他贬到塞外的保安，当老百姓种田放羊去了。

谁也救不了他了，嘉靖的铁哥们儿陆炳也不能。

就这样，沈炼落寞地离开了京城。无计可施的陆炳去给沈炼送别，看着一脸憔悴的沈炼，陆炳很感慨：你又何必如此呢？

被打得一身伤，一无所有的沈炼却依然高昂着头：为国锄奸，这是我的本分，如果天下人都不说话，大明就完了。

陆炳沉默良久，看着渐行渐远的沈炼那孤单的背影，发出了一声叹息：我不如沈炼。

在塞外当了老百姓的沈炼依然痴心不改。

六年后，宣大总督杨顺和蒙古军队交战，一路溃败，连丢了四十座城池，可是无耻的杨顺却杀害了大批手无寸铁的老百姓，谎报军情邀功请赏。

沈炼连写了两封信给杨顺，怒骂他为官不仁，最后在严世藩的授意下，杨顺将沈炼以白莲教乱民的名义逮捕杀害，时年五十一岁。

沈炼的“低情商”只是我们看到的表面。一个文人，一个被士人精神浸染的文人，是不可能不胸怀家国的。

有的人，在进入官场的那一刻就已经死了；有的人，被杀害之后也依然活着。

嘉靖四十一年（1562年），严嵩父子终于倒台，严世藩被诛。沈炼的学生在一块锦帛上写了沈炼的名字，举着锦帛走入行刑现场，看着严世藩断头。他仰头高呼：“沈公终可瞑目了！”然后恸哭而去，观者无不落泪。